ALMAS EM CONFLITO

ALMAS EM CONFLITO

Pelo espírito Irmão Ivo
Psicografia de Sônia Tozzi

LÚMEN
EDITORIAL

Almas em conflito
pelo espírito Irmão Ivo
psicografia de Sônia Tozzi

Copyright @ 2011 by
Lúmen Editorial Ltda.

2ª edição – janeiro de 2012

Direção editorial: Celso Maiellari
Assistente editorial: Fernanda Rizzo Sanchez
Revisão: Alessandra Miranda de Sá
Projeto gráfico e diagramação: Renata Rosário/Casa de Ideias
Arte da capa: Daniel Rampazzo/Casa de Ideias
Impressão e acabamento: Cromosete Gráfica

Dados Internacionais de Catalogação na Publicação (CIP)
(Câmara Brasileira do Livro, SP, Brasil)

Ivo, Irmão (Espírito).
 Almas em conflito / pelo espírito Irmão Ivo; psicografia
de Sônia Tozzi. -- São Paulo: Lúmen, 2011.

 ISBN 978-85-7813-051-0

 1. Espiritismo 2. Psicografia 3. Romance espírita I. Tozzi,
Sônia. II. Título.

11-08610 CDD-133.93

Índices para catálogo sistemático:
1. Romance espírita: Espiritismo 133.93

Rua Javari, 668
São Paulo - SP
CEP 03112-100
Tel./Fax (0xx11) 3207-1353

visite nosso site: www.lumeneditorial.com.br
fale com a Lúmen: atendimento@lumeneditorial.com.br
departamento de vendas: comercial@lumeneditorial.com.br
contato editorial: editorial@lumeneditorial.com.br
siga-nos no twitter: @lumeneditorial

2012

Proibida a reprodução total ou parcial desta
obra sem prévia autorização da editora
Impresso no Brasil – *Printed in Brazil*

Sumário

capítulo 1		Sempre há esperança	10
capítulo 2		Não existem vítimas	22
capítulo 3		A morte é ilusão	42
capítulo 4		No tempo certo	58
capítulo 5		Confiança em Deus	75
capítulo 6		Chantagem	103
capítulo 7		Deus é justiça	121
capítulo 8		Egoísmo desmedido	144
capítulo 9		A armadilha	154
capítulo 10		A dor é consequência	179
capítulo 11		Felicidade se constrói	197

6 SÔNIA TOZZI – IRMÃO IVO

capítulo 12   Júlia, uma amiga especial............... 206

capítulo 13   Perdoar é uma dádiva................... 217

capítulo 14   Felicidade, uma conquista da alma....235

capítulo 15   Conflitos não são eternos............... 248

capítulo 16   Um amor sem barreiras.................. 264

capítulo 17   Uma prece sincera....................... 289

capítulo 18   O amor cresce........................... 300

capítulo 19   É necessário mudar...................... 316

capítulo 20   Tudo tem um porquê.................... 327

capítulo 21   A vida cobra atitudes.................... 348

capítulo 22   A Lei da Afinidade...................... 361

capítulo 23   O grande dia............................ 372

capítulo 24   A reforma íntima....................... 385

Introdução

A maior bênção que recebemos do Criador é a possibilidade de retornarmos ao mundo físico. Esse retorno nos dá a chance de mudarmos uma história que em muitos casos está contaminada de erros e enganos. Por meio de mudanças de atitudes, crenças, sentimentos, podemos transformá-la na fonte geradora do nosso progresso espiritual.

Não raro, essa transformação é penosa, mas nunca injusta, pois o débito é proporcional à divida que nós, personagens desta história, contraímos em uma existência imprudente.

Por que isso acontece?

Porque fomos criados simples e ignorantes, mas com toda a possibilidade de evolução. O Criador dá a todas as criaturas as mesmas chances de renovação, mas nem sempre vivemos em acordo com as leis divinas que regem o Universo. A inconsequência e a leviandade acabam gerando uma série de enganos, fazendo-se necessário saná-los, um a um, para que possamos viver em harmonia com essas leis, por meio do amor exercitado entre as criaturas que habitam a mesma casa de Deus.

E onde encontramos forças para prosseguir em um caminho, muitas vezes, cravado de espinhos? Na certeza de que Deus não dá aos seus filhos um fardo mais pesado do que seus ombros suportam; na fé de que, apesar de todos os erros, Ele nos ama e espera pacientemente que cada um de nós promova sua evolução, não importando quantos anos ou séculos isso demore para acontecer. Nenhum ser permanecerá mau por toda a eternidade; em algum momento a luz vai se fazer em seu espírito e, nesse instante, ele será tocado pelo amor de Deus.

Apegar-se a coisas materiais, viver com o único objetivo de conquistar bens, alcançar posição elevada no mundo físico, tudo isso é sinal notório de inferioridade.

Quanto mais o homem se prender aos bens deste mundo; quanto mais desejar o surpérfluo, sem se importar com os outros que não possuem nem mesmo o essencial para uma vida de menos sofrimento e necessidade, menos ele compreenderá sua destinação, fugindo das coisas e dos sentimentos que realmente importam para que aconteça seu progresso espiritual.

Por meio do desinteresse e do amor fraternal ele prova que vê o futuro de um ponto de vista elevado e conquista, sem dúvida, o mérito para a felicidade no reino de Deus. E essa felicidade vai acompanhá-lo nas suas conquistas espirituais porque ele entendeu que sem o sentimento do amor, que é fonte inesgotável do bem e da caridade, nada seremos aqui na Terra nem no reino dos céus.

Irmãos meus, necessário se faz entregar-se ao bem e ao amor universal, pois foi essa conduta que Jesus exemplificou para a humanidade, esclarecendo com firmeza que este é o caminho.

Viver unicamente para si mesmo é morrer aos poucos todos os dias, mergulhado no egoísmo que engana, prometendo luzes que vão se apagar no primeiro alvorecer da espiritualidade.

Mais uma vez nos encontramos e desejo que este caminho possa lhes trazer elucidações sobre a melhor e mais segura maneira de promover o progresso espiritual.

Que, ao terminarem a leitura deste livro, todos possam sentir que nada se alcança no reino de Deus se não for pelo amor e pelo bem, sabendo que nossa maior alegria é a certeza de que sempre podemos recomeçar, porque assim Deus o quer, e que neste recomeço tenhamos sabedoria para optar pela felicidade real, aquela que nos acompanha pela eternidade.

Que Jesus, com sua infinita bondade, seja o farol a iluminar nossos momentos de busca, seja no plano físico ou na espiritualidade.

Irmão Ivo

capítulo 1

Sempre há esperança

Cecília saiu do consultório do médico Bernardo segurando, com mãos nervosas, o envelope com o resultado do exame de sua filha mais nova, Teresa, de apenas três anos. Não se importava com as lágrimas que caíam de seus olhos, queimando-lhe o rosto crispado de tanta dor. Lembrava-se das palavras firmes do médico e, a cada lembrança, mais as lágrimas escorriam.

– Leucemia! – exclamava. – Minha pequena filha está com leucemia e eu não posso fazer nada para mudar esse cruel diagnóstico. Se pelo menos Joaquim estivesse ao meu lado, acredito que seria mais fácil suportar tamanha dor, mas o covarde me abandonou dizendo não suportar o peso da família em seus ombros.

A lembrança do marido, ou melhor, do ex-marido fez com que a dor se misturasse à raiva que lhe invadia o coração. Dirigiu-se à pequena praça de sua cidade natal, sentou-se em um banco e deixou que as lembranças corressem soltas, provocando mais dor ao seu coração já angustiado.

***

Dez anos atrás. A chuva caía copiosamente e alagava toda a cidade. Cecília, tentando se proteger, abrigou-se debaixo de uma marquise, encolhendo-se no intuito de amenizar o frio que sentia por conta da forte ventania.

— Posso ajudá-la?

Virando-se, notou que o dono daquela voz era o rosto mais charmoso que já vira. Passou automaticamente as mãos pelos cabelos na tentativa de melhorar sua aparência e respondeu:

— Alguém pode fazer alguma coisa diante dessa fúria?

— Claro! — exclamou o rapaz, passando audaciosamente o braço em volta de seus ombros e puxando-a para perto de si. — Protegê-la!

Cecília, recuando, respondeu:

— Não está sendo audacioso demais?

— Quando se trata da moça mais bonita que já vi, acredito que não.

Completamente desconcertada diante de tamanha presunção, Cecília continuou:

— Por favor, não nos conhecemos e não tenho o hábito de conversar com estranhos, nem de me deixar abraçar.

— Se o problema for esse, podemos resolver isso agora.

— Estendeu a mão e disse: — Muito prazer, meu nome é

Joaquim e estou encantado com você. Faria objeção em nos conhecermos melhor?

Quase automaticamente ela correspondeu:

– Meu nome é Cecília.

– E não sente nenhum prazer em me conhecer, Cecília?

Diante do belo sorriso dele, a moça rendeu-se ao seu charme e se pronunciou:

– Claro, tenho prazer em conhecê-lo.

– Pronto! Somos amigos.

Iniciava-se naquele instante um curto período de namoro que culminou na união precoce de Cecília e Joaquim, apesar de ela ter recebido de seus pais prudentes conselhos. Ao se lembrar dos pais, desencarnados em um acidente, Cecília, voltando à realidade, pensou, triste: "Quanta saudade sinto de vocês! Como fui tola ao desprezar seus sábios conselhos; agora me sinto completamente só e mal consigo suportar tantas aflições. Por que não consegui perceber o egoísmo de Joaquim, sempre voltado para si mesmo, cultivando seu corpo, sua beleza física? Nem a chegada dos nossos filhos conseguiu acordá-lo, modificar seu comportamento perante a família. Sua vaidade excessiva acabou levando-o a abandonar a mim e as crianças; ele não suportou o peso da responsabilidade".

Olhando novamente o resultado do exame que apertava em suas mãos, repetia:

– O que faço agora, meu Deus? A quem recorro?

Voltaram a sua memória as palavras do médico explicando que leucemia era uma doença maligna com origem nas células imaturas da medula óssea.

– Mas o que significa isso, doutor? – perguntara, ansiosa.

– Significa que a produção dos glóbulos brancos fica descontrolada, interferindo no funcionamento da medula óssea saudável, que fica cada vez mais comprometida e vai diminuindo progressivamente a produção de células normais; é quando aparecem a anemia, as infecções e as hemorragias.

– Isso é grave, doutor?

– Infelizmente sim, dona Cecília. Sua filhinha está com uma infecção importante, é preciso iniciar o tratamento imediatamente.

– Ela vai permanecer internada?

– Sim.

– Por quanto tempo?

– Infelizmente, não posso precisar, mas não se desespere, faremos tudo o que estiver ao nosso alcance para um desfecho satisfatório. Contudo, temos as nossas limitações e não podemos garantir nada, pois certas situações somente se resolvem pela vontade de Deus; a medicina não é absoluta.

Presa por enorme angústia, fruto do medo que sentia, a lhe invadir o coração, Cecília deixou Teresa aos cuidados de Júlia, sua amiga de muitos anos, e se dirigiu à praça, onde se entregou às recordações de sua vida com Joaquim – lembranças essas que só lhe traziam mais sofrimento e aumentavam sua dor.

Seus pensamentos tomavam conta de sua mente, trazendo-lhe mais incertezas, medos e dúvidas.

– O que faço agora, meu Deus? Não tenho a quem recorrer, mal consigo suportar o peso dessa dor. Entretanto, sei que preciso ser forte para sustentar minha casa, não quero que meus filhos se sintam desamparados, principalmente agora que sofrem pela situação delicada de Teresa.

Ao se lembrar dos filhos que haviam ficado sozinhos em casa, embora pequenos ainda, Cecília desesperou-se ainda mais.

"Sozinha...", pensou, "completamente só e sem saber o que fazer".

Deixara em sua casa Marilda, a filha mais velha, de apenas nove anos, e Lucas, o do meio, com seis anos.

Levava uma vida difícil. Trabalhava como operária em uma pequena empresa de confecções femininas. O que ganhava dava apenas para adquirir o necessário para uma vida digna e proporcionar às crianças o mínimo de alegria nos passeios dominicais pelo parque da cidade. Mas, apesar das dificuldades, vivia feliz com os filhos, que se contentavam com o pouco que a mãe podia lhes oferecer.

Sempre perguntavam sobre o pai, o porquê do abandono. Nessas ocasiões, Cecília dizia a verdade. Apesar do ódio que sentia de Joaquim, jamais externou esse sentimento para as crianças; tentava minimizar a culpa do pai para evitar mágoas profundas no coração fragilizado dos filhos.

Neste dia, em particular, ela sofria mais profundamente pelo medo de perder Teresa.

Estava tão envolta em seus pensamentos que não percebeu a presença de um rapaz que sentara ao seu lado e que, sem disfarçar, prestava atenção ao seu sofrimento.

– Posso ajudá-la? – perguntou educadamente.

Surpresa, a moça o olhou e, sem nenhum esforço, a cena de anos atrás lhe veio à mente, quando Joaquim lhe fizera a mesma pergunta, iniciando assim aqueles anos de sofrimento. Rispidamente respondeu:

– Não, obrigada. Estou muito bem e gostaria de não ser incomodada.

– Desculpe – respondeu Francisco, sem se incomodar com a maneira grosseira pela qual Cecília lhe respondera –, não tive outra intenção senão lhe ser útil, tenho a impressão de que está sofrendo.

– Se estou sofrendo ou não o problema é meu e não lhe diz respeito. Poderia me deixar em paz?

– Claro – respondeu o homem, levantando e se afastando. – Desculpe mais uma vez.

Ao vê-lo se afastar ela pensou magoada: "Estou vacinada quanto a esse tipo de abordagem, Joaquim foi um excelente professor! Não será um rosto bonito que tocará meu coração novamente".

Levantou-se e saiu em direção ao hospital. Ao entrar, viu Júlia sentada em um banco e notou de imediato que ela chorava. Correu ao seu encontro perguntando aflita:

– Pelo amor de Deus, Júlia, por que está chorando? Teresa piorou?

Sem conseguir se controlar, Júlia respondeu:

– Sinto muito, Cecília, você não imagina o quanto eu sinto, mas o dr. Bernardo transferiu-a para a UTI, seu estado piorou.

Deixando-se cair na poltrona Cecília entregou-se ao pranto desesperado. Júlia tentava consolar a amiga, sem sucesso. Desesperada, Cecília dizia:

– Júlia, o que será de mim se perdê-la? – questionava, culpando Joaquim pela ausência.

– Cecília, o que aconteceu já passou e não pode ser apagado, mas você sempre pode lutar para ter um futuro mais feliz, e o primeiro passo para isso é limpar o ranço que contamina sua alma e de todas as pessoas que se aproximam de você. Os seus filhos precisam de você, do seu equilíbrio, da sua força e do seu amor, mas, se teimar em passar a vida culpando Joaquim pelas coisas que acontecem, não conseguirá dar a seus filhos a segurança de que precisam para viverem em paz – disse Júlia.

– Você fala assim porque não foi com você!

– Você não sabe nada da minha vida, Cecília, porque nunca se interessou por ela. Somos amigas há muitos anos, sempre estive ao seu lado em todos os seus momentos de angústia, e o fiz com a maior amizade e carinho; entretanto, você nunca se interessou em perguntar se eu também necessitava de apoio, se sofria ou não. Agora coloca em dúvida a sinceridade dos meus conselhos?

A moça percebeu o quanto havia sido grosseira com ela. Segurou as mãos e disse:

– Desculpe, Júlia. Estou tão atordoada que não sei o que falo. Você tem razão, realmente nunca me importei por problemas que não fossem os meus, errei com você, mas peço novamente que me perdoe.

– Fique tranquila, Cecília, não tenho nenhuma mágoa, gostaria apenas que não duvidasse da minha intenção quando tento ajudá-la.

Ambas se abraçaram e Cecília, mais calma, entregou-se ao carinho de Júlia, que sempre a tratara como irmã. Unidas, dirigiram-se até a UTI tentando obter mais notícias de Teresa.

Solicitaram a presença de Bernardo. Assim que o bondoso médico se aproximou, Cecília, com os olhos cheios de lágrimas, perguntou:

– Por caridade, doutor, diga-me como está minha filha!

O médico, acostumado com situações semelhantes, respondeu com tranquilidade:

– Senhora, estamos fazendo tudo o que a medicina nos permite, mas devo lhe dizer que a menina está com infecção generalizada e, infelizmente, não responde aos medicamentos. Isso nos preocupa, porém a senhora não deve se desesperar, pois acima de nós está uma sabedoria maior e tudo acontece em harmonia com Sua vontade.

Sem dar muita atenção às palavras do médico, a mãe perguntou:

– Ela vai morrer, não vai, doutor?

Júlia interferiu:

– Minha amiga, confie em nosso Pai, Ele sabe o que é melhor para Teresa e também tudo de que precisamos para encontrar em nós a força da fé e da coragem para prosseguir em nossa jornada terrestre e não deixar que nenhum sofrimento, por maior que seja, afaste-nos Daquele que nos criou. Somente Ele sabe da nossa necessidade para retomarmos o caminho do equilíbrio e da sintonia com as leis divinas.

Bernardo gostou do que ouviu, mas Cecília parecia não escutar nada do que Júlia e o doutor lhe diziam; sentia crescer em seu peito uma raiva incontrolável por tudo e todos, principalmente por Joaquim, que nada sabia.

Júlia, conhecendo bem a amiga, disse ao médico:

– Desculpe, doutor, mas nada que falarmos ela vai escutar, muito menos entender. Vou levá-la para tomar um suco e tentar acalmá-la. Obrigada pela atenção.

O médico, admirando a postura de Júlia, respondeu:

– Nem sempre as pessoas reconhecem quem está do seu lado. Estou à disposição para qualquer esclarecimento que desejarem.

Bernardo se afastou, pensando: "Os familiares não sabem como nós, médicos, sofremos ao ver crianças tão próximas do óbito e não poder fazer nada".

Júlia e Cecília foram para a pequena lanchonete do hospital. Cecília permanecia calada, sem conseguir dizer uma só palavra, quando ouviu novamente uma voz que lhe disse:

– Perdoe, mas posso ajudá-la? Vejo que passa por momentos de angústia.

Tanto Cecília quanto Júlia olharam simultaneamente para o rapaz que lhes dirigia aquelas palavras. Júlia notou os olhos tristes do homem, mas Cecília, impulsiva, reagiu como da primeira vez que o vira no parque.

– Você de novo! Não lhe pedi que me deixasse em paz? Gosta de ver o sofrimento dos outros, é isso?

Um pouco sem graça, Francisco falou:

– Não! Não gosto, tenho apenas a intenção de tentar aliviar o sofrimento das pessoas porque sei o que sentimos quando dividimos nossas dores com alguém que também passa por momentos semelhantes.

– Mas o que o faz pensar que gosto de dividir meus problemas com estranhos? É muito fácil falar quando tudo

ALMAS EM CONFLITO 19

para nós está bem, quando não temos problemas, quando nossos filhos estão saudáveis e não presos em uma cama de UTI com risco iminente de morte. É a situação ideal para praticarmos a solidariedade – continuou Cecília.

Júlia, indignada com o que acabara de ouvir da amiga, retrucou:

– Cecília, será que nada faz você ser mais receptiva às manifestações de fraternidade das pessoas? Se não o conhece não sabe nada sobre sua vida, porque então diz que tudo para ele navega no mar da tranquilidade? Será que não consegue enxergar as pessoas?

Espantada com as palavras da amiga, ela perguntou:

– E por que deveria me interessar pelos problemas dos outros, diga-me?

– Porque quando somos solidários aos outros conseguimos amenizar os próprios problemas; em muitos casos, percebemos que os nossos não são os mais difíceis, os mais drásticos, os que não têm solução. É preciso ver as pessoas, Cecília, não foi isso que lhe disse pouco tempo atrás? Por que ser tão arisca quando uma simples palavra ou um gesto de agradecimento pode, muitas vezes, aliviar seu coração?

Cada vez mais irritada, Cecília respondeu:

– Por acaso você o conhece para defendê-lo desta maneira?

– Não o conheço, mas imagino que deva estar sofrendo também. Já o vi neste hospital algumas outras vezes em que Teresa esteve aqui. Está sempre com o olhar triste; imagino que, assim como você, deva estar passando por momentos difíceis.

Francisco, dirigindo-se a Júlia, disse:

— Obrigado por me defender, senhorita. Desculpe minha intromissão, não tinha a menor intenção de constranger ninguém, desculpe mais uma vez.

O homem se afastou, deixando Júlia entristecida com a atitude da amiga.

— Que homem chato — disse Cecília —, é a segunda vez que se intromete em minha vida.

— Por favor, Cecília, não diga nada, pois cada vez que fala me sinto mais triste com você.

— Posso saber por quê?

— Pode. Porque você não tem a menor sensibilidade para perceber os sentimentos dos outros, sempre acha que estão se dirigindo a você com segundas intenções! Será que não consegue sair desse pedestal de ser a única vítima da vida e perceber a tristeza nos olhos das pessoas que, como você, passam por dores, aflições, sofrimentos que podem ser maiores que o seu?

— O que é isso agora, Júlia, está contra mim?

— Não! Estou a favor da fraternidade, da solidariedade, do respeito ao próximo e do reconhecimento, que é alvo do carinho e da atenção do seu semelhante.

"Será que sou realmente essa pessoa insensível que ela fala?", pensou, tocada. Justificando-se: "Mas, depois de tudo o que sofri com Joaquim, ela quer que eu confie em todas as pessoas que se aproximam de mim? Por mais palavras bonitas que fale, não foi ela quem passou o que eu passei e que sofre até hoje as consequências da irresponsabilidade de Joaquim. Se eu pudesse acabaria com a vida dele. Enquanto sofro a dor de estar prestes a perder minha filhinha, ele deve estar aproveitando a vida com alguém tão irresponsável quanto ele".

– Que ódio! – exclamou com imprudência.

Vencerá verdadeiramente aquele que souber transformar sua dor na alegria do próximo; sua dúvida em fé; sua paixão em amor; e sua vida em luz. Só é cativo do mal aquele que desconhece o bem.[1]

---

1   Irmão Ivo (Nota da Médium).

capítulo 2

Não existem vítimas

N a manhã do dia seguinte, Cecília acordou sentindo em seu rosto o calor das mãozinhas de Marilda, que a acariciava com delicadeza.

Abriu os olhos preguiçosamente, pois quase não dormira a noite toda por conta da preocupação com Teresa.

– Filha – disse-lhe sorrindo –, que gostoso acordar com você ao meu lado. Dormiu bem, querida?

– Mãe, tive um sonho que me fez acordar muito triste e com medo.

– Que sonho foi esse, filha?

– Sonhei com a Teresa!

– E o que você sonhou com ela?

– Mãe, no sonho ela estava vestida de branco, muito linda. Olhou para mim e sorriu dizendo que tinha vindo se despedir. Pediu para que ninguém fique triste porque ela vai viajar com a vovó para um lugar muito bonito e sempre vai se lembrar de mim, do Lucas e da senhora. Quando eu perguntei para onde ela ia, sorriu para mim, desapareceu, e eu acordei. Mãe, estou com muito medo! Embora estivesse completamente assustada, Cecília tentou manter a calma.

– Bobagem, minha filha, foi apenas um sonho, e sonhos não são realidade; sua irmã vai ficar boa e vai voltar para casa, você vai ver. Temos de ter esperança e fé! Para distrair a filha e disfarçar o nervosismo que sentia, tentando demonstrar alegria, continuou:

– Marilda, vou me levantar. Acorde o Lucas e vamos os três tomar um gostoso café da manhã. Hum... Já sei! Vou fazer rabanadas, que tal?

– Que delícia, mãe! Vou chamar o Lucas, ele é muito preguiçoso para acordar.

Assim que a filha saiu, Cecília, cobrindo seu rosto com as mãos, disse elevando o pensamento ao Senhor:

– Meu Deus, permita que seja apenas um sonho, que minha filhinha não esteja indo embora para sempre; deixe-a conosco, por misericórdia.

Dirigiu-se à cozinha para preparar as rabanadas.

Assim que terminaram o desjejum, Cecília, abraçando os filhos, falou:

– Preciso ir até o hospital ver como está Teresa.

– Podemos ir com a senhora? – perguntou Marilda, que continuava aflita.

– Filha, não posso levá-los. Não poderão entrar, nem a mamãe pode entrar na UTI, mas fique tranquila, Marilda, assim que tiver notícias volto para casa para ficar com vocês. Prometo trazer um doce bem gostoso para cada um, tudo bem?

– Tudo bem, mãe, pode ir tranquila que ficaremos bem.

Cecília pensou em como Marilda era madura para seus poucos nove anos.

– Toma conta do seu irmão direitinho, faz tudo como eu já orientei, você é realmente um anjo de menina. Na verdade, é minha única companheira – finalizou, sentindo novamente a lâmina da mágoa machucar-lhe o peito.

Ao chegar ao hospital notou que Francisco estava sentado em uma poltrona no canto da sala, com a cabeça pendida, cochilando. Tudo indicava que ele havia passado a noite no saguão do hospital. Cecília observou o desalinho de seus cabelos, a roupa amassada e o sinal do cansaço marcando-lhe o rosto. "Ele deve ter passado a noite aqui", pensou.

Sentiu desejo de ir até ele e perguntar-lhe se precisava de alguma coisa, mas, lembrando-se da maneira como o tratara, como havia sido grosseira, recuou e subiu até o andar da UTI.

Pelo interfone colocado na porta da UTI solicitou a presença de Bernardo; queria notícias da filha. Atendendo de pronto ao pedido de Cecília, Bernardo foi ao seu encontro.

– Pelo amor de Deus, doutor, como está minha filha? Melhorou? Diga-me, doutor, como está minha filha?

O médico encaminhou-a até seu consultório e, sem que Cecília percebesse, pediu a presença de uma psicóloga. Quando esta entrou na sala, com muito cuidado ele disse:

– Infelizmente, não tenho boas notícias, dona Cecília.

Antes que ele continuasse, Cecília, com a voz exaltada, perguntou:

– Ela piorou... ou já está morta?

– Calma, senhora – disse Cleide, a psicóloga –, vamos conversar.

– Calma? Para que calma se sei que vou ouvir a pior notícia da minha vida? Ela está morta?

– Dona Cecília – falou o médico com cuidado para não ferir ainda mais aquela mãe já machucada pela vida –, sua filha não faleceu, mas não vou mentir para a senhora: o estado dela piorou muito nesta noite e sinto dizer que está evoluindo para o óbito.

Assustados, ouviram um grito de dor e viram Cecília cair desmaiada. Apressaram-se no atendimento dela, que mal podia suportar o tamanho do vendaval que estava para cair sobre si. Após o procedimento que trouxe Cecília de volta à realidade, Cleide conversou cuidadosamente com ela, expondo com clareza tudo o que estava acontecendo com a filha, a gravidade extrema da situação e a impossibilidade de reverter os fatos.

– Nem tudo podemos mudar, dona Cecília. Existem enfermidades que fogem ao nosso controle, à nossa capacidade de poder curar e, acredite, sofremos muito com isso, mas todos têm limitações.

Cecília pediu que a deixassem entrar na UTI para ver a filha, o que foi permitido.

Com passos hesitantes, ela se aproximou de Teresa sem conter as lágrimas que molhavam seu rosto. Sentia-se incapaz de suportar tamanho sofrimento por ver sua pequenina filha, que mal acabara de chegar ao mundo, já partindo. Tocou levemente em suas mãozinhas depositando todo o amor que sentia por ela e, instantaneamente, lembrou-se do sonho de Marilda. "Meu Deus, será que realmente ela foi se despedir de nós, será possível?", perguntava-se.

– Não consigo compreender os mistérios de Deus, mas não tenho o direito de duvidar das coisas que não conheço; se for verdade, filha querida, mamãe quer se despedir de você dizendo-lhe o quanto a ama, o quanto sou feliz por tê-la como minha filha! Mesmo que volte para Deus, continuará sendo minha caçulinha e estará sempre em meu coração e no de seus irmãos, jamais vamos esquecê-la. Jesus estará ao seu lado e não vai deixá-la sofrer, preciso acreditar nisso. Se vai com a vovó, como afirmou no sonho da Marilda, sei que estará acolhida e que foi Jesus que permitiu que isso acontecesse. Seu rostinho amado estará sempre diante de meus olhos e dentro do meu coração. Não chore nem sofra, vovó tomará conta de você, lembre-se das historinhas de Jesus que mamãe contava para vocês e das quais gostava tanto; filhinha, não tenha medo, estará amparada pelo maior amor do mundo.

Cecília percebeu que Teresa mexeu de leve suas mãozinhas, abriu os olhinhos por um segundo e, fechando-os, aquietou-se. Percebendo que não havia mais nenhum sinal, fez um gesto para a enfermeira, que, imediatamente, chamou Bernardo. Este pediu que Cecília se retirasse e, após examiná-la criteriosamente, foi ao seu encontro no saguão.

Assim que o viu, Cecília aproximou-se prevendo que ouviria a pior notícia de sua vida.

– Então, doutor?

– Sinto muito, dona Cecília, mas pela vontade de Deus a pequenina Teresa nos deixou.

– Ela... Ela... morreu?

– Infelizmente.

Cecília, não suportando a dor, deixou-se cair na poltrona e chorou convulsivamente. Com delicadeza, a enfermeira se aproximou e perguntou:

– A senhora precisa de alguma coisa, quer que eu avise alguém?

Fitando-a com os olhos embaçados de lágrimas, Cecília respondeu:

– Obrigada, o que eu preciso ninguém pode me dar!

– Deus pode!

Cecília olhou para a direção de onde vinha a voz e, surpresa, viu Francisco. Presa a tamanha dor, respondeu rispidamente:

– Você de novo? Será que o seu prazer está em ver o sofrimento alheio? Não tem mais o que fazer a não ser ficar dia e noite neste hospital se alimentando do sofrimento dos outros?

Era tal seu descontrole que não percebeu que, assim como os seus, os olhos de Francisco também estavam embaçados pelas lágrimas. Com serenidade, ele respondeu:

– Mais uma vez lhe peço desculpas.

Afastou-se com os ombros curvados, carregando o peso da sua dor. Júlia, que acabara de chegar, falou:

– Cecília, você agiu com impulsividade! Por que não o ouviu?

— Júlia! Que bom que veio! Teresa acabou de falecer, estou desesperada e preciso de alguém que fique ao meu lado.

Júlia a abraçou com carinho, alisando seus cabelos, e disse com tranquilidade:

— Querida amiga, você acaba de recusar a melhor companhia para sua dor.

— Eu?! Quem?

— Deus!

— O que você está dizendo?

— Deus veio em seu socorro, mas você O recusou.

— O que está dizendo, Júlia? Deus veio ao meu encontro, que loucura é essa?

— Amiga, Deus se aproxima de nós por meio das pessoas que têm conteúdo de amor e fraternidade. Ele nos fala pela voz de quem O tem no coração. Ele lhe enviou o socorro, mas você não compreendeu.

— Pelo amor de Deus, Júlia, do que está falando?

— Estou falando de Francisco, Cecília, vi o momento em que ele lhe ofereceu ajuda e você recusou.

— Ele não sabe o que é sofrer; portanto, não poderá ajudar.

— Será que não sabe? O que ele faz dia e noite neste hospital?

— Não sei nem quero saber, o que me importa é a dor que estou sentindo; é a separação de minha filhinha, o resto não me importa.

— Amiga, você vai suportar essa dor, acredite em Jesus, na sua capacidade infinita de amar a todos nós; lembre-se de Marilda e Lucas, eles vão precisar muito de você. Busque sua paz na presença e no afago deles.

– Estou sofrendo muito, Júlia!

– Não poderia ser diferente, Cecília, acabou de acontecer; agora é o momento de absorver todo esse fel, e, aos poucos, tudo voltará ao normal. É preciso confiarmos em Jesus e esperar que o tempo nos auxilie a resolver nossas questões; o equilíbrio voltará porque a vida continuará a pulsar em você. Quer que eu busque as crianças?

– Ainda não, mais tarde, quando tudo estiver resolvido.

– E Joaquim, vai avisá-lo?

– Não deveria, mas acho melhor chamá-lo.

– Claro, Cecília, ele tem o direito de se despedir da filha. Quer que eu o avise?

– Se você me fizer esse favor!

– Eu farei!

Após algum tempo, foi permitido a Cecília e Júlia acompanharem o corpo de Teresa até o necrotério.

Em alguns instantes, Cecília sentia-se desfalecer – o fardo era pesado demais para os seus ombros. Apoiando-se na amiga, suplicava a Deus que a amparasse.

O ambiente era realmente muito triste: a dor reinava absoluta entre aquelas paredes. Os corpos cobertos com alvo lençol impressionavam o coração de Cecília.

"Meu Deus, por que a vida tem de acabar deixando tanto sofrimento? Os filhos não deviam morrer antes dos pais", pensava. "Não vejo razão para isso, o certo seria os mais velhos irem à frente, não o contrário."

Enquanto os responsáveis colocavam o corpinho de Teresa em uma maca, Cecília observou que em um canto do recinto um homem chorava acariciando o rosto de uma mulher que tinha ao seu lado um corpinho frágil e pequeno de um recém-nascido.

Olhando mais atentamente, notou que se tratava de Francisco.

– Júlia, aquele homem não é Francisco?

– Sim, é ele mesmo; mas o que será que aconteceu com ele? Quem será essa mulher? Vou falar com ele – disse Júlia –, talvez aqui esteja a explicação para sua permanência diária neste hospital.

Cecília não deu mais atenção e beijou o rosto da filha, entregando-se ao desespero, sem se importar com o resto do mundo, pois sempre achara que sua dor, suas emoções e seus sofrimentos eram prioridade. Não concordava com Júlia quando esta dizia que os obstáculos são necessários para o êxito.

Júlia, afastando-se, foi ter com Francisco.

– Desculpe, mas vejo-o tão sofrido, abatido. É alguma parenta sua que se foi?

Francisco dirigiu-lhe o olhar mais triste que Júlia já tinha visto, e respondeu:

– Obrigado pelo seu interesse. Sim, é minha esposa que acaba de me deixar, a mulher que amo com toda a força do meu ser.

Aproximando-se mais, Júlia observou o corpinho de um recém-nascido, provavelmente prematuro, colocado ao lado do corpo da mãe.

– Desculpe se estou invadindo sua privacidade, mas imagino que tenha sido resultado de um parto difícil, é isso?

- Sim. Tânia tinha uma gravidez de alto risco e, chegando à metade dela, sua pressão se elevou muito. Foi constatada a presença de proteínas na urina e diagnosticada eclampsia; infelizmente, ela teve a forma mais grave da doença. Estava internada havia alguns dias, mas apesar do tratamento teve um parto prematuro, chegou a convulsionar e entrou em coma. O resultado não preciso dizer, é o que você está vendo: perdi minha esposa e meu primeiro filho.

- Quer dizer que todos esses dias que esteve neste hospital eram por causa de sua esposa?

- Sim.

- Por que não comentou nada? Sempre se prontificou a ajudar minha amiga, entretanto, sofria a possibilidade de perder duas pessoas amadas!

- Sua amiga sofria tanto que, apesar da minha dor, tentei ajudá-la a encontrar força no amparo divino; mas, infelizmente, não consegui atingir seu coração. Pelo visto, nossos entes queridos partiram no mesmo dia. Dê a ela os meus sentimentos.

Júlia olhou-o com admiração. Apesar do seu enorme sofrimento ele conseguia ainda ser muito generoso.

- Se precisar de alguma coisa, por favor, não se acanhe, conte comigo.

- Obrigado. Minha família já foi avisada e deve estar chegando, assim como a família de minha esposa, mas sempre é bom contar com a amizade e solidariedade de alguém.

Júlia voltou para o lado da amiga.

- Avisou o Joaquim? - perguntou Cecília.

— Vou fazer isso agora.

Assim, ela telefonou para Joaquim, que, pouco tempo depois, chegou acompanhado de seus familiares.

***

Quatro meses se passaram.

Apesar do sofrimento contínuo, Cecília voltou à rotina. Nos primeiros meses após o falecimento de Teresa, Joaquim compareceu algumas vezes à casa da ex-esposa, acompanhado de seus pais, mas, com o passar dos dias, estes se mudaram para outra cidade e ele voltou à sua postura anterior, ausentando-se, sem explicação, o que deixou Marilda e Lucas entristecidos.

Cecília tentava levar sua vida o mais normal possível, esforçando-se para amenizar o sofrimento das crianças. Aos sábados, após o término do meio expediente, costumava ir ao cemitério onde enterrara o corpinho de Teresa. Ficava ali, lembrando os dias felizes que passara ao lado de sua filhinha, e nessas horas sentia uma revolta invadir-lhe a alma.

— Por que uma criança tão nova tem de morrer? Onde está a bondade de Deus, que tira dos braços de uma mãe sua filhinha sem lhe dar chance de nada fazer para evitar? O que eu fiz para merecer tanto sofrimento? Desde que me casei só tive aflições, perdi meu marido, meus pais e agora minha caçulinha! Sinto muito, Deus, mas isso não é justo!

As horas passavam e Cecília nem se dava conta.

Em um desses dias, enquanto se entregava ao pranto, o que se tornara uma rotina, sentiu em seus ombros o toque leve de uma mão. Olhou assustada e percebeu que se tratava de Francisco.

– Você?! O que faz aqui no cemitério? Trocou o hospital pelo cemitério? – perguntou impiedosamente.

Francisco percebeu que Júlia não contara suas aflições à amiga.

– Como você, também vim visitar meus entes queridos, trazer-lhes o perfume de uma rosa, apesar de saber que não estão mais aqui.

Cecília ficou surpresa.

– Seus entes queridos? Por acaso perdeu alguém nos últimos tempos?

– Exatamente no mesmo dia em que sua filhinha se foi.

– No mesmo dia? Como assim? Não soube de nada! Pode me explicar?

– Claro!

Com serenidade, Francisco contou-lhe tudo.

Cecília estava impressionada.

– Então era esta a razão de sua permanência diária no hospital?

– Sim.

– Por que não me disse nas inúmeras vezes em que se aproximou de mim?

– Você tinha seus problemas, suas aflições, não achei justo colocar mais tristeza em seu coração machucado. Como você mesma disse uma vez, cada um com seus problemas. Considerei que o melhor era respeitar sua posição. Mas sua amiga não lhe contou?

– Júlia sabia?

– Sim. Soube logo que aconteceu, quando ainda estávamos no necrotério.

– Ela não me disse nada!

– Talvez tivesse o mesmo pensamento que eu, não quis aborrecê-la mais do que já estava.

– Júlia devia ter me contado!

– Desculpe, mas mudaria alguma coisa?

Completamente sem graça, ela respondeu:

– Tem razão, não mudaria nada.

Ao vê-la fazer menção de ir embora, Francisco perguntou:

– Posso lhe oferecer um café? – Diante do olhar desconfiado de Cecília, completou: – Sem nenhuma outra intenção que não seja realmente tomar um café. Minha esposa ainda está muito presente para que eu pense em alguma coisa que não seja apenas uma amizade. Na verdade, sinto-me muito sozinho, minha família se mudou para uma cidade vizinha e realmente não tenho muito com quem conversar, pelo menos neste momento da minha vida.

Cecília gostou da sinceridade dele.

– Não tenho muito tempo, pois deixei duas crianças em casa me esperando, mas para um café acho que dá – respondeu, estranhando a si mesma.

– Obrigado. Vamos, então?

Concordando apenas com o movimento da cabeça, ela o acompanhou até uma lanchonete próxima. Ela mesma não acreditava que aceitara assim tão facilmente, mas, sem ter explicação para o que sentia, achava que Francisco merecia confiança. No início, tanto Francisco quanto Cecília sentiram-se constrangidos um com o outro; porém, de temperamento mais aberto, Francisco logo se colocou à vontade, contagiando Cecília com sua espontaneidade.

– Como você e seus filhos estão após a perda de Teresa? – perguntou. – As crianças reagiram bem?

– Estranho a sua pergunta, Francisco, você acha que existe possibilidade de alguém reagir bem diante do furacão que é uma perda?

– O que eu acho, Cecília, é que todos sabem que se separar definitivamente de um afeto, de alguém que amamos, é uma dor sem explicação, mas também sei que, se entregarmos nosso sofrimento a Jesus confiando em Seu auxílio, sabendo que a vida não termina com a morte do corpo físico, ao contrário, ressurge com todo o seu esplendor em nossa pátria de origem, a dor toma sua proporção adequada, sem desespero, sem dúvidas quanto à bondade e justiça do Criador; enfim, sofrimento com Jesus é um sofrimento equilibrado, Cecília.

Cecília mal podia acreditar no que ouvia.

– Você perde sua mulher, seu filho, e ainda pensa assim? Não os amava?

– Cecília, é justamente porque os amo muito que desejo que sejam felizes no reino dos céus. Quero que evoluam e não fiquem presos às minhas lágrimas desarrazoadas, lágrimas de desespero, de falta de fé, de revolta com Deus; quero sim que sintam o meu amor por eles por meio do meu sofrimento equilibrado e justo, da minha certeza da vida futura e esperança de um dia nos reencontrarmos. Quero esquecer de mim para que eles sejam felizes por meio da liberdade de poder promover a própria evolução sem ficarem presos à minha falta de resignação – afirmou Francisco com um sorriso.

Quase sem palavras diante da explanação, Cecília só conseguiu retrucar:

– Não entendo muito de vida futura, só entendo da vida presente, e a minha vida se tornou um inferno. Às vezes, penso que sou uma vítima dessa vida, que para mim sempre foi madrasta.

Francisco fitou-a com compaixão e pensou: "Ela tem muito o que aprender, mas a vida vai se encarregar de ensiná-la".

Olhando para o relógio, ela falou:

– Meu Deus, Francisco, como está tarde; preciso ir!

Levantou e, ao se despedir, ele questionou:

– Podemos nos ver novamente?

– Sem nenhuma outra intenção? – Cecília perguntou sorrindo.

– Sem nenhuma outra intenção que não seja amizade! – respondeu ele devolvendo o sorriso.

Assim, ambos trocaram telefones e se despediram. Ao vê-la partir, ele disse a si mesmo: "Realmente gostaria de conhecê-la melhor, mas assim como ela também quero que por enquanto seja apenas amizade".

***

Na tarde do mesmo dia, enquanto as crianças se distraíam no jardim com seus amiguinhos, Cecília ligou para Júlia.

– Oi, Cecília, pensava mesmo em ligar para você – disse Júlia assim que ouviu a voz da amiga. – Como vocês estão?

– Dentro do possível estamos todos bem, amiga. Você está muito atarefada hoje?

– Não, hoje é sábado, é o dia que tiro para... não fazer nada! – disse Júlia sorrindo.

– Então, não quer vir fazer nada aqui em casa? Queria muito conversar com você.

– Convite aceito. Dentro de uma hora, mais ou menos, estarei aí, tudo bem?

– Vou esperar... Ah! Vou fazer o bolo de fubá que você tanto gosta para o nosso café.

– Jamais poderia desprezar seu bolo! Beijo!

– Beijo! – respondeu Cecília, feliz.

Ao desligar o telefone, pensou: "Júlia é uma boa amiga, tantos anos de amizade e nunca houve um desentendimento entre nós! Espero que seja sempre assim!".

Dirigiu-se à cozinha para preparar o bolo prometido. Mas seu pensamento levou-a até Francisco: "Não sei por que, mas Francisco mexe um pouco comigo; não quero me envolver com ninguém, mas devo admitir que gostaria de conhecê-lo melhor... Sem segundas intenções, é claro". Lembrando-se de Joaquim, concluiu: "Que homem ordinário, não se interessa pelos filhos, muito menos por mim, só pensa em si mesmo! Há quanto tempo não dá notícias! E quem sofre com a indiferença dele são as crianças. Tão diferente de Francisco, que me parece ser um homem de bem, sensível e amoroso. A culpada fui eu que não soube escolher quando me casei, não quis ouvir meus pais e acabei me dando mal, sofrendo as consequências da minha teimosia. Mas agora não quero saber de homem na minha vida, estou muito bem sozinha". – Mãe! – ouviu a voz de Marilda. – A senhora está fazendo bolo? De chocolate? Papai vem nos ver? – Não, filha, papai não pode vir hoje, assim que puder ele virá. Amanhã mamãe faz o bolo de chocolate para vocês, hoje estou fazendo um de fubá, a Júlia vem tomar lanche conosco e ela gosta muito.

Cecília notou a expressão de desapontamento da filha ao saber que seria mais um fim de semana sem ver o pai. Sem dizer nada, a menina voltou à brincadeira com seus amiguinhos.

– Meu Deus, será que Joaquim não sente falta de abraçar Marilda e Lucas? São duas crianças tão lindas! Um dia ele vai se arrepender.

Passados alguns minutos, ela foi atender à porta e com alegria abraçou Júlia, que carregava uma caixa de chocolate para as crianças. Felizes, elas agradeceram com um beijo.

– Seus filhos são lindos, Cecília!

– Obrigada, Júlia, você é uma grande amiga de verdade.

Após alguns instantes, Cecília comentou:

– Júlia, hoje, quando fui ao cemitério, encontrei com Francisco, lembra dele?

– Claro que eu lembro, como poderia me esquecer de um homem tão educado e generoso como ele?

– Nossa, não imaginei que tivesse essa impressão tão forte dele, será somente isso ou existe alguma pretensão da sua parte? – perguntou Cecília sorrindo.

– Que é isso, amiga, mal o conheço, apenas admirei a postura dele diante do sofrimento pelo qual você passava, nada mais que isso.

Inexplicavelmente, Cecília sentiu uma sensação de alívio: "Meu Deus, o que é isso, que sensação é essa? Para mim tanto faz que ela tenha ou não qualquer intenção a respeito de Francisco. Mal o conheço!".

– O que foi, Cecília, ficou pensativa... Algum problema?

– Não! Apenas pensei na história que ele me contou sobre a perda da esposa e do filhinho. Que história triste, não?

– Quer dizer que vocês conversaram?

– Sim. Fomos tomar um café e ele me contou o seu sofrimento. Fiquei impressionada, Júlia, nunca imaginei que ele estivesse passando por tanta dor. Você sabia e não me contou nada! Por quê?

– Desculpe, Cecília, mas não adiantaria lhe contar, você não iria me ouvir. Sua atenção estava voltada somente para a sua dor e a impedia de perceber qualquer aflição que não fosse a sua.

– Você está sendo muito dura comigo, será que sou essa pessoa tão insensível que sempre afirma?

– Cecília, você sabe o quanto sou sua amiga, e por ser realmente sua amiga dou-me o direito de alertá-la para algumas atitudes que toma e que não acho as mais adequadas.

– Por exemplo?

– Por exemplo, a mania que você tem de olhar apenas para si mesma, seus problemas, sua dor, sua necessidade; enfim, não consegue enxergar quem está ao seu lado, pois se acha a única vítima da vida. Todos a magoam e a fazem sofrer... Não consegue entender que não existe no mundo alguém que seja vítima, pois, se existisse, seria uma criatura injustiçada por Deus? E nós sabemos que Deus não comete injustiça com nenhuma de suas criaturas.

– Júlia, o que me diz dessas pessoas que passam por agressões, por situações em que estão completamente inocentes, que nada fizeram para sofrer, e, entretanto, sofrem dores profundas?

– Cecília, você se esquece ou não sabe que quando chegamos aqui no planeta Terra trazemos uma história já escrita por nós mesmos em outras experiências existenciais. Essa história nem sempre é equilibrada, justa, compatível com as leis divinas; portanto, se a causa do sofrimento não está na atualidade da nossa vida terrena, há de estar no nosso pretérito, e de alguma forma ou de outra sofremos a reação de ações impensadas; portanto, somos e sempre seremos herdeiros de nós mesmos, estamos sujeitos à Lei de Ação e Reação, não somos vítimas da injustiça de Deus.

– Nossa, amiga! Nunca ouvi essas coisas.

– Sempre é tempo de aprender, Cecília, conhecer a verdade sobre nós mesmos, quem somos, de onde viemos e para onde vamos. Principalmente, é sempre tempo de conhecer o Criador e suas leis.

– Tudo bem – falou Cecília, não querendo dar continuidade ao assunto. – Vamos voltar a quem interessa.

– E quem nos interessa?

– Ora, Francisco, quem mais poderia ser?

– Não sabia que se interessava em falar sobre Francisco; afinal, você mal o conhece e pelo que me lembro nunca deu chance a ele para se aproximar na época em que estava no hospital, apesar de saber que a procurou com o único intuito de ser solidário. Estou achando isso bem estranho.

– Estranho por que, Júlia? Depois que estive com ele, pude entendê-lo melhor e sentir que é uma boa pessoa, nada mais.

– Tudo bem, amiga, nada contra. Do que você quer falar realmente?

Um pouco irritada, Cecília respondeu:

– De nada, não quero falar nada sobre ele. Aliás, é melhor tomarmos nosso café. Vou preparar a mesa e chamar as crianças.

Júlia olhou bem a amiga e pensou: "Eu a conheço o bastante, Cecília, para desconfiar de que alguma coisa passa por sua cabeça; deve ter ficado bem impressionada com Francisco".

As crianças juntaram-se a elas para saborear o delicioso café com bolo.

capítulo 3

A morte é ilusão

Cecília retornava do trabalho carregando uma sacola de compras. O peso a obrigava a mudá-la continuamente de mão. Contudo, o cansaço de mais um dia de trabalho pesava mais em seus ombros do que a sacola. Parou um instante para descansar quando ouviu uma voz gentil.

– Posso ajudá-la? Imagino que a sacola deva estar pesada. Se permitir, posso carregá-la.

Olhando assustada, ela deparou com o sorriso amigo de Francisco. Indecisa, não sabia o que responder, e foi o próprio amigo quem o fez:

– É claro que posso, não, Cecília? Imagino que sua precaução comigo tenha sido resolvida, ou não?

Um pouco retraída, Cecília retrucou:

– Claro, Francisco, aceito seu oferecimento e fico muito grata.

Francisco pegou a sacola, que para ele nada pesou, e, acompanhando Cecília, foi até sua casa. No caminho, conversaram sobre assuntos banais até que Cecília perguntou:

– Francisco, desculpe, mas gostaria de lhe fazer uma pergunta que desde o nosso último encontro tento entender e não consigo.

– Por favor, Cecília, faça a pergunta que quiser; se não souber responder peço-lhe desculpas, mas se souber o farei com o maior prazer.

– Da última vez em que nos encontramos você mencionou a questão sobre vida futura; nada sei sobre isso, mas gostaria de entender sobre essa vida de que não faço ideia como seja. Ela realmente existe?

– Claro, Cecília!

– Mas de onde você tira tanta certeza de que ela existe?

– Das palavras de Jesus, dos seus ensinamentos. Se a vida futura não existisse, não faria sentido tudo o que Jesus ensinou para a humanidade, anularia suas palavras, seus ensinamentos sobre a importância do amor ao próximo, a veemência com a qual Ele pregou dizendo que existem muitas moradas na casa do Pai.

– Mas onde vamos viver depois de morrermos? Não consigo compreender isso.

– Cecília, a morte é uma ilusão. O nosso corpo físico morre porque ele é matéria, mas o nosso espírito é eterno e sobrevive à destruição do corpo físico. Ao abandonar o corpo denso, ele retorna à Pátria de origem, que é a espiritualidade. De lá nós viemos e para lá todos vamos retornar um dia.

– Quer dizer que minha filhinha ainda vive?

– Claro, como todos os que sofrem essa mudança de plano. Está em alguma colônia sendo amparada para sua adaptação à nova vida.

– Se for realmente assim ela deve se lembrar de mim!

– Com certeza, Cecília, e continua amando-a com o mesmo sentimento que sentia quando estava aqui na Terra. Quanto mais você se equilibrar, mais ela se equilibra na espiritualidade, porque o nosso sofrimento desarrazoado leva angústia aos que partiram, pois demonstra falta de fé no Criador, na Sua bondade e justiça.

Percebendo que chegavam próximo a sua casa, Cecília encerrou o assunto.

– Chegamos. Gostaria de continuar esse assunto em outra ocasião, pode ser?

– Claro – respondeu Francisco, animado. – Mas para isso precisamos nos encontrar mais vezes e não por acaso, o que acha?

– Você tem razão, podemos nos encontrar mais vezes.

– Amanhã é sábado, pode ser?

– Amanhã é o dia que vou ao cemitério! – exclamou ela com leve tristeza.

– Façamos o seguinte: encontro com você e vamos juntos, que tal?

Percebendo a indecisão de Cecília, Francisco reforçou.

– Cecília, do quem tem medo? Não vou fazer nada com você que possa ofendê-la, quero apenas ser seu amigo, dividir nossas dores; enfim, conversar com alguém em quem possa confiar, só isso!

– Desculpe, Francisco, realmente tenho medo de me envolver.

ALMAS EM CONFLITO | 45

– Mas por quê?

– A resposta fica para outro dia, pode ser?

– Claro, não quero forçá-la a nada, responda-me quando achar que deve.

– Desculpe não convidá-lo para entrar, mas tenho dois filhos ainda pequenos e receio que não entendam.

– Não tem importância; vemo-nos amanhã, então?

– Sim, à uma hora na porta do cemitério.

– Estarei lá!

Vendo-o partir, Cecília pensou: "Preciso tomar muito cuidado, não quero me envolver com ninguém e ele, não entendo por que, causa-me uma sensação de paz; receio que isso possa se transformar em algo mais sério".

Logo ouviu a voz das crianças chamando-a e sua atenção se direcionou a elas.

– Mãe – disse Marilda –, vi um homem acompanhando a senhora, ele vai ser nosso pai?

– Não, filha, ele é apenas um amigo, nada mais.

– Gostei da cara dele, mãe, acho que ele seria um pai legal.

– Marilda, vocês já têm um pai!

– Onde ele está, mãe, que nunca vem nos ver? Lucas e eu queremos um pai do nosso lado, e não longe de nós.

– Vamos mudar de assunto, Marilda, já disse que ele é apenas um amigo e não vai passar disso!

– *Tá* bom, mãe, *tá* bom!

"Meu Deus", pensou Cecília, "esse é o meu medo; não tenho estrutura para me envolver com mais ninguém, não quero mais sofrer".

Sem nenhum esforço, as lembranças vinham povoar-lhe a mente, fazendo com que seu coração, que não conseguia perdoar Joaquim, rememorasse os anos em que estivera casada. As cenas do aniversário de Lucas, tão bem guardadas em sua memória, apareceram nítidas como se acabassem de acontecer.

— *Joaquim, você vai sair?* — *perguntou Cecília, não querendo acreditar no que imaginava que estava prestes a acontecer.*
— *Claro! O que tem isso?*
— *Hoje é o aniversário de seu filho, esqueceu?*
— *Não, não esqueci, mas preciso sair, tenho um compromisso importante.*
— *E o que é mais importante que a festinha de aniversário do Lucas, posso saber?*
— *Ora, Cecília, uma festinha sem graça, isso é coisa para criança, não vou perder meu compromisso por causa de uma bobagem dessas!*
Sem dar maiores explicações, saiu, deixando Cecília decepcionada.

Ela se lembrava muito bem de todas as vezes em que Joaquim a deixara sozinha, sem nunca se preocupar com ela ou com os filhos.

— Não! Não posso nem quero me envolver com ninguém, todos são iguais, bonzinhos e gentis no começo, depois nem se dão ao trabalho de ser atenciosos, passam a viver a própria vida como se fossem solteiros.

Sem perceber que falara alto, só se deu conta quando escutou a voz de Júlia.

– O que é isso, amiga, falando sozinha? Quem é o alvo dessa amargura?

– Oi, Júlia, que bom estar aqui, mas quem abriu a porta para você? Não ouvi a campainha.

– Encontrei com Marilda, que saía, e ela me deixou entrar.

– Há quanto tempo está aí?

– O suficiente para ouvir o que você falava para si mesma. Outra vez, Cecília? Não se cansa de acusar Joaquim? Será que não consegue traçar outra meta para sua vida?

– Não! Não me canso, Júlia, o que ele fez comigo foi cruel, desumano; enfim, quero que pague por tudo, tostão por tostão.

Júlia pegou a amiga pelas mãos, dizendo:

– Sente-se aqui e vamos conversar.

– Não tenho nada para dizer a você, Júlia.

– Mas eu tenho muita coisa para lhe dizer, e vou fazer isso agora, para o seu bem e das crianças. Cecília, prometo que será a última vez que me intrometo em sua vida, depois vou respeitar sua escolha de ser infeliz, de se sentir bem em se considerar vítima; enfim, dê-me só mais esta chance de lhe mostrar o quanto a vida é bela apesar de todos os empecilhos que encontramos no caminho. E, se a vida é bela, por que não vivê-la?

– Estou ouvindo, pode falar, Júlia. Só não entendo onde você consegue ver toda essa beleza que meus olhos não enxergam.

– Sente-se aqui, amiga.

Cecília acatou a vontade de Júlia e sentou-se diante da amiga.

– Pronto, estou ouvindo-a.

– Vou lhe fazer uma pergunta e espero que responda a verdade sem tentar enganar nem a mim, nem a si mesma.

– Faça!

– Você ainda ama Joaquim? Nutre ainda esperança que ele volte?

Cecília ficou ressentida com a pergunta e respondeu um pouco áspera:

– O que é isso, Júlia? É claro que não o amo mais nem tenho vontade que ele volte para mim. Gostaria sim que ele aparecesse para ver as crianças, que sentem sua falta, nada mais.

– Seria muito bom que fosse somente isso – retorquiu Júlia –, evitaria novos sofrimentos.

– Júlia, vamos mudar de assunto, por favor!

– Claro, amiga!

– Quero lhe dizer que o Francisco e eu nos encontramos.

– Vocês se encontraram de novo?

– Sim. Mais foi por casualidade.

– Como assim?

– Eu estava carregando a sacola de compras, ele apareceu e se ofereceu para me ajudar.

– E você aceitou, lógico!

– Relutei um pouco, mas acabei aceitando. No caminho ele falou coisas que me impressionaram muito, mas não consegui entendê-lo.

– Sobre o que ele falava?

– Júlia, ele veio com uma história de vidas passadas, que voltamos para a Terra trazendo nossos erros; enfim, não sei dizer direito. Combinamos de nos encontrar amanhã para ele me explicar mais sobre esse assunto que ficou martelando em minha cabeça.

– Mas que ótimo, amiga!

– Você acredita nessa história de vidas passadas?

– Claro que acredito, Cecília, é uma realidade da qual não podemos fugir.

– Não sei, acho meio fantasioso.

– Quando você souber mais sobre o assunto verá quanta coerência! Poderá entender a razão de as coisas acontecerem; o motivo das nossas aflições, dos sofrimentos, que não aceitamos porque não os entendemos. Tomará conhecimento da justiça de Deus e da infinita bondade para com suas criaturas.

– É, vamos ver!

– Mas aonde vocês vão se encontrar?

– Na porta do cemitério.

O espanto de Júlia foi tão grande que ela redarguiu impressionada:

– Você disse na porta do cemitério?

– Sim!

– Cecília, ninguém marca um encontro na porta do cemitério!

– Posso saber por quê?

– Porque existem lugares mais apropriados, você não acha?

– Não vejo mal algum, mesmo porque amanhã é o dia que vou visitar Teresa.

– Você vai visitar Teresa?

– Sim, vou religiosamente todos os sábados, posso saber a razão do espanto?

– Pode. Cecília, faz quatro meses que Teresa retornou para a espiritualidade e você ainda a chama no cemitério, leva-a para onde seu corpo provavelmente não existe mais? Por que não a deixa apenas no seu coração, na sua lembrança amorosa, permitindo que ela siga a sua evolução natural?

– Júlia, no cemitério eu oro por ela, coloco flores; enfim, para ela ver que não me esqueci dela e jamais a esquecerei.

Júlia sentiu compaixão por aquela mãe que não conseguia administrar com equilíbrio a sua tristeza. Segurou entre as suas as mãos da amiga.

– Cecília, podemos fazer a prece pelos entes queridos que partiram em qualquer lugar. É preciso apenas que ela saia do nosso coração comovido, sincero, saudoso, sem lamentações intermináveis, sem resistir à vontade de Deus; ao contrário, a prece deve refletir nossa confiança Nele, porque acreditamos na Sua suprema bondade e justiça. As flores podemos criá-las dentro de nós e enviar o perfume por meio do nosso amor sincero, da saudade equilibrada e do desejo de que este ser que amamos se equilibre e promova sua evolução no reino dos céus. O amor de ambas as partes continua no ser de cada um e tudo o que enviamos dentro do equilíbrio chega em forma de luzes e bênçãos para quem nos deixou.

Cecília ficou pensativa por alguns instantes, e por fim perguntou:

– Você quer dizer que não devemos visitar o túmulo das pessoas que amamos?

– Não foi isso o que disse. Podemos visitá-los sim, pois os espíritos são sensíveis às demonstrações de carinho, mas para eles o que mais importa é sentir que estão dentro do nosso coração, e é isso que lhes dá bem-estar e equilíbrio. Não vou dizer que é o seu caso, mas, muitas vezes, quando nos entregamos a atitudes persistentes, criamos um hábito que com o passar do tempo o nosso corpo passa a cumprir, mas nosso coração nem sempre estará lá, e para o espírito o que conta é, sem dúvida, o amor que sentimos por ele. Consegue me entender?

– Acho que sim, mas onde você aprendeu essas coisas, Júlia? Nunca soube que você era adepta do Espiritismo ou qualquer outra religião.

– Realmente não frequento nenhuma casa espírita, templo ou igreja, mas estudo sistematicamente um livro maravilhoso que recebi de presente de uma colega de trabalho.

– Que livro é esse?

– Chama-se *O Livro dos Espíritos*, e tem me ensinado muitas coisas.

– Deve ser bom mesmo, pois às vezes você fala coisas que sempre tive curiosidade de saber onde aprendeu.

– Tenha paciência, quem sabe um dia você não se interessa em aprender mais?

– Pode ser! – exclamou Cecília.

Passaram o resto do dia distraindo as crianças, que gostavam muito de Júlia. Em determinado momento, Lucas perguntou:

– Tia Júlia, a senhora sabe onde o papai mora?

A pergunta de Lucas causou grande impacto em Cecília, que respondeu de imediato:

– O que é isso, Lucas? Você acha mesmo que Júlia sabe onde o papai mora? Já não expliquei a vocês que papai não deixou o endereço porque ele viaja muito? Quando ele voltar, virá visitá-los.

– Mas, mamãe, ele nunca volta, todos os meus amigos da escola têm pai, porque só eu e a Marilda não temos? Precisamos morrer como a Teresa para ele vir se despedir? Se for isso, prefiro ficar sem ver meu pai, não quero morrer como a Teresa.

Cecília, não suportando a situação, correu para o quarto para impedir que Lucas a visse chorando, mas ele percebeu, e no seu nervosismo infantil perguntou chorando:

– Mãe, por que está fugindo, o que fiz de errado? A senhora está chorando?

Júlia imediatamente tomou o lugar de Cecília, colocou Lucas em seu colo e carinhosamente lhe explicou:

– Querido, não precisa chorar, você não fez nada de errado, mamãe está um pouco nervosa, cansada, só isso, já vai passar.

– Por que ela fugiu de mim?

– Ela não fugiu, Lucas, nem de você, nem de ninguém. Talvez esteja fugindo dela mesma – disse Júlia, sem se lembrar de que falava com uma criança.

– Tia, não estou entendendo, ninguém foge "dela mesma".

– Desculpe a tia, querido, falei sem pensar. Eu quis dizer que mamãe não queria que vocês a vissem assim tão cansada, daqui a pouco ela volta feliz por estar com vocês.

– Tia, por que toda vez que a gente pergunta do papai a mamãe fica assim?

Júlia pensou: "Que criança esperta! Preciso lhe dar uma boa resposta".

– Lucas, a mamãe também fica triste quando o papai demora a vir, mas ela sabe que ele tem muitos compromissos, viaja muito, por essa razão não pode estar sempre presente, mas ele os ama muito, vocês devem acreditar nisso; em compensação, a mamãe está sempre perto, cuidando com muito carinho de você e da Marilda, demonstrando todo o amor que ela sente por vocês, que são o tesouro dela.

– A mamãe eu sei que ama a gente, mas o papai...

Marilda, que até então só escutava o irmão, disse:

– Lucas, você já tem seis anos, já deve entender que não devemos fazer a mamãe sofrer mais do que ela já sofre; é melhor parar com essa conversa, mesmo porque quem tem de resolver isso é o papai, e não a mamãe.

– Marilda tem razão, Lucas! Sabe o que vamos fazer? Vamos até a cozinha preparar um lanche bem gostoso para todos e assim que estiver pronto vocês vão chamar a mamãe, está bem?

Na mesma hora, Lucas passou da tristeza à alegria, deu um pulo e gritou:

– Oba, vamos fazer um lanche especial! Estou com fome, tia.

– Então, mãos à obra – falou Júlia animada.

Depois de tudo pronto, chamaram Cecília, que, já refeita, participou com alegria do lanche especial que eles haviam feito com todo o carinho.

– Você está melhor, mamãe? – perguntou Lucas.

– Sim, filho. Estou ótima, agora só preciso de um beijo bem gostoso dos meus queridos filhos.

Assim que as crianças se ausentaram, Júlia perguntou:

– Cecília, o que aconteceu para você ficar daquele jeito? Estranhei sua atitude.

– Júlia, você não percebeu as perguntas que Lucas fez? Pois bem, ele as faz a toda hora, não consegue se esquecer do pai, e quer que eu vá buscá-lo de qualquer jeito, como se isso fosse possível.

– Você tem razão, Cecília, deve realmente ser muito difícil explicar a uma criança por que seu pai não se interessa em vê-la. Para ser sincera, eu não sabia o que dizer.

– É por tudo isso que não perdoo Joaquim, Júlia. Que ele aja assim comigo, tudo bem, mas com as crianças acho desumano; elas não entendem.

– Por que você não o procura e lhe conta como sua presença faz falta para Lucas e Marilda? Quem sabe ele não muda de postura perante os filhos?

– Se adiantasse eu até iria, mas acredite, Júlia, ele não se importa. Vive envolvido com programas sociais, mulheres, bares; enfim, na verdade, não entendo o que ele faz, só sei que gosta de viver na noite. Você pode achar que é mentira, mas ele não diz a ninguém que é pai de três lindas crianças.

– Mas, quando Teresa morreu, ele foi ao velório e ao enterro, e se não me falha a memória estava acompanhado de seus familiares e de um casal de amigos. Eles não sabiam que era o velório da filha dele? – perguntou Júlia, admirada.

– A família sabia, mas os amigos tenho certeza que não. Deve ter dito que era uma sobrinha ou coisa parecida. É inacreditável, mas a verdade é que ele só pensa e gosta de si mesmo. Ainda bem que as crianças já haviam ido para casa, senão seria uma grande decepção para elas não receberem do pai o carinho que desejam.

– É, minha amiga, deve ser mesmo muito angustiante presenciar tudo e não poder fazer nada para modificar.

– É, Júlia. Tenho medo de me envolver com outro homem e passar por tudo isso outra vez. Sinto uma revolta muito grande dentro de mim e um ódio por Joaquim que não consigo administrar. Bem que meus pais, antes do nosso casamento, tentaram me fazer entender que ele não era um homem digno, mas eu, tola, não segui o conselho deles e hoje estou aqui amargando a minha tolice.

– Não desanime, amiga, um dia aparecerá alguém que vai fazer você e as crianças felizes, alguém muito especial que vai lhe mostrar que é possível ser feliz e compartilhar uma vida com outra pessoa.

– Será mesmo, Júlia, que conseguirei ser feliz com alguém decente?

– Tenho certeza que sim, mas para isso você precisa estar aberta para perceber quando a pessoa chegar, e se dar o direito de ser feliz. Não fique na defensiva, nem todas as pessoas são iguais; cada um é único, por esse motivo não devemos fazer comparações.

– Tem razão, Júlia. Mas é tão difícil criar os filhos sozinha! É triste ver as crianças sem uma referência masculina, no caso o próprio pai. É difícil, muito difícil fazê-los entender a razão disso tudo.

– Eu a entendo, amiga, e lhe digo que pode contar comigo sempre que precisar, em qualquer situação, mas gostaria de lhe dizer que não deve alimentar em seu coração tanto ódio, porque esse sentimento obscurece nossa sensibilidade e não conseguimos enxergar nada além dele; perdemos a oportunidade de ser feliz de verdade e maltratamos a nós mesmos, pois odiar é a mesma coisa que tomar veneno e esperar que o outro morra, entendeu? Tornamo-nos vítimas do próprio ódio.

– Obrigada, amiga, perto de você sinto-me mais segura, passo a achar que tudo vai dar certo; enfim, crio coragem, mas essa coragem desaparece no primeiro sopro de vento.

– Confie mais em você, creia nas suas possibilidades, nos talentos que Deus lhe deu, e vá em busca da sua felicidade, pois o mundo é cheio de homens dignos, de caráter, só é preciso saber procurar e, principalmente, reconhecer quando encontrá-lo. Aproveite bem o encontro com Francisco, ele é um homem de bem.

– Obrigada, amiga, você é mais que uma irmã.

– Bem, preciso ir – disse Júlia –; depois quero que me conte tudo a respeito do seu encontro com Francisco.

– Júlia, não é um encontro de amor, é apenas um encontro entre amigos.

– Certo, mas nada impede que se torne um encontro de amor!

– Como eu já lhe disse, não estou preparada para este tipo de encontro.

– Por enquanto – redarguiu Júlia, sorrindo e provocando a amiga.

Ambas se despediram. Quando se viu sozinha, Cecília pensou nas palavras de Júlia e disse a si mesma: "Seria bom se fosse um encontro de amor, mas as probabilidades são mínimas, meu coração está fechado, não acredito mais nesse sentimento. Não consegui o amor de Joaquim, que foi embora me deixando sozinha com as crianças; perdi minha filhinha tão amada com apenas três aninhos, além de meus pais, que eram meu apoio! Como acreditar no sentimento do amor, se ele só me fez sofrer? É melhor ficar como estou".

capítulo 4

No tempo certo

Cecília esperou ansiosa o momento do encontro com Francisco.

"Meu Deus", pensava, "não consigo entender o que está acontecendo comigo, a razão desta ansiedade que tomou conta de mim. Não faz sentido, mal o conheço, não sei direito quem é, o que faz; enfim, preciso dar um fim nisso antes que seja tarde demais".

No dia seguinte, indo ao cemitério, tentava pensar somente em Teresa, no quanto sentia sua falta, mas não podia negar que aliada a esse sentimento vinha a imagem de Francisco. Este, assim que a viu, apressou-se para ir ao seu encontro.

— Como vai, Cecília? — cumprimentou-a polidamente.

— Vou muito bem, Francisco, e você?

— Também, apesar da minha ansiedade para me encontrar novamente com você.

"Jesus me ampare", pensou Cecília. "Ele também tem o mesmo sentimento que eu. Ajude-me, Senhor, para que eu possa agir corretamente, ser gentil na medida certa."

Após fazerem as visitas aos túmulos, cada um reverenciando seus afetos, Francisco convidou Cecília para irem a algum lugar onde pudessem conversar tranquilamente.

– Recorda-se daquele assunto pelo qual você se interessou dizendo querer entender?

– Claro! Sobre as vidas passadas, não é?

– Isso mesmo, podemos conversar a respeito, o que você acha? Gostaria?

– Pode ser. Gostaria de entender por que tanta gente acredita nessa possibilidade, inclusive minha amiga Júlia.

– Júlia? Que bom que ela pensa assim, com certeza é uma boa influência para você e seus filhos.

– Meus filhos adoram a "tia Júlia".

– Podemos ir?

– Podemos – repetiu Cecília.

Assim, dirigiram-se a uma pequena praça próxima ao local onde estavam e consideraram que era o lugar apropriado devido à tranquilidade que reinava entre seus belos canteiros de flores. Sem demora, Cecília perguntou:

– Então, Francisco, vai tentar me convencer dessa vida passada?

– Tentar convencê-la não, mas explicar as razões pelas quais creio com firmeza que ela existe, independente de nós acreditarmos ou não. Aceitar ou não vai depender exclusivamente de você, pois é você quem vai decidir. Não posso lhe impor nada, nem a ninguém; ao contrário, devo respeitar a posição de cada um. Creio que tudo acontece no momento certo, na hora em que nos sentimos prontos para aceitar ou não os conhecimentos que nos passam.

– Sabe, Francisco, esse seu jeito de ser, sempre respeitando as pessoas, sempre generoso; enfim, você me passa muita tranquilidade.

– Alegro-me em saber disso, Cecília – respondeu Francisco encarando-a firmemente.

– Bem, vamos ao que interessa.

– Cecília, quando falamos de vidas passadas e futuras, estamos dando testemunho da crença de que nosso espírito é eterno, e se é assim não perece no momento em que o corpo físico deixa de funcionar; ao contrário, no instante em que abandona o corpo inerte, ele volta à sua pátria de origem. Para algum lugar ele há de ir e continuar sua trajetória de vida eterna, promovendo sua evolução. Essa é a vida futura à qual sempre me refiro; a vida espiritual sobrepondo-se à vida na Terra.

Impressionada, Cecília perguntou:

– Mas o que faz você ter tanta certeza de que essa vida existe realmente? Não pode ser apenas uma ilusão?

– Cecília, se essa vida não existisse, os preceitos de moral ensinados pelo Cristo não teriam nenhuma razão de ser. Esse princípio deve ser considerado como ponto central de todo o ensinamento de Jesus; o dia em que isso ocorrer o bem reinará na humanidade com mais clareza e força. A existência dessa vida comprova a infinita justiça de Deus, dá-nos a certeza da imortalidade do espírito e a coerência dos ensinamentos de Jesus.

– Nunca havia pensado nisso – exclamou Cecília.

Francisco animado continuou:

– Jesus, por meio de seus ensinamentos, deixou claro que o "nada" não existe, que em todos os lugares há vida pulsando, porque existe a criação de Deus e nós somos criações Dele. Considerando o futuro, atribuímos ao presente uma importância adequada à nossa evolução.

– Estou perplexa com tudo isso, Francisco. Realmente existe lógica em tudo o que me disse. Posso lhe fazer uma pergunta?

– Claro que sim.

– Por que sempre fui vítima na história da minha vida? Tudo de ruim acontece comigo e eu acho que não mereço. Você tem condições de me explicar?

– Cecília, o espírito Joanna de Ângelis nos diz: *As palavras Pecado... Culpa... Vítima... devem ser trocadas por Responsabilidade. Se houvesse vítima ela seria um ser injustiçado.*

– Mas o que significa isso?

– Que somos apenas seres se encontrando com as consequências dos atos imprudentes de outrora.

– Mas nunca fiz nenhum ato desastroso que mereça punição! Sofro a consequência do quê?

– Cecília, quando não encontramos respostas nesta vida, nada que possa gerar sofrimento, a causa há de estar no nosso pretérito, porque todos nós chegamos trazendo as sementes mal plantadas do passado.

– Acho tudo isso muito complicado, Francisco.

– Um dia você vai entender; no tempo certo, Cecília.

Francisco, sentindo que era hora de parar, inquiriu:

— Você já almoçou?

— Ainda não, geralmente saio do serviço e vou direto visitar Teresa — respondeu Cecília.

Francisco se incomodou com a colocação de Cecília quando disse "visitar Teresa". A expressão que demonstrou em seu rosto fez com que ela o interrogasse.

— O que foi, disse alguma coisa errada?

— Não, Cecília, nada de errado, vamos dizer que falou algo inadequado.

— Inadequado? O que tem de ruim dizer que vou visitar minha filha?

Com muita precaução, ele respondeu, tentando explicar da forma mais simples possível:

— Cecília, a pequena Teresa não mora no cemitério, mas sim no reino do Senhor, em seu coração e na lembrança de todos os que a conheceram e a amaram. Ir ao cemitério é um ato de respeito, uma exteriorização da saudade, da lembrança, mas não se deve fazer disso um hábito dentro da crença de que nossos entes queridos que se foram moram ali. Aquele local é simplesmente o depositário do corpo, pois o espírito segue seu caminho na espiritualidade em busca da sua evolução, do seu progresso espiritual; e nós devemos dar a ele a liberdade para que tenha a tranquilidade e o equilíbrio para prosseguir na nova vida. Você consegue me entender?

— Mais ou menos — respondeu Cecília. — Acho tudo muito confuso; quer dizer então que não devo ir visitá-la, falar com ela, é isso?

— Cecília, preste atenção: você pode "falar" com ela por meio do seu pensamento, do amor que envia, pois toda prece sincera direcionada aos que amamos Jesus permite que chegue até eles; mas não é necessário trazê-los até aqui com o nosso grito de desespero, porque não raro isso pode levar o espírito ao sofrimento.

Cecília estava impressionada com tudo o que Francisco dissera. Não conseguia entender como ele sabia de tantas coisas que ela nunca ouvira falar, ou melhor, nos quais nunca prestara muita atenção quando Júlia, com a calma que lhe era peculiar, lhe dizia.

Francisco, percebendo que tocara muito fundo o coração de Cecília, voltou a dizer:

— Não fique se sentindo culpada; agora que já tem esse conhecimento mude seu relacionamento com Teresa, proporcione, por meio do seu amor e da sua saudade equilibrada, a paz de que ela necessita para se adequar à sua nova vida.

— Mas ela continua a amar as pessoas que deixou, não?

— Claro, Cecília, os sentimentos dos que se foram não mudam, o amor que ela sentia por você e pelos irmãos continua existindo em seu espírito com a mesma força, e, como vocês, ela também sente saudade. A maior alegria que temos é saber que a vida não se restringe à Terra, ela está nas muitas moradas de Deus, e um dia poderemos nos encontrar com os que nos precederam na volta à pátria espiritual.

— Sendo assim, fico mais tranquila. Tinha muito medo de que ela me esquecesse! – exclamou Cecília.

— Bem, agora vamos cuidar de nós – disse Francisco, para aliviar a tensão de Cecília. – Vamos comer alguma coisa?

– Gostaria muito, Francisco, muito mesmo, mas preciso cuidar de Lucas e Marilda, eles devem estar com fome. É melhor ficar para outra vez.

– Tenho uma ideia melhor.

– E qual é?

– Vamos até sua casa, pegamos Lucas e Marilda e vamos passear todos juntos. O que me diz de irmos ao zoológico e comermos por lá?

"Meu Deus, não posso acreditar no que estou ouvindo! Esse homem é muito especial mesmo", pensou Cecília.

Um pouco constrangida, ela aceitou. A alegria de Lucas e Marilda contagiou Cecília, que concluiu ter tomado a decisão certa.

"Nunca imaginei que um simples passeio causaria tanta alegria aos dois, eles devem sentir mesmo muita falta de divertimento", pensou.

Lembrou que não havia dito a Francisco que não tinha condições financeiras para arcar com a despesa que, imaginou, seria alta. Aproximou-se dele sem que as crianças notassem e lhe disse:

– Francisco, desculpe, mas somente agora me lembrei de dizer que não tenho condições de levar as crianças em um passeio que sairá caro. Criança tudo o que vê quer e realmente não tenho condições para isso. É melhor irmos a um lugar onde se gasta menos, alguma praça, por exemplo.

Sorrindo, Francisco respondeu:

– O convite foi meu, Cecília; portanto, eu arco com as despesas, não importa o que as crianças pedirem.

– Mas não posso aceitar, Francisco, nós mal nos conhecemos!

– Acho que já nos conhecemos o suficiente para passarmos um lindo dia no zoológico usufruindo a companhia e a alegria dessas crianças. Que tal voltarmos a ser crianças também? – perguntou sorrindo. E, percebendo que ela ainda ia questionar, completou: – Cecília, quero deixar bem claro que é você quem está me proporcionando a satisfação de fazer parte de sua família, uma família que eu gostaria de ter tido, mas a vontade de Deus foi contrária à minha.

O passeio transcorreu conforme o moço esperava. Muito sorriso e muita alegria no rostinho das crianças. Na volta, enquanto Cecília e Francisco conversavam, Marilda e Lucas dormiram no banco traseiro do carro, entregues ao delicioso cansaço que o passeio lhes impusera.

Por breves instantes, a fisionomia de Francisco se alterou ao lembrar-se de como sonhara em construir uma família com Tânia. Cecília, percebendo, tocou levemente suas mãos e lhe disse:

– Você também sofre, meu amigo! Apesar de externar alegria, os seus olhos o traem; sei que é difícil para você.

– É difícil, Cecília, mas luto para não me deixar abater, sei que Deus permitirá que algum dia eu construa minha família, e quem sabe não será você que fará parte dela?

O coração de Cecília acelerou e, querendo responder, mal conseguiu.

– Não entendo o que quer dizer!

– Não faz mal, ainda é muito cedo; creio que para todos os propósitos existe o tempo certo, agora é o tempo de nos conhecermos e não devemos impedir que isso aconteça.

Cecília sentiu um leve bem-estar, como se uma brisa acariciasse seu coração.

– Você está certo, não é prudente pular etapas, vamos confiar no tempo, pois ele vai se encarregar de nos dar as respostas e nos mostrar o caminho.

Cecília disse isso, mas estranhou suas palavras.

"Nossa", pensou, "não estou me reconhecendo! Será que fui eu mesma quem disse isso?".

Ao se despedirem na porta da casa de Cecília, Francisco, muito gentil, deu-lhe um beijo no rosto e falou:

– Obrigado, Cecília, por este dia.

Antes que ela respondesse, ele entrou no carro e partiu.

– Meu Deus, isso não pode estar acontecendo comigo – disse em voz alta.

– Isso o que, mãe? – perguntou Marilda, que acordara e escutara o que a mãe dissera.

– Nada, filha, estava me referindo ao dia tão feliz que passamos hoje, você não acha?

– Mãe, eu gostei muito do seu amigo; ele podia ser nosso pai!

– Filha, não vamos falar sobre isso agora, está bem?

– Está bem, mãe – respondeu Marilda.

"Eles sofrem muito a ausência do pai, mais do que eu poderia supor. Que ódio de Joaquim!", pensou, "ele vai pagar por todo esse sofrimento que impôs aos próprios filhos".

Contudo, sem nenhum esforço, sua mente trouxe a figura de Francisco, seu sorriso franco, sua generosidade, o carinho com o qual tratou Lucas e Marilda, e, diante dessa comparação, a mágoa pelo ex-marido se agigantou.

"Como pude me enganar tanto com Joaquim? Enquanto todo mundo tentava me alertar de que era um mau-caráter, eu vivia na ilusão, fingindo a mim mesma uma felicidade que não existia, até que a realidade esmagou meu sonho e fechou meu coração para qualquer relacionamento. Agora surge Francisco e sinto-me reviver, e, apesar do receio de novamente sofrer, sinto-me atraída por ele."

No dia seguinte, ela ligou para Júlia e contou-lhe tudo o que acontecera no dia anterior.

– Júlia, você não tem a menor noção do quanto Francisco é generoso e atraente com o seu jeito educado. As crianças sentiram-se muito bem com ele, divertiram-se; enfim, foi um dia maravilhoso que ficará para sempre na minha memória.

– Cecília – disse Júlia sorrindo –, está parecendo que você está muito entusiasmada com ele. Está gostando dele, minha amiga, é isso?

– Pare, Júlia, você ficou maluca? Já lhe disse mil vezes que não tenho nenhuma pretensão de me apaixonar por ninguém. O Francisco é apenas um grande amigo, nada mais.

– Calma, amiga, não há necessidade de ficar tão nervosa, foi apenas uma pergunta.

– Uma pergunta que me deixou chateada.

– Tudo bem, peço-lhe desculpas! – exclamou Júlia, sorrindo do outro lado da linha.

— Se você quiser mudar de assunto, podemos continuar nossa conversa, mas, se insistir nessa maluquice de insinuar que eu gosto do Francisco, vamos parar por aqui.

— Tudo bem, Cecília — concordou Júlia. — Não há a menor necessidade de ficar tão enfurecida!

— Júlia, estou pensando em arrumar outro emprego, o que você acha?

— Pretende deixar a fábrica? Mas você trabalha lá há tanto tempo!

— Não. Não pretendo deixar a fábrica, quero arrumar outro que seja compatível com o horário da confecção. Eu deixo o serviço todo dia às dezesseis horas, poderia trabalhar em outro a partir desse horário.

— Mas, Cecília, diga-me: por que resolveu isso agora?

— Júlia, eu ganho pouco, mal dá para as necessidades das crianças e as minhas! Se eu conseguir conciliar dois empregos, posso satisfazer um pouco as vontades de Marilda e Lucas, e por que não a minha também? Quero comprar roupas novas para nós, bons sapatos; enfim, melhorar nossa aparência, e o mais importante é que poderei contratar alguém para olhar as crianças. Marilda ainda é muito criança para essa responsabilidade. Você acha que existe algum mal nisso?

— Não, de maneira alguma, só estranhei essa vontade súbita, justo você que nunca ligou muito para sua aparência, apesar de eu sempre incentivá-la para se vestir melhor.

— É que eu andava muito desiludida, Júlia!

— E agora não está mais?

— Júlia, você não me engana, sei muito bem o que está pensando!

– E não estou certa?

– Não, não está. Isso não tem nada a ver com Francisco.

– Tudo bem! É apenas uma coincidência, absolutamente nada a ver com sua amizade com Francisco.

– Nada a ver mesmo! – exclamou Cecília, e completou: – É melhor eu desligar, você está insuportável!

– Antes que desligue, ouça uma coisa, Cecília.

– Diga!

– Quero que saiba que estou de pleno acordo com sua decisão, você é muito jovem ainda, precisa viver com mais alegria. Se eu souber de alguma coisa, aviso você.

– Obrigada, amiga.

Desligando o telefone, Cecília pensou: "Será que é por causa do Francisco que tomei essa decisão? Será que estou enganando a mim mesma?".

Ao dizer o nome do amigo, ela sentiu uma sensação de alegria e uma vontade de vê-lo, que a deixou incomodada.

– Meu Deus, não posso e não quero gostar de mais ninguém! Já sofri demais por causa de amor, agora vou ser mais severa com meu coração.

Ao ouvir a voz das crianças, voltou à realidade.

– Mãe – disse Marilda –, hoje pela manhã o seu amigo ligou perguntando se a senhora estava e quando eu disse que não ele estranhou por ser domingo e disse que ligará mais tarde.

– Você disse aonde eu tinha ido?

– Não. Ele não perguntou!

– Tudo bem, querida, mais tarde falo com ele.

Novamente a sensação de paz e bem-estar tomou conta dela. "Será que o destino está trabalhando a nosso favor? Será que Francisco é o homem que poderá me fazer feliz?", perguntou a si mesma. Contudo, na mesma hora voltou a dar vazão ao seu receio de amar alguém. "Preciso parar de sonhar, estou bem grandinha e bem sofrida para acreditar em conto de fadas."

Apesar dos seus conflitos interiores em relação aos seus sentimentos, o coração começava a lhe pregar uma peça, fazendo-a sonhar e desejar estar ao lado de Francisco. Após algumas horas, o telefone tocou.

— Sua mãe já chegou? — perguntou Francisco para Marilda. — Queria muito falar com ela.

— Já sim, vou chamá-la.

Do outro lado da linha, Francisco ouviu o grito de Marilda chamando a mãe, que com o coração aos saltos atendeu, tentando mostrar uma calma que estava longe de sentir.

— Oi, Francisco, que bom falar com você!

— Para mim é muito bom mesmo ouvir sua voz novamente; quero saber se está tudo bem com você e as crianças.

— Está sim, Francisco, tudo bem!

— Que ótimo! Posso então lhe fazer um convite? Você aceita?

— Francisco! — exclamou Cecília sorrindo. — Como vou saber se aceito se não tenho a menor ideia de qual é o convite? Faça-o primeiro!

— Como hoje é domingo e está um belo dia de sol, gostaria de convidá-la, e às crianças, para passearmos no parque

ALMAS EM CONFLITO   71

e tomar sorvete; enfim, um passeio bem descontraído. O que me diz?

"Meu Deus", pensou Cecília, "como vou conseguir resistir a esse homem? Ele age exatamente como sempre sonhei que Joaquim agisse".

– Então, qual a sua resposta? – insistiu Francisco.

– Não sei se devo aceitar!

– Por qual razão não aceitaria?

– Razão mesmo não tenho nenhuma, mas...

– Mas... O que é, Cecília? Qual é o problema, minha companhia é tão ruim assim?

– Ao contrário, Francisco, talvez seja porque sua companhia é uma das melhores que já tive.

– Meu Deus, não a entendo. Se minha companhia é agradável não vejo motivo para sua indecisão.

– É que...

– Já sei, é que você tem medo de se apaixonar por mim, é isso?

– Francisco! – exclamou ela, completamente sem graça.

– Olha, Cecília, se for isso não precisa ter nenhum receio porque eu já me apaixonei por você!

Com um fio de voz, ela respondeu:

– Você... o quê?

– Eu lhe disse e repito com todas as letras que eu estou apaixonado por você. Se ainda não estiver por mim, não tem importância, posso esperar o tempo que for necessário para você descobrir qual é seu sentimento.

– Não sei o que dizer!

— Diga apenas que sim, que podemos nos encontrar e passear com as crianças, é simples assim!

— Você não existe!

— Existo sim, e estou pronto para lhe dedicar toda a minha vida, com muito carinho, amor e emoção; mas ainda não ouvi sua resposta.

Cecília estava cada vez mais surpresa; nunca esperara ouvir uma declaração dessas em tão pouco tempo de convívio, tudo lhe parecia meio mágico por ser tão inesperado. Sem saber o que responder, disse apenas:

— Tudo bem, vamos sim, as crianças vão adorar!

— E você?

— Eu?

— Sim, vai adorar?

— Acho que sim!

— Passo aí daqui a uma hora, está bem?

— Combinado, vamos esperar.

Desligando o telefone, Cecília correu para contar aos filhos sobre o passeio e se contagiou com a alegria das crianças.

— Quero ir bem bonita – disse Marilda, eufórica.

— Eu também! – exclamou Lucas.

"Meu Deus, que bem Francisco está fazendo para as crianças e para mim", pensou. "Se eu ouvi bem, ele disse estar apaixonado por mim! Será verdade ou mais uma armadilha da vida?"

Enquanto as crianças se trocavam, ela ligou para Júlia.

— Minha amiga, você não imagina o que me aconteceu, algo inacreditável.

– Conte-me, então, quero saber o que aconteceu de tão inacreditável assim – repetiu Júlia.

– Vamos sair agora com Francisco.

– Cecília, o que tem isso de tão inacreditável? Você já saiu com ele outras vezes.

– Calma, Júlia, não é o passeio, é o que ele me disse ao telefone.

– Pelo amor de Deus, amiga, conte-me de uma vez!

– Ele disse que está apaixonado por mim!

– O quê?

– Isso mesmo que você ouviu, ele está apaixonado por mim!

– Cecília, realmente é uma notícia surpreendente, mas não inacreditável. Fico muito feliz porque você merece ter ao seu lado um homem de caráter. Mas e você, também está apaixonada por ele?

Diante do silêncio da amiga, Júlia perguntou:

– Cecília, por que não responde? Está apaixonada por ele?

– Júlia, não sei se estou ou não.

– Explique-se melhor.

– Devo confessar que penso muito nele e que cada vez que o vejo sinto uma sensação muito boa, como se uma paz invadisse meu coração, trazendo-me segurança e esperança. Não sei se isso é amor, tenho muito medo de amar novamente.

– Minha amiga, você está sempre na defensiva... Por que impede seu coração de amar novamente, de aceitar alguém que poderá fazê-la feliz? O fato de você ter sofrido uma vez não quer dizer que sofrerá novamente.

— Tenho muito medo, Júlia, por mim e pelas crianças.

— Cecília, ele amar você não quer dizer que já estão se casando; quer dizer que ele está disposto a investir nesse relacionamento, a mostrar a você quem ele é verdadeiramente, a deixar que o sentimento que ele sente floresça de tal maneira que vá ao encontro de seu coração, fazendo-o vibrar por ele da mesma forma que o dele vibra por você. Se você sente por ele tudo isso que me disse, vale a pena tentar, porque você está a um passo do amor e do paraíso, e o paraíso pertence àqueles que amam sem medo de sofrer.

— Você pensa assim?

— Penso. Agora, vá se arrumar bem bonita, coloque um sorriso no rosto e aproveite o passeio.

Animada, Cecília despediu-se da amiga e foi se arrumar para o encontro.

capítulo 5

Confiança em Deus

As pessoas felizes vivem no mesmo mundo de expiação e provas; sofrem, enfrentam problemas e dificuldades, muitas vezes, enfermidades penosas; entretanto, sempre as vemos sorrindo, lutando corajosamente para se superar sem se deixar abater. Isso acontece porque elas fizeram uma opção pela felicidade.

Optar pela felicidade é superar a tendência humana de se entregar à autocompaixão, é não se satisfazer com uma visão pessimista e desajustada da própria existência, não cultivar a mágoa negando-se a perdoar. Aquele que perdoa e esquece as ofensas faz a opção de ser feliz, porque a felicidade está subordinada ao que fazemos dela, e não cabe em um coração rancoroso.

Cecília, desde o passeio que fizera ao lado de Francisco e dos filhos, sentia que podia voltar a ser feliz, mas questionava se estava preparada para assumir uma nova relação.

"Não sei se devo me entregar a esta relação", dizia para si mesma, "não consigo me soltar, sentir-me livre para amar novamente".

Nesses momentos, buscava ajuda nas palavras sensatas de Júlia, que, com carinho e sabedoria, ajudava-a a encontrar a resposta dentro dela mesma. Em uma das conversas, Júlia disse:

— O que você não deve, Cecília, é cultivar esse ódio que depois de tanto tempo ainda conserva pelo Joaquim. Não devemos dar às coisas maior gravidade do que realmente possuem.

— O que você quer dizer?

— Quero dizer que você está exagerando. Cada dia que passa, em vez de ir esquecendo, faz exatamente o contrário: afunda-se no ódio, no desejo de se vingar de Joaquim, deseja-lhe o mal; enfim, pensa mais nele do que na sua própria vida.

— Espera, Júlia, desse jeito você está me colocando como culpada! — exclamou Cecília, indignada.

— Não, amiga, não estou. Apenas tento fazê-la entender a inutilidade de agasalhar esse sentimento de revolta, de mágoa, que a impede de refazer sua vida ao lado de outra pessoa, que, diga-se de passagem, já apareceu.

— Você está falando de Francisco?

— Evidente, de quem mais poderia falar?

— Não sei, Júlia, tenho medo de sofrer.

— Cecília, as pessoas são diferentes, sabia? O fato de alguém ter agido de maneira desastrosa conosco não quer dizer que todas as outras vão agir da mesma forma. É preciso separar as coisas; dar a importância adequada a cada situação, assim sofreremos somente o justo e não o desnecessário.

– Falando assim tudo parece fácil, mas é muito difícil esquecer que nossos sonhos viraram pesadelos.

– Mas você deve se lembrar de que podemos acordar do pesadelo e voltar a sonhar! Agir assim é darmos a nós mesmos a chance de ser feliz novamente. Você precisa decidir o que quer, porque quando não sabemos o que queremos não reconhecemos a oportunidade.

Sentada diante da janela, com uma linda visão do entardecer, Cecília relembrava as palavras de Júlia.

"Pode ser que ela tenha razão, não sei, mas vou pensar muito sobre tudo que ela me falou. Quero ser feliz, mas tenho um bloqueio que não consigo superar. Preciso fazer o que minha amiga sugeriu e avaliar quais os meus verdadeiros sentimentos. Será que ainda amo Joaquim? Não, se o amasse não sentiria o que sinto quando vejo o Francisco."

Voltando à realidade, ouviu a voz chorosa de Marilda:

– Mãe!

Olhando a filha e percebendo suas lágrimas, perguntou aflita:

– Filha, o que aconteceu; por que está chorando?

– Mãe, a escola vai fazer uma festinha para o Dia dos Pais e a professora quer que todos os pais compareçam, só eu não tenho pai para levar. A senhora não podia perguntar ao papai se ele pode ir?

– Não chore, filha, vou falar com ele; quando será a festinha? – perguntou com o coração apertado.

– Daqui a dois dias. Por favor, mãe, leve o papai, não quero ser a única que não tem pai.

"O que faço, Senhor? Como explicar para uma criança que seu pai não se interessa por ela, como fazer isso?"

– Filha, mamãe promete que vai falar com seu pai.

– E se ele não quiser vir, mamãe, o que eu faço?

– Filha, deixe que eu fale primeiro com ele, vamos ver o que ele decide, não sofra por antecipação, é melhor aguardar.

– Tudo bem, mãe, vou esperar e rezar para que ele venha, posso?

– Claro, filha! Diga a Jesus o quanto seu coraçãozinho está sofrendo e deixe que Ele faça o que for melhor para todos.

– E se Jesus não quiser que o papai venha?

– Filha, você deve confiar no amor de Jesus por você, confiar que tudo o que Ele faz por nós sempre é para o nosso bem, mesmo que no momento pensemos o contrário.

– Vou pedir e confiar em Jesus.

– Faça isso, filha! – exclamou Cecília.

O som do telefone interrompeu a conversa de ambas.

– Cecília? – ouviu a voz de Francisco do outro lado da linha.

– Sim, sou eu, Francisco!

– Como soube que era eu? – perguntou Francisco, feliz por saber que Cecília reconhecera sua voz.

– Ora... – respondeu. – Pensou que eu não o reconheceria?

– Não sei, mas fiquei feliz sabendo que minha voz lhe é familiar.

– Seu bobo, poderia ser diferente?

– Acho que não!

– Posso saber por que me ligou?

– Claro! Primeiro, porque estou com saudade, penso que esse já é um bom motivo; segundo, porque gostaria de vê--la, pode ser?

– Hoje?

– Sim, para ser mais preciso, agora!

– Olha, Francisco, gostaria muito, mas hoje não vai dar.

– Posso saber o motivo?

– Claro. Preciso falar com Joaquim, o pai dos meus filhos. Daqui a dois dias será a festa do colégio e Marilda precisa levar o pai. Você não imagina como está ansiosa, tem medo de que ele não queira ir e ela seja a única criança sem pai. Pediu-me que fosse falar com ele e pretendo ir hoje à tarde.

– Você está certa. Posso acompanhá-la?

– Melhor não, Francisco. Tenho medo da reação de Joaquim, ele sempre foi muito impulsivo, genioso; enfim, pode ofender você.

– Tenha certeza de que jamais deixaria me envolver por suas palavras pouco cordiais, mas concordo com você, é melhor mesmo que eu não vá. Ele poderia ver minha companhia como uma provocação, e é muito cedo para isso.

– Obrigada pela compreensão, Francisco, depois nos falamos.

– Espero que dê tudo certo, mas se não der diga-lhe que terei imensa honra em representar seu pai.

– Obrigada mais uma vez, Francisco, você realmente é muito generoso, mas queria mesmo que Marilda estivesse ao lado do pai.

– Claro, falei de coração, mas também quero que o pai dela vá, pois isso é o mais importante para o bem-estar e a felicidade de Marilda.

– Então vou desligar, amanhã nos falamos.

– Com certeza, amanhã nos falamos – repetiu Francisco, desligando o telefone.

"Por que Joaquim não tem a mesma sensibilidade de Francisco?", pensou Cecília. "Nosso convívio seria bem mais fácil se ele não fosse prisioneiro de tanto egoísmo. O que será que espera da vida se não consegue enxergar seus próprios filhos, perceber suas necessidades e o quanto ele faz falta na vida deles? Ele sempre olhou para o futuro e se esqueceu de que o tempo que realmente temos é o presente; é ele que nos dá a chance de nos melhorarmos como pessoa. Isso eu estou aprendendo com Júlia, querida amiga, que nunca me deixa desamparada e perdida nas minhas buscas."

Arrumou-se apressadamente e foi ter com Joaquim.

Encontrou-o, como sempre, sem tempo para atendê-la, e sem nenhum constrangimento pediu-lhe que fosse breve, pois seu tempo era curto.

– Não vai perguntar de seus filhos, Joaquim?

– Sei que estão bem, por que me preocupar?

– Penso que devia se preocupar sim, pois tanto Marilda quanto Lucas sofrem muito com sua ausência. Há meses não vai visitá-los.

– Cecília – disse Joaquim sem cerimônia –, se veio aqui com o intuito de pedir dinheiro vou logo lhe dizendo que perdeu a viagem, não tenho a menor possibilidade de atendê-la, tudo está muito difícil, não estou nadando em dinheiro! – exclamou.

– Você não me conhece, Joaquim, não vim pedir dinheiro, apesar de que poderia colocá-lo na cadeia se quisesse, pois não paga a pensão dos seus filhos há muito tempo. Contudo, não vim discutir esse assunto, eu trabalho e, apesar de ganhar pouco, nada falta a eles; vim apenas lhe dizer que a escola vai fazer uma festa para os pais e Marilda quer que você a acompanhe. Não quer ser a única a ir sem o pai. Ela é uma criança e para ela é importante sua presença.

Joaquim esboçou um sorriso de ironia e respondeu:

– Você não está querendo que eu vá a essa festa, está?

– Claro, é para isso que vim falar com você.

– Cecília, eu sou muito ocupado, não posso perder o dia por conta de uma festinha de criança!

– Eu sabia que sua resposta seria esta, mas mesmo assim tive a esperança de que sentisse o menor sentimento por seus filhos, porém enganei-me mais uma vez.

– Invente uma boa desculpa para Marilda, assim ela não fica magoada.

– Não vou inventar nada, Joaquim. Vou dizer a verdade: que você não está disposto a ser pai, não consegue enxergar beleza no rosto de seus filhos nem tristeza em seus olhos pelo fato de serem órfãos de pai vivo.

– Não seja dramática!

– Não sou dramática, sou realista. Não faz mal, já tenho um pai para substituí-lo.

– O que está querendo dizer?

– Que já tenho um excelente pai para eles, você me deu a possibilidade de perceber que não devo deixar passar a oportunidade que Deus está me dando de dar um pai para meus filhos, e é isso que eu vou fazer.

Essas palavras feriram o ego de Joaquim e, quando ele viu que Cecília ia saindo decidida e sem olhar para trás, correu e segurou-a pelo braço.

— Espere, vamos conversar com calma.

— Não temos mais nada a nos dizer. E esteja certo de que jamais voltarei a procurá-lo.

— Cecília, você não entendeu nada, eu só queria saber o dia e a hora, estarei lá para levar minha filha à escola.

— Você o quê? Não seja cínico, Joaquim! Você disse com todas as letras que não iria, mas como seu ego foi atingido mudou de ideia, não pela Marilda, mas para não ser passado para trás. Você gosta mesmo é de me dominar, saber que ainda estou sozinha, que penso em você e ainda acredito que um dia voltaremos a viver juntos. Garanto-lhe que não penso, não acredito e não quero mais você na minha vida, pois encontrei uma pessoa melhor do que você e sei que serei feliz porque ele é gente de verdade e não um tolo!

— Não estou reconhecendo-a. Quem está colocando essas ideias na sua cabeça?

— Ninguém está colocando nada na minha cabeça, eu estou apenas aprendendo a fazer as escolhas certas, a conhecer as pessoas como realmente elas são, e posso garantir que não vejo nada de verdadeiro em você. Finalmente, perdi o medo de ser feliz.

Virou as costas e saiu. O caminho de volta foi demorado por conta do ônibus cheio e lento que a levava para casa, que ficava distante. Assim que abriu o portão, Marilda foi ao seu encontro ostentando um lindo sorriso no rosto. Estranhando tanta alegria, Cecília perguntou:

— Filha, o que aconteceu que a deixou tão feliz?

— Mãe, a senhora não imagina o que aconteceu!

— Não, não imagino; portanto, pode me dizer.

— O papai está aqui, mãe. Veio nos ver e disse que estava com muita saudade de nós.

"Ele é ardiloso", pensou Cecília. "Conseguiu chegar primeiro que eu."

Entrou pronta para falar tudo o que não conseguia mais engolir, porém assim que entrou na sala percebeu a felicidade de Lucas brincando com o pai e sentiu que não tinha o direito de estragar aquele momento que Lucas esperara com tanta ansiedade.

Olhou para Joaquim e perguntou:

— Por que fez questão de chegar antes de mim? Sabia que eu não estava, entretanto, não se importou com isso.

Com um sorriso sarcástico, que somente Cecília percebeu, ele respondeu:

— Querida, prefiro confiar nas minhas palavras que nas suas, entendeu?

— Entendi. E, se não houver mudança significativa no seu modo de ser e agir com seus filhos, eles também entenderão, tenha certeza disso.

O clima entre os dois foi amenizado com a interferência de Marilda e Lucas, que não escondiam a felicidade que sentiam pela presença do pai.

A festa tão esperada finalmente chegou. A alegria era constante e o sorriso enfeitava o rostinho das crianças.

Joaquim se comportava como um pai amoroso e presente, fazendo com que Cecília cada vez mais se confundisse diante de tanta contradição. Levou um susto quando ouviu próximo ao seu ouvido a voz querida de Francisco:

– Posso participar desta alegria toda?

Virou-se e seu rosto se iluminou diante do sorriso franco de Francisco.

– Claro que sim, por que não poderia?

– Não sei, talvez pela presença de seu ex-marido! – exclamou.

– Como você mesmo acabou de dizer, ele é meu ex-marido – respondeu Cecília –; portanto, sou livre para estar com quem quiser.

– Você está segura do meu sentimento por você, não está?

– Claro, Francisco, sinto que você é sincero.

– Por que então reluta tanto em aceitar esse sentimento? Do que tem medo?

Antes que ela respondesse, Joaquim se aproximou com Marilda e disse:

– Não vai me apresentar seu amigo, Cecília?

Adiantando-se, Marilda, com sua inocência, respondeu:

– Não é amigo da mamãe, papai, acho que é seu namorado!

Joaquim empalideceu. Deixou que sua vaidade falasse, como sempre, mais alto. Aproximou-se e, envolvendo Cecília com seu braço, disse de maneira desafiadora:

– Filha, ele não pode namorar a mamãe porque ela é casada com o papai! É bom que você saiba, rapaz, Cecília é uma senhora casada e eu não permito intimidades com ela.

Cecília estava tão surpresa que mal conseguia pronunciar uma palavra. Francisco olhou-a, esperando uma resposta que, infelizmente, não veio. Completamente sem ação, ela deixou que Francisco se afastasse, expressando em seu rosto grande desapontamento. Somente após a saída de Francisco, Cecília conseguiu dizer:

— O que você fez, seu inconsequente!

— O que eu fiz? Apenas defendi minha mulher de conquistadores baratos.

— Eu não sou sua mulher nem Francisco é um conquistador barato; se tem alguém aqui que não é bem-vindo, esse alguém é você.

— Por que você não o defendeu? Isso para mim quer dizer que você gostou de saber que eu ainda a considero como minha mulher!

— Que mulher, Joaquim? Mulher de marido ausente, que não liga a mínima para ela e muito menos para os filhos?

Esperto, Joaquim virou-se para Marilda e lhe disse:

— Está vendo, filha, porque papai não aparece? É a mamãe que não permite, porque está se envolvendo com outro homem.

— Você é muito canalha! — exclamou Cecília.

— Mãe! — exclamou Marilda, aflita. — Não fala assim com o papai, a gente quer ele conosco; por que a senhora não deixa ele vir ver a gente? Ele falou que é a senhora que não deixa!

Exasperada, Cecília explodiu:

— Chega! Chega de mentira, Joaquim. Não envolva Marilda nas suas artimanhas; por que não fala a verdade?

– Mas eu estou falando a verdade, filha!

– É, mamãe, é a senhora que não está deixando a gente ficar com o papai por causa do Francisco, que a senhora quer namorar.

– Marilda, não posso acreditar que você está falando isso, minha filha! Você está indo contra a sua mãe, contra o Francisco, que sempre foi amigo de vocês, que nunca quis tomar o lugar do seu pai?! Por quê?

Marilda começou a chorar. Joaquim, mais uma vez, interferiu no sentimento da filha:

– Fique tranquila, minha filha, papai não vai permitir que sua mãe namore outra pessoa, ela vai sempre ser a mulher do papai.

Não aguentando tanta insensatez, Cecília disse com a voz alterada:

– Pois bem, fique com os seus filhos, tome conta deles e, assim que a festa acabar, leve-os para casa. Estou indo embora.

– Não faça isso, Cecília. Eu não sei tomar conta de criança! – exclamou Joaquim, apavorado.

– Aprenda; você não diz ser um pai amoroso? Pois seja!

Virou-se e saiu com o coração machucado pela imensa dor que sentia.

– Por que a mamãe saiu assim tão brava, papai? – perguntou Marilda, assustada.

– Não liga não, filha, isso passa!

Respondendo à pergunta de Marilda, pensou: "Você me paga, Cecília! Se pensa que vai namorar qualquer um está muito enganada, eu acabo com qualquer namoro seu. Não quero você, mas não a deixo ser de ninguém, você não vai ferir meu orgulho".

Ao mesmo tempo, Cecília, tentando evitar as lágrimas que teimavam em descer pelo seu rosto, pensava: "Quem ele pensa que é? Hoje finalmente entendi quem ele é de verdade, um egoísta, mau-caráter. Não sei como ainda tinha dúvida a esse respeito! Agora me sinto livre para assumir meu relacionamento com Francisco, isso se ele ainda me quiser depois da minha fraqueza em não defendê-lo. O melhor que tenho a fazer é ligar para ele assim que chegar em casa!".

Mais calma, ela fez o trajeto de sua casa sem se livrar dos pensamentos que povoavam sua cabeça.

Paralelamente, Francisco também analisava a situação. Sentia-se ofendido por Cecília não ter impedido que Joaquim o insultasse.

"É melhor esquecê-la", pensava, "ela não deve sentir o mesmo amor que sinto por ela, será imprudência insistir". Contudo, seu coração lhe dizia o contrário. "Esquecê-la? Como fazer isso? Não sei como arrancá-la de dentro do meu coração! Meu desejo é tê-la comigo para sempre. É melhor aguardar e ver o que ela tem a me dizer."

Nesse mesmo instante, Cecília também questionava a situação: "Sou mesmo uma tonta, incapaz de tomar atitude no momento certo. Como pude não reagir para defender Francisco, se minha vontade era esganar Joaquim? Realmente, acho que não nasci para ser feliz", dizia a si mesma entre lágrimas. "O que será que ele está pensando sobre tudo isso? Acho que não vai querer me ver nunca mais!".

As horas passavam e Cecília continuava no mesmo lugar, entregue às suas reflexões. Somente voltou à realidade quando ouviu as risadas de Marilda e Lucas, que retornavam felizes ao lado do pai.

Obedecendo a ordem da mãe, as crianças dirigiram-se ao quarto, deixando os pais à vontade.

– Posso saber por que fez tudo isso, Joaquim?

– Isso o que, Cecília, o que fiz de mal?

– Ora, não se faça de desentendido, sabe muito bem a que me refiro: à falsidade com a qual tratou Marilda, envolvendo-a em um sentimento que você não sente, um desejo que você não tem; enfim, sabe do que estou falando.

– Não entendo você, Cecília. Primeiro me procurou pedindo que fosse na festinha da Marilda e agora me acusa de ter sido falso! O que quer na verdade?

– Quero que seja um pai de verdade, que dê a seus filhos a sinceridade, o carinho e a atenção que merecem por meio da sua presença na vida deles. Contudo, isso não lhe dá o direito de interferir na minha vida como fez!

– Eu interferi na sua vida?

– Sim, Joaquim, e fez de propósito.

– Ah! Já sei, está se referindo ao seu amigo, é isso?

– Não subestime a minha inteligência, Joaquim. Você percebeu que ele não é apenas um amigo, que é muito mais que isso; entretanto, usou de palavras ferinas dizendo que sou sua mulher.

– E não é?

– Não, há muito tempo não sou mais sua mulher e hoje tive a certeza de que foi a melhor coisa que me aconteceu.

– Você está esquecendo que não estamos separados legalmente; portanto, continua sendo minha mulher, sim.

– Joaquim, nesse tempo todo que estamos separados você poucas vezes veio nos ver, jamais se interessou por mim ou pelas crianças; por que agora está querendo cobrar alguma coisa?

– Porque não vou permitir que minha mulher se relacione com outro homem, é bom que saiba disso.

– Sua mulher! Acho graça! Quem me deixou foi você, não venha exigir nada, muito menos que volte a ser sua mulher, porque não conseguirá, jamais vou aceitá-lo de volta.

– Isso é o que veremos – disse Joaquim. – Vou ficar de olho em você e, se teimar em continuar com esse namoro idiota, tomarei providências enérgicas para separá-los, e posso lhe garantir que cumpro o que prometo.

Cecília levantou-se e, irada, disse:

– Saia daqui agora, Joaquim. Você me fará um grande favor se não aparecer mais em minha casa.

– Isso não será possível, minha cara. A partir de agora, vou estar mais presente na vida dos meus filhos; portanto, estarei sempre aqui.

Ironicamente, enviou com as mãos um beijo para Cecília dizendo:

– Até breve!

Assim que ele se retirou, Cecília se jogou na poltrona e chorou.

"Meu Deus, o que faço agora? Por que fui procurá-lo, como ele pode ser tão cínico, tão falso? E eu que antes de conhecer Francisco ainda alimentava a ilusão de voltar a viver ao seu lado! Senhor, não permita que ele envolva nossos filhos nessa questão."

Lembrou-se de sua mãe. Quantas vezes fora alertada por ela e por seu pai; entretanto, não lhes dera ouvidos, mergulhada que estava na paixão avassaladora por Joaquim. Esquecera de si mesma e passara a viver integralmente em função da vida do homem que acreditava amá-la. "Hoje percebo que caí na solidão de mim mesma", pensava. "Sufoquei meus desejos, nada fiz em favor do meu crescimento entregue à única preocupação de fazer Joaquim feliz, não consegui ver nada além dele."

Suas lágrimas demonstravam a grande dor que lhe ia na alma. Não pôde precisar por quanto tempo permaneceu entregue aos seus pensamentos, até que o sono venceu sua angústia.

Os primeiros raios de sol, entrando pela fresta da janela de seu quarto, fizeram seus olhos se abrirem trazendo-lhe a esperança de um novo dia.

Após deixar as crianças na escola, seguiu para o trabalho.

Atendendo o telefone, alegrou-se ao ouvir a voz de Júlia.

– Amiga, como você está?

– Tudo bem, Júlia, apenas um pouco cansada. Não consegui dormir direito, tive um sono tumultuado.

– O que aconteceu?

– O que você acha? Como sempre o causador é Joaquim.

– Cecília, quando você vai colocar um fim nessa história? Já sofreu tanto por causa dele, não comece tudo outra vez.

– Júlia, não quero começar nada, ao contrário, sinto-me liberta completamente da sua influência.

– Entretanto, fica sem dormir por causa dele?

– Mas não é como você está pensando.

– Como é então?

– Agora não posso falar, estou no trabalho; vamos nos encontrar no fim da tarde, quero mesmo conversar com você.

– Tudo bem, amiga, encontraremo-nos no lugar de sempre, quando acabar o expediente.

– Combinado! – exclamou Cecília.

"Vai ser muito bom conversar com Júlia, ela sempre me acalma", pensou Cecília.

Com certa ansiedade, esperou que o dia terminasse para ir ao encontro da amiga.

Assim que chegou, avistou Júlia esperando-a e folheando uma revista.

– Oi! – exclamou.

– Oi, amiga – respondeu Júlia com alegria. – Sente-se, vou pedir um café.

Reparando na fisionomia preocupada de Cecília, foi logo perguntando:

– Cecília, está tão abatida, bem se vê que está com alguma coisa perturbando-a.

– E estou mesmo, Júlia. Não só me perturbando como me afligindo muito.

– Conte-me o que está acontecendo.

Rapidamente, ela colocou a amiga a par de tudo o que acontecera entre ela e Joaquim.

– Desculpe, mas Joaquim não presta mesmo! Ele não quer que você o esqueça, para ele é cômodo saber que ainda é o alvo do seu amor, da sua vontade de reatar; enfim, quer tê-la como propriedade sua, para poder agir como bem entender.

– Também penso como você, mas ele está muito enganado; não o amo mais, não o quero mais, ao contrário, agora mais do que nunca quero me separar legalmente dele para viver meu romance com Francisco.

– Estou ouvindo direito o que você disse?

– Está! Posso lhe dizer que agora tenho certeza de que sinto algo muito forte por Francisco e quero viver esse momento sem reserva, sem medo, com o único intuito de fazê-lo feliz e ser feliz também; acho que nós dois merecemos. O que você acha?

– O que acho? Que você está certíssima! Parabéns, amiga, até que enfim entendeu que não devemos perder tempo entregando nosso coração a quem não nos ama. Já era hora de construir uma nova vida com alguém como Francisco ao seu lado.

Pensativa, Cecília respondeu:

– É, chega um momento em que temos de ser fiel aos nossos sentimentos, sem tentar escondê-los nem camuflá-los, com verdade e plenitude. É assim que quero estar com Francisco.

Júlia percebeu uma leve preocupação nos olhos da amiga.

– O que foi, Cecília? De repente a senti preocupada.

– Um pouco, Júlia. Fico receosa quanto a Marilda e Lucas; tenho medo da reação deles, são ainda pequenos e sentem falta do pai, sonham em nos ver juntos outra vez, ainda não sei como assumir essa relação para eles.

– Você vai achar uma maneira de resolver essa questão, eles vão aceitar; gostam de Francisco e ele também gosta e os aceita muito bem, tudo vai ser resolvido a contento, creia nisso. Contudo, não desanime, não se apague mais uma vez, faça tudo com equilíbrio, sabendo realmente o que quer e tendo certeza do que quer para sua vida. Você já perdeu muito tempo desejando algo que sabe que nunca terá da maneira como sonha.

Animada pelas palavras da amiga, Cecília respondeu:

– Você está certa, Júlia, o amor e o respeito precisam existir de ambos os lados, caso contrário, a união está fadada a fracassar; foi o que aconteceu comigo e Joaquim; hoje sei que na realidade ele nunca me amou de verdade da maneira como eu o amava.

– Ainda bem que agora você compreende isso, minha amiga. Entregue o seu amor a quem também a ama e a respeita.

– É o que vou fazer. Obrigada pela força; você sempre diz as palavras que preciso ouvir.

– Cecília, você é como uma irmã para mim, sabe disso!

– Sei. Júlia, também a considero uma irmã muito querida!

Emocionadas, ambas se abraçaram e cada uma seguiu seu caminho.

***

Uma semana se passou. Cecília preparava a refeição das crianças quando Marilda aproximou-se dizendo:

– Mãe, hoje na escola minha coleguinha disse que sua mãe vai se casar novamente e ela estava muito triste porque tinha medo do padrasto; o pai dela morreu há três anos e a mãe falou que precisava de alguém que a ajudasse a criar os filhos, que ainda são pequenos.

— Filha, o que tem isso demais? É normal que as pessoas queiram uma companhia, alguém ao seu lado para dividir suas emoções, seus medos e também suas alegrias. Para as crianças vai ser bom ganhar um pai.

— A senhora não precisa de ninguém, *né*, mãe?

Cecília assustou-se.

— Por que diz isso, minha filha?

— Porque a senhora tem marido; nós temos pai, e é só a senhora deixar que ele volte para casa que terá alguém ao seu lado e nós teremos nosso pai!

Alguma coisa incomodou Cecília.

— Por que você veio com esse assunto, Marilda? Você sabe que seu pai e eu não temos mais nada em comum e eu não quero que ele volte para nossa casa; gostaria que não insistisse nisso.

— Mãe, por que a senhora não quer? É por causa do seu amigo Francisco? A senhora o está namorando?

— Não, filha, não estou. Mas vou estar, porque ele é uma excelente pessoa, possui caráter, é verdadeiro em suas falas, gosta muito de você e do Lucas e, o mais importante... Eu estou gostando muito dele!

— Mãe, eu não quero que a senhora namore o Francisco! – exclamou Marilda, alterada.

— Por que, filha? Você gostava tanto dele, o que a fez mudar de opinião?

— Eu quero que meu pai volte para nossa casa!

– Venha aqui, filha – disse Cecília sentando-a em seu colo –, vamos conversar sobre isso. Estou estranhando seu comportamento, sua mudança de opinião. Antes gostava do Francisco, agora o repudia. Tem de existir uma razão e quero saber qual é. Você está me magoando, filha, sei que esse comportamento não condiz com sua maneira de ser. Diga-me o que aconteceu.

– Não aconteceu nada, mãe, eu quero que meu pai volte a viver conosco, só isso – respondeu Marilda, levantando-se do colo da mãe e correndo para seu quarto.

Cecília, surpresa, levantou-se e foi em direção ao quarto de Marilda. Chegou a tempo de ouvi-la dizer:

– Eu sei, pai, eu *tô* fazendo o que o senhor me pediu, mas a mamãe não quer que o senhor volte.

Após um instante de silêncio voltou a dizer:

– *Tá* bem, papai, não vou deixá-la namorar o Francisco, vou fazer o que o senhor está mandando.

Desligou o telefone, sentou-se na cama e chorou. Cecília ficou boquiaberta.

"Ele me paga", pensou. "Envolver uma criança em um assunto que só diz respeito a nós; ele é muito canalha!"

Correu para abraçar a filha.

– Com quem estava falando ao telefone, Marilda?

– Com ninguém importante, mãe, era uma colega.

– Marilda, não minta para sua mãe, eu escutei o que você falava e sei muito bem com quem estava conversando, mas quero ouvir a verdade de você.

– Não posso dizer, mãe, estou proibida de falar.

– Querida, não tenha medo, pode confiar em sua mãe, seja o que for mamãe vai ajudar você a resolver a questão.

Você é ainda muito criança para se envolver em conflitos que não lhe dizem respeito.

— Eu estava falando com papai.

— E o que ele queria?

— Você não ouviu?

— Ouvi parte da conversa, quero que você me diga na íntegra o que seu pai queria.

— Ele quer voltar para nossa casa e quer que eu a convença disso.

— De que maneira?

— Não a deixando namorar o Francisco. Pediu-me que dissesse que não quero ninguém tomando o lugar dele.

— Eu não posso acreditar que seu pai esteja usando você, uma criança, para me atingir! — exclamou Cecília, transtornada.

— Mãe, eu não quero que a senhora sofra, eu gosto do Francisco, o Lucas também, mas o papai não quer!

— Filha, há quanto tempo o papai nos abandonou? Não sei por que ele cismou em querer voltar para nossa casa, e, o que é pior, impedir que eu me relacione novamente, que procure a felicidade ao lado de outra pessoa, se foi ele mesmo quem partiu sem dar muitas satisfações.

— Mãe, por que gente grande é tão confusa, fala mentira, engana todo mundo? Por que, mãe?

Cecília sentiu um aperto no coração. A filha tão jovem ainda convivia com a falsidade do próprio pai, fazendo-a imaginar que a maioria das pessoas agia com aquela irresponsabilidade.

"Preciso tirar essa ideia de sua cabecinha", pensou Cecília, aconchegando a filha em seus braços e dizendo:

– Filha, você não deve pensar que todas as pessoas agem assim como seu pai, cada um possui uma personalidade e age de acordo com sua natureza, por essa razão, não podemos julgar ninguém ou fazer comparações com os outros.

– Então, mãe, diga-me: por que meu pai é assim?

Constrangida, Cecília não sabia muito como explicar a atitude de Joaquim, que fora a vida toda egoísta e falso com ela.

"Como vou explicar isso, meu Deus?", pensou. "Não quero denegrir a imagem de Joaquim, ela é ainda muito criança para se decepcionar com o próprio pai."

Lembrou-se em uma fração de segundo que quando pedimos ajuda ao plano superior com fé e sinceridade o auxílio vem a galope, porque para Jesus o que importa é o sentimento com o qual se faz o pedido; assim, elevou o pensamento e pediu ajuda a Jesus: *Senhor, ajude-me a saber o que dizer para minha filha sem deixá-la sofrer mais do que já sofre!*

A forma da prece nada significa, o pensamento é tudo. Faça cada um a sua prece de acordo com suas convicções, e da maneira que mais lhe toque o íntimo. Um bom pensamento vale mais do que grande número de palavras, com as quais nada tenha de comum o coração.[2]

Respirou profundamente e, sentindo-se mais segura, explicou:

– Filha, como eu lhe disse não devemos julgar ninguém, pois quando julgamos deixamos de amar a pessoa que é

---

2 *O Evangelho Segundo o Espiritismo.* Cap. XXVIII – Nota Explicativa (NAE).

alvo do nosso julgamento. Seu pai está agindo motivado pelo ciúme de você e do Lucas porque ele os ama e tem medo de perdê-los para outra pessoa, entende?

– Mãe, se ele nos ama como a senhora fala, porque então nunca nos procurou esse tempo todo e só agora que conheceu o Francisco descobriu que nos ama?

– Marilda, talvez ele não soubesse demonstrar seu sentimento, o importante é que você e o Lucas o aceitem e o amem como os filhos devem amar seus pais.

– Mas e a senhora? Não quero que sofra, quero que seja feliz com o Francisco! – exclamou Marilda, abraçando a mãe –, não quero fazer o que o papai me pediu.

– Então não faça, querida, diga a seu pai que é muito criança ainda para interferir na vida de sua mãe e que esse assunto só diz respeito a ele e a mim.

Marilda, em sua inocência, beijou a mãe dizendo:

– Obrigada, mamãe, eu estava com medo de deixar a senhora triste; não quero que a senhora fique triste!

Cecília se emocionou com a candura da filha e abraçou-a fortemente dizendo:

– Filha, é a mamãe que não quer vê-la triste, a sua idade é para brincar e ser feliz e não se preocupar com os problemas dos adultos, mesmo que estes sejam seus pais.

Beijou-a pedindo que fosse brincar com Lucas, que estava alheio a tudo. Marilda afastou-se e deixou a mãe entregue aos seus pensamentos.

"Meu Deus, onde Joaquim está com a cabeça para envolver nossa filha em um assunto que só diz respeito a nós dois? O que ele está pretendendo? Nunca se importou com os filhos, vinha vê-los de vez em quando, agora deu para se intrometer na minha vida e, o que é pior, está envolvendo Marilda!" Depois de algum tempo, tomou uma resolução: "Amanhã vou falar com ele, preciso saber realmente o que ele quer, não posso deixar que envolva nossa filha nessa atitude inconsequente, pedindo para ela agir com falsidade. Meu Deus! Como fui amar um homem desses?".

No dia seguinte, logo após sair do trabalho, Cecília foi ao encontro de Joaquim. Ele estava sentado em meio a inúmeros papéis, dando a impressão de que não sabia o que fazer.

– Boa tarde, Joaquim – disse Cecília, causando surpresa ao ex-marido.

– Cecília! – exclamou Joaquim. – O que a fez vir me ver?... Está com saudades?

– Não, Joaquim, ao contrário, estou com vontade de esganá-lo!

– Querida, o que eu fiz? – perguntou ele com ironia.

– O que você fez? Tenho certeza de que continuará fazendo se eu não der um basta nisso.

– Do que você está falando?

– Você sabe muito bem, não seja cínico!

– Quer fazer o favor de me dizer do que você está falando? – repetiu Joaquim.

– Pois bem, vou refrescar sua memória. Estou falando da canalhice que está fazendo com Marilda. Esqueceu que ela é apenas uma criança?

Joaquim se intimidou diante do que Cecília falou e tentou se livrar culpando Marilda.

– Ah! Porque não disse logo que era sobre isso; você tem razão, também achei um absurdo nossa filha vir me pedir para afastá-la do palerma do Francisco, ela está sofrendo muito com esse seu namoro leviano, não aceita esta relação.

O ódio tomou conta do coração de Cecília. Impulsivamente, ela deu um tapa no rosto de Joaquim, que revidou com tanta violência que Cecília por pouco não caiu. Ela, com as mãos no rosto e lágrimas nos olhos, disse:

– Você não presta, Joaquim, só não entendo como um dia pude amá-lo! Hoje o vejo como um ser desprezível, egoísta o suficiente para não se importar com os próprios filhos.

"Vou acabar com você, Cecília", pensou ele. "Mulher que foi minha não é de mais ninguém."

Cecília percebeu que Joaquim estava planejando alguma coisa devido ao seu silêncio e o riso sarcástico em seus lábios.

– Se estiver planejando fazer alguma coisa contra mim, ou envolver as crianças nessa paranoia, fique sabendo que o denuncio à polícia.

Um pouco agressivo, ele se aproximou de Cecília e retrucou:

– Escute bem, Cecília, porque vou falar uma única vez: não vou permitir que meus filhos convivam com outro homem que não seja eu; portanto, é melhor você desistir desse namoro.

– O que você está dizendo, Joaquim?

– Estou dizendo que é melhor para todos que você desista de Francisco porque não vou aceitar essa sua relação com ele.

– Você ficou maluco? Não tem nenhum direito sobre mim, estamos separados há muito tempo, esqueceu?

– Quem está esquecendo é você, querida, ainda somos casados, não nos separamos legalmente; portanto, me deve fidelidade e se insistir em continuar com esse namoro denuncio você por adultério e peço a guarda das crianças; portanto, aconselho-a a fazer o que estou mandando.

Indignada, Cecília virou as costas e, sem responder, saiu, deixando Joaquim falando sozinho.

– Se ele pensa que vou me intimidar com suas ameaças está muito enganado, vou procurar um advogado e saber se procede essa ameaça que ele me fez.

Com passos apressados, ela seguiu para a casa de Júlia.

"Preciso falar com minha amiga. Só tenho Júlia para me aconselhar, não sei o que fazer. Meu Deus, minha cabeça parece que vai explodir. Não posso ir para casa desse jeito, Marilda é esperta, logo perceberá que estive com o pai dela."

Mas nem a lei civil, nem os compromissos que ela estabelece, podem substituir a lei do amor, se esta não presidir à união; donde resulta que, muitas vezes, aquilo que foi unido pela força, separa-se por si mesmo; que o juramento pronunciado ao pé do altar se torna perjúrio se pronunciado como fórmula banal. Daí as uniões infelizes, que acabam tornando-se criminosas, dupla desgraça que se evitaria se, ao estabelecerem-se as condições do matrimônio, se não abstraísse da única lei que o sanciona aos olhos de Deus: a do amor.

Quando Deus disse: "Serão dois numa só carne"; e quando Jesus disse: "Não separe, pois, o homem o que Deus ajuntou", isto deve ser entendido em relação à união segundo a lei imutável de Deus, e não segundo a lei imutável dos homens.[3]

---

3   *O Evangelho Segundo o Espiritismo.* Cap. XXII – Item 3 – Indissolubilidade do casamento (NAE).

capítulo 6

Chantagem

Cecília e Júlia conversaram por um longo tempo. Júlia tinha o poder de acalmar a amiga, que se sentiu mais tranquila e confiante quando ela lhe disse que não mais existia processo por causa de adultério.

— O que ele pode — afirmou Júlia — é pedir a guarda das crianças.

— Mas por que ele falou isso, Júlia?

— Para intimidá-la. E conseguiu, basta ver o estado em que ficou.

— Eu não posso perder a guarda dos meus filhos, morreria se isso acontecesse.

— Não sofra por antecipação, amiga, pode ser que ele não faça nada, vai ver queria apenas assustá-la e obrigá-la a fazer o que ele quer.

— Eu preciso consultar um advogado, mas não conheço nenhum e, pior, não tenho dinheiro para pagar, e Joaquim sabe disso.

– Cecília, acalme-se, nada aconteceu ainda e pode mesmo nem acontecer.

– Você tem razão, Júlia. Vou tentar ficar calma.

– Assim é que se fala, amiga!

Cecília levantou-se e, despedindo-se de Júlia, alcançou a rua.

Caminhava pensativa, mas levava consigo a esperança de que o ex-marido retrocedesse daquela postura que apenas levaria todos ao sofrimento. Contudo, não sabia como proceder para que ele desistisse.

"Meu Deus, será mesmo que ele teria coragem de requerer a guarda das crianças? Nunca se importou com elas!"

Esperando a chegada do transporte que a levaria até sua casa, Cecília continuava perdida em seus pensamentos quando sentiu uma mão tocar levemente seu ombro. Olhou apreensiva para ver quem era e seu rosto se alegrou. Com voz emocionada disse:

– Francisco, que alegria vê-lo!

– Vim até aqui na esperança de encontrá-la. Queria tanto, que deu certo; eu a encontrei.

Falando isso, abraçou-a com carinho e, sentindo-a tensa, perguntou:

– O que está acontecendo, Cecília, não gostou de me ver? Parece que está preocupada.

– Estou nervosa, mas não é nada com você, Francisco; ao contrário, fez-me muito bem encontrá-lo.

– Então, meu amor, diga-me o que está acontecendo, talvez possa ajudá-la.

– Você me chamou de "meu amor".

– Por que não a chamaria? Sabe que eu a amo e não é de agora! – exclamou Francisco apertando a mão dela.

– Não me lembro de ter dito a você que também o amo muito, nunca imaginei que iria me apaixonar por outro homem depois do que passei com Joaquim.

– Muito me alegra ser esse homem que conseguiu fazê-la voltar a amar! – Olhando bem nos olhos de Cecília, disse, emocionado: – Eu também estou apaixonado e o que mais quero é me unir a você, assim que sua separação estiver resolvida.

Ao ouvir isso, Cecília, não suportando a dor e o medo que sentia, não conseguiu impedir as lágrimas de caírem soltas pelo rosto.

Francisco, surpreso com a reação dela, perguntou, aflito:

– Querida, pelo amor de Deus, o que está acontecendo com você, por que essas lágrimas quando estamos tão felizes?

– É que não sei por quanto tempo estaremos juntos.

– O que você está dizendo? – perguntou Francisco, já receoso. – Por que haveríamos de nos separar se nos amamos? Isso não faz sentido.

– Francisco, vamos a algum lugar onde possamos conversar melhor, quero colocá-lo a par do que está acontecendo. Quando souber da atitude infame de Joaquim, vai me dar razão por eu estar assim tão preocupada e com tanto medo.

Francisco, segurando a mão dela, levou-a até uma pequena lanchonete, onde se sentaram e, enquanto aguardavam o café solicitado, Cecília colocou-o a par de tudo o que o ex-marido falara, inclusive sobre a ameaça em tomar as crianças caso ela continuasse a se encontrar com ele.

Francisco ouviu tudo calado; quando ela terminou, manifestou sua indignação:

— Joaquim é um mau-caráter, só pensa nele, mesmo que tenha de passar por cima das pessoas. Mas fique tranquila, querida, vou procurar saber se há fundamento no que ele disse. Tenho um amigo advogado, vou ouvir o parecer dele; quero apenas que não sofra por antecipação.

— Eu tenho muito medo de ter de me separar de Marilda e Lucas, não conseguiria viver sem eles! Acho que estou nas mãos dele!

— Já lhe pedi para manter a calma, querida. Ele quis apenas provocar medo em você, e pelo visto conseguiu.

— E se ele tirar as crianças de mim?

— Até esse ponto, Cecília, existe um longo caminho para percorrer, sem dizer que você não tem e nunca teve nenhuma atitude que possa impedi-la de ter a guarda das crianças, isso não é tão simples como ele supõe.

Cecília encostou sua cabeça no ombro de Francisco e disse:

— Querido, não quero perder as crianças, mas também não quero perdê-lo!

— Você não vai perder nenhum de nós, confie em mim. Não se esqueça de que o sentimento de amor que nos une é tão forte que nenhum mal vai nos atingir, confio que venceremos essa batalha, sem precisar usar das mesmas armas levianas que Joaquim está usando.

– Obrigada, Francisco, sabia que podia contar com você.

– Sempre poderá contar comigo, Cecília, sempre! Agora, vamos tomar nosso café, pois está esfriando.

Cecília sorriu.

– Você é mesmo adorável, é por essa razão que o amo tanto. Quero que saiba que confio em você, sei que nunca vai me deixar e é isso que me acalma.

– Pode ter certeza de que nunca vou deixá-la, meu amor.

Sem se importar com olhos indiscretos, puxou delicadamente o rosto de Cecília e deu-lhe um beijo apaixonado.

Assim que os dois namorados chegaram à casa de Cecília, Marilda e Lucas correram para abraçar a mãe com tanto ardor que pareciam não tê-la encontrado havia dias.

– O que é isso, meus filhos? Quanta alegria em me ver! – exclamou Cecília, feliz com a recepção.

– Nada, mãe, apenas estávamos com saudades da senhora – respondeu Marilda.

– Jurema já foi embora? – perguntou Cecília.

– Acabou de sair, mãe, viu que estava na hora de a senhora chegar e disse que precisava ir comprar remédios na farmácia aqui perto.

– Quem é Jurema? – perguntou Francisco.

– É a filha de uma senhora que trabalha na empresa. Contratei-a para tomar conta das crianças para que elas não fiquem sozinhas por muito tempo. Ela estava desempregada e aceitou a tarefa por um ordenado abaixo da média, pois sabe que não tenho condições de pagar o que na verdade seria justo.

Voltou para as crianças e lhes disse:

— Não vão cumprimentar o Francisco?

— Claro, mãe — respondeu Marilda, dando um abraço no namorado de sua mãe, sendo seguida por Lucas.

Francisco, emocionado, correspondeu com alegria.

— Bem — disse Cecília — vamos entrar, vou preparar o jantar, é um instante só.

Francisco, um pouco tímido, disse:

— Eu já vou indo, foi uma alegria vê-los!

— Onde você pensa que vai, Francisco? Você vai jantar conosco, não vai, crianças?

— É, mãe; por favor, tio Francisco, fique para jantar.

— Mas é claro que vai jantar!

Os quatro entraram na casa e parecia realmente uma família unida e feliz.

Quinze dias se passaram sem que Joaquim aparecesse.

"Esse silêncio me incomoda", pensava Cecília. "Nunca sei o que ele é capaz de aprontar, não possui a mínima consideração por quem quer que seja."

Joaquim, entretanto, não havia desistido de colocar em prática seu plano para forçar Cecília a terminar seu relacionamento; não suportava a ideia de saber que ela se apaixonara por outro homem. Era demais para seu egoísmo e vaidade, que o faziam se sentir o melhor e mais atraente homem da Terra.

"Vou terminar com esse namoro custe o que custar", pensava. "Não admito que meus filhos se sintam felizes com um pai postiço, eu sou o pai e somente eu tenho direito sobre eles."

Imprudentemente teve uma ideia.

"Por que não pensei nisso antes? A Teodora pode me ajudar, ela não prima pela ética nem pela moral; enfim, tenho certeza de que se oferecer uma boa quantia ela vai concordar na hora em me ajudar."

Levantou-se e na mesma hora fez uma ligação para a amiga, que estranhando perguntou:

– Joaquim, o que faz você me ligar assim tão fora de hora, aconteceu alguma coisa?

– Vai acontecer, Teodora, se você não me ajudar.

– Deus, o que há de tão grave? Nunca o vi assim, parece transtornado.

– E estou! Quero pedir-lhe que venha ao meu encontro, se possível agora.

– Agora é impossível, Joaquim, também tenho meus problemas, amanhã me encontro com você, está bem assim?

– Se não tem outro jeito, tudo bem. Espero-a amanhã à tarde aqui na minha casa.

– Pode me adiantar do que se trata?

– Não! Amanhã conversaremos.

– Então até amanhã – disse Teodora desligando o telefone.

"Tenho absoluta certeza de que ela vai topar me ajudar, seu escrúpulo não é tão admirável que a impeça de agir da maneira como quero." Estabelecendo essa certeza, tranquilizou-se, acreditando que enfim conseguiria atingir Cecília de um modo que novamente a fizesse se decepcionar com os homens. Assim, acreditando que não valeria a pena passar por tudo novamente, com certeza, desistiria de Francisco e tudo voltaria ao que ele considerava normal. Certo de que as coisas se resolveriam por si mesmas, pois Cecília não teria como provar sua intervenção, sorriu aliviado.

Por sua vez, Teodora também fazia suas conjecturas.

— Joaquim deve estar aprontado alguma e quer me envolver nos seus planos, só pode ser isso, ele não é homem de perder seja o que for, é muito egoísta para admitir perder. Bem, amanhã ficarei sabendo!

Finalmente, Teodora chegou à casa de Joaquim, que, ansioso, recebeu-a dizendo:

— Até que enfim, pensei que não viria mais!

— Eu não disse que viria? Então, aqui estou e quero que vá direto ao assunto.

— Sim, vamos direto ao assunto — repetiu Joaquim.

Ele lhe explicou detalhadamente tudo o que estava acontecendo. Teodora de imediato compreendeu aonde ele queria chegar.

— Já sei, diante disso imagino que você vai querer que eu me intrometa e acabe com esse namoro, acertei?

— Sabia que você entenderia rapidamente. É exatamente isso que quero que faça. Dê um jeito de se aproximar de Francisco, conquiste-o e faça com que se interesse por você; daí para um relacionamento é um passo, você é uma mulher atraente e sabe muito bem como fazer isso.

Após pensar um instante, Teodora respondeu:

— Sinto muito, Joaquim, não posso fazer isso. Sei que sou um pouco volúvel, mas daí a prejudicar alguém é ir longe demais, além do mais nem conheço Cecília, sinto muito.

Sem perder a calma e dando vazão à sua irresponsabilidade e imprudência, ele disse com a mesma leviandade de sempre:

— Respeito sua decisão, mas sei que está com uma dívida enorme referente a imposto, que não vai conseguir pagar, mesmo que trabalhe sem descanso.

— E o que você tem com isso, Joaquim? — perguntou Teodora, já inquieta.

— Se você me ajudar, eu a ajudo a quitar suas dívidas. É como se diz, meu bem: uma mão lava a outra.

Teodora pensou: "Meu Deus, com quem fui me meter?".

— O que me responde? — insistiu Joaquim.

— Espere um pouco que vou pensar.

— Não se esqueça de que dívidas não pagas geram processos que podem colocá-la na cadeia.

— Sei disso, não precisa me lembrar.

— Então, o que resolve?

— E se eu ajudá-lo e você não cumprir o que está me prometendo?

— Ora, Teodora, você me conhece muito bem, sei que não tenho muitos escrúpulos nem um caráter digno de aplausos, mas minhas promessas àqueles que me ajudam eu as cumpro sempre.

— Pois bem, vou ajudá-lo, mas quero que me dê uma garantia de que realmente cumprirá sua promessa.

Joaquim pensou em como podia quebrar a resistência de Teodora.

— Vamos fazer o seguinte, pago a primeira parcela de sua dívida e conforme o plano for se desenvolvendo vou pagando as parcelas do mês até que chegue ao desfecho desejado, aí quito tudo de uma vez, combinado? Mas terá de assinar um documento se comprometendo a não interromper o procedimento enquanto não chegar ao que me interessa, está bom assim? Preciso também ter uma garantia de que você não vai desistir.

Pensando no benefício que iria ter, Teodora aceitou.

– Está bem, Joaquim, vou fazer o que me pede, mas primeiro preciso conhecer quem eu vou conquistar.

Exultando de satisfação, ele respondeu:

– Claro que vai conhecer, sei onde os dois costumam ir para conversar. Vou ficar observando; quando estiverem juntos ligo para você vir me encontrar, assim, conhecerá Cecília e Francisco ao mesmo tempo.

– Combinado – respondeu Teodora –, mas não se esqueça de pagar a primeira parcela.

– Não vou esquecer, traga-me o carnê que amanhã mesmo estará pago.

– Combinado. Agora preciso ir – disse Teodora despedindo-se de Joaquim.

Assim que a amiga saiu, Joaquim pensou: "Essa é uma presa fácil, vou ficar com o carnê, pago a primeira e esqueço o resto; quando tudo estiver resolvido entrego a ela as outras parcelas para ela mesma quitar, assim não poderá fazer mais nada a não ser se desesperar, e se fizer algo contra mim uso o documento que ela assinará, sem ao menos ler o que está escrito. Tive uma ideia de mestre: resolvo o meu problema e não deixo nenhuma suspeita sobre mim. Cecília, coitada, sofrerá novamente uma grande decepção!".

Teodora, por sua vez, caminhava satisfeita imaginando que valia a pena fazer a vontade de Joaquim, assim se livraria da dívida, afinal, nem conhecia as pessoas envolvidas; por ela não fazia diferença, se Joaquim queria assim, assim seria.

Mas um pensamento veio-lhe à mente: "Eu nunca soube que essa dívida dava cadeia, acho que Joaquim inventou isso só para me pressionar e colaborar com ele, do mesmo jeito que disse para Cecília que iria denunciá-la por adultério – isso nem existe mais. Mas vou ajudá-lo a resolver seu problema! Pensando bem, só tenho a ganhar: livro-me da minha dívida que não consigo pagar e saio no lucro, com certeza".

✳✳✳

Cecília recebeu um telefonema de Francisco convidando-a para jantar com ele e exultou de alegria.

Pediu para Jurema ficar com as crianças e arrumou-se com esmero, indo ao encontro do seu amor. Logo que o avistou, sentiu seu coração bater mais forte.

"Nunca imaginei que voltaria a amar alguém", pensou. "Sinto um sentimento tão forte por ele que às vezes penso que nunca amei Joaquim de verdade. Agradeço a Deus essa nova oportunidade de ser feliz."

Assim que chegou, Francisco abraçou-a dizendo:

– Estava morrendo de saudades!

– Eu também! – respondeu Cecília.

Deu-lhe um beijo carinhoso, sem suspeitar que estivesse sendo observada por Joaquim, que, como prometera para Teodora, seguia todos os passos dela.

O ódio se instalou mais fortemente no seu peito e ele disse:

– Aproveite bem, Cecília, isso não vai ficar assim! Logo a decepção vai fazer morada em seu coração ao tomar conhecimento da traição do seu querido amor com uma mulher mil vezes melhor e mais bonita que você. Isso que vou fazer será para lhe mostrar que ninguém brinca comigo e fica impune. Recusou minha volta ao lar, agora vai ter de arcar com as consequências, e tenho certeza de que nossos filhos ficarão do meu lado; vai sair dessa como a impiedosa que retirou o pai da vida de seus filhos.

Imediatamente ligou para Teodora.

– Venha o mais rápido possível, é o momento de conhecê-los.

Em pouco tempo, Teodora chegou ao local. Assim que Joaquim lhe mostrou o casal, ela levou um choque. Joaquim percebeu e perguntou:

– Qual é o problema, você conhece um deles?

Quase gaguejando ela respondeu:

– Sim, conheço a moça, ela se chama Cecília, não é?

– Sim, já havia dito a você o nome dela. De onde a conhece?

– Tempos atrás trabalhamos na mesma empresa, éramos muito amigas e posso afirmar que é uma das melhores pessoas que conheci.

– Melhor ainda, Teodora, assim terá um motivo forte para se aproximar dela sem levantar nenhuma suspeita. Com certeza ela vai lhe apresentar Francisco e tudo ficará mais fácil. Para dizer a verdade, mais excitante.

Teodora sentiu uma inquietação muito grande, não iria ter coragem de prejudicar Cecília, não depois de ter convivido com ela. Em um impulso disse a Joaquim com firmeza:

— Não vou prejudicá-la, ela não me fez mal algum; portanto, não tenho motivos para agir de maneira tão vil!

Irritado, Joaquim pegou-a pelo braço, apertando-o, e lhe disse:

— Vai sim, Teodora, sabe por quê?

— Não! Só sei que não tenho nenhuma obrigação de ajudá-lo nessa insensatez. Acabar com o romance dos dois só porque está com ciúme e quer alimentar sua vaidade? Estou fora, Joaquim, não conte mais comigo.

Joaquim puxou-a com força pelo braço e disse, autoritário:

— Você vai fazer o que quero e vou lhe dizer por quê.

— Então diga!

— Porque tenho você em minhas mãos, lembra que assinou um documento quando combinamos o plano?

— Sim, lembro.

— Pois bem, você assinou o que estava escrito no papel sem ler.

— E o que estava escrito?

— Que você assumia a autoria do furto em minha casa de uma quantia alta para pagar sua dívida.

— Você não fez isso, Joaquim!

— Fiz, fiz sim, e você caiu como um patinho; se não me ajudar denuncio você à polícia como ladra e tenho como provar, pois está em minhas mãos o carnê da sua dívida que vai coincidir com a quantia que roubou. Que coisa feia, Teodora, roubar seu amigo dessa maneira!

Teodora sentiu-se perdida, caíra na armadilha de Joaquim, e só então percebeu o quanto ele não prestava.

— Você é um ser desprezível. Cecília estava certa ao excluí-lo da vida dela.

— Certa ou errada não importa, o que me interessa é acabar com esse romance, e não me importo de que maneira isso vai acontecer, mas quero que aconteça.

— Joaquim, pensa um pouco. De que vai adiantar se Cecília jamais vai aceitá-lo de volta? Ela não o ama mais!

— Mas quem lhe disse que eu quero voltar para ela? Nem penso nisso; para dizer a verdade nunca a amei; quero apenas que aprenda a não me afrontar desfilando com seu amante. Quero que fique sozinha para sempre, pois qualquer relacionamento que tiver vou destruir. A ela só resta cuidar de nossos filhos.

Indignada, Teodora respondeu:

— Enquanto você aproveita a vida como gosta, ou seja, prejudicando quem atravessa seu caminho e afronta a sua vaidade, é isso?

— Sim, é isso! — afirmou Joaquim com toda sua ironia. Os homens têm direito a tudo, quanto às mulheres têm apenas o dever de ficar em casa cuidando dos maridos e dos filhos. A vida é assim, Teodora, e não sou eu quem vai mudar isso.

— Meu Deus! — indignou-se Teodora. — Quanto machismo, maldade e insensatez! Você está enganado, Joaquim, a vida é assim somente para os vaidosos, orgulhosos e déspotas, aqueles que se julgam superiores e conseguem enxergar apenas o próprio umbigo. Você é, sem dúvida, um deles.

Cada vez mais irritado, ele retrucou:

– Agora chega, Teodora! Tudo já ficou claro entre nós, vai lá agora e mostre surpresa em encontrá-la. Faça direito porque estou de olho em você e qualquer deslize... já sabe o que farei.

Não tendo como fugir, só lhe restava obedecer às ordens de Joaquim. Com o coração partido, sentindo-se uma criatura desprezível, aproximou-se de Cecília.

– Desculpe me aproximar assim de vocês, mas... Você não é a Cecília?

Cecília, olhando diretamente em seu rosto, reconheceu a amiga do passado e, sorrindo, disse:

– Claro, sou a Cecília, e você é a Teodora, não?

– Sim, e estou muito feliz em encontrar você depois de tanto tempo sem vê-la. É seu marido? – perguntou Teodora sem constrangimento.

Sorrindo, Cecília respondeu:

– Não! Não é meu marido.

Ia completar a resposta quando Francisco interrompeu-a:

– Não sou porque ela ainda não quis, por mim já seria há muito tempo.

Teodora, achando graça, disse:

– Cecília, é uma declaração de amor, percebe?

– Claro que ela percebe – Francisco voltou a dizer –, ela sabe o quanto a amo.

– Francisco – exclamou Cecília –, você fica falando essas coisas para alguém que mal conhece! Não percebeu que ela continua em pé?

– Perdoe minha indelicadeza – disse Francisco. – Por favor, sente-se e nos faça companhia.

Sem demonstrar constrangimento, ela aceitou o convite e sentou-se diante de Francisco, que passou naquele instante a ficar incomodado com o olhar insistente da moça. Enquanto Cecília conversava alegremente com a amiga, sem notar nada, recordando o tempo em que trabalhavam juntas na mesma empresa, Francisco reparava em Teodora e não gostava da maneira como ela o olhava; sentia alguma coisa no ar e não conseguia entender o que se passava no íntimo da amiga de Cecília.

"Devo estar imaginando coisas, ela nem me conhece, nunca me viu, deve ser seu jeito mesmo."

Voltou a prestar atenção na conversa das duas amigas.

– Estou impressionada com o que você acaba de me contar, Cecília, lembro quando você namorava Joaquim, dizia que estavam tão apaixonados! Como ele pôde mudar tanto assim?

– É verdade, Teodora, ele se transformou em outro homem, vaidoso, egoísta; enfim, mal lembrava aquele rapaz por quem me apaixonei.

– Estou perplexa! – exclamou, e pensou em seguida: "Sei bem como ele não presta, Cecília, estou nas mãos dele!". E continuou: – Mas o que passou, passou, não é assim que se diz? O que importa agora é que já tem um novo amor, alguém que a ama de verdade e quer fazê-la feliz.

Virando-se para Francisco, perguntou com voz provocante:

– Não é verdade, Francisco?

Novamente ele sentiu a sensação estranha que o estava incomodando.

— É verdade, ela sabe que a amo, sabe também que nada nem ninguém poderá me afastar dela. Cecília confia em mim e sabe que não caio em armadilhas porque não me envolvo com comportamentos fúteis de pessoas levianas.

— Nossa, amor, por que está expondo as coisas dessa maneira, o que Teodora vai pensar? — perguntou Cecília.

— Vai pensar que sou apaixonado por você, só isso; não é, Teodora?

— Claro, é isso que estou pensando; quisera ter alguém que me amasse assim.

Calou-se e pensou: "Ele está me mandando um recado, desconfia de mim, não sei como nem por que, mas desconfia. Deve ser pela maneira como estou olhando para ele; meu Deus, vai ser muito difícil separar esse casal, e para ser franca não vejo necessidade alguma de pôr em prática essa leviandade que Joaquim quer que eu faça, mas, ao mesmo tempo, não posso ir para a cadeia. Senhor, o que eu faço?".

— O que foi, Teodora? — perguntou Francisco. — Falei alguma coisa que a perturbou? Se falei, peço desculpas.

— Imagina, Francisco, o que poderia dizer que me perturbasse? Nós nos conhecemos agora, não faz sentido.

— Concordo, meu bem — disse Cecília. — Parece até que você está se sentindo ameaçado.

— Desculpe, eu exagerei, novamente peço desculpas a você, Teodora.

— Não tem importância, Francisco.

Levantou-se.

— Preciso ir, foi um prazer reencontrá-la, Cecília. Gostaria de vê-la novamente.

Logo que Teodora se retirou, Cecília disse para Francisco:

— Desculpe, meu bem, mas senti em você certo receio em relação a Teodora, você não gostou dela?

— Foi tão visível assim?

— Foi. Deu-me a impressão de que se sentiu ameaçado por alguma coisa que não faço a menor ideia do que seja. Manteve-se na defensiva o tempo todo.

— Não sei se devo falar sobre isso, Cecília; afinal, nem a conheço direito para emitir uma opinião, mas alguma coisa nela me deixou inquieto, não sei bem o quê; enfim, não gostei muito do seu jeito.

— Que bobagem, Francisco, ela é uma ótima pessoa!

— É, deve ser mesmo, é bobagem minha! – exclamou sem muita convicção. — Que tal parar de falar da sua amiga e falar de nós dois?

— Ótimo, este é um assunto bem mais interessante – respondeu Cecília olhando com amor para o namorado.

Teodora aproximou-se de Joaquim, que a esperava, e, sem que ele percebesse, dirigiu o olhar para o casal e pensou: "Meu Deus, não posso fazer o que Joaquim me obriga, Cecília não merece".

capítulo 7

Deus é justiça

Todos nós temos a liberdade absoluta de determinar e escolher nossos amigos, nossas atitudes, de agir com prudência ou com leviandade; enfim, temos liberdade de agir e de pensar de acordo com nossa vontade nas diferentes situações da vida, porque o Criador nos deu o livre-arbítrio, mas também nos deu a completa responsabilidade dos nossos atos, e esta responsabilidade nos fará herdar as consequências, os conflitos de cada postura tomada no decorrer da nossa existência na Terra.

Teodora, em seu íntimo, sentia repulsa pelo que Joaquim a obrigava a fazer contra Cecília, mas não tinha força para se rebelar; o medo do que poderia sofrer caso não o obedecesse a impedia de enfrentá-lo. Tentando amenizar sua culpa dizia a si mesma: "É preferível que Cecília sofra a eu ir para a cadeia; sei que Joaquim não terá nenhum escrúpulo em me entregar à polícia por um furto que não cometi, mas quem acreditaria em mim? Fui tola o suficiente para assinar um papel sem ter o cuidado de ler, agora só me resta obedecê-lo. Se tem de ser assim, assim será!".

Cecília, por sua vez, sentia-se feliz em reencontrar Teodora, sem sequer imaginar o golpe que sofreria. Lembrava das palavras de Francisco e não entendia a razão de sua desconfiança.

"Teodora sempre foi minha amiga no tempo que trabalhamos juntas, por que me faria algum mal?", perguntava-se. "Francisco está enganado, pelo menos eu espero que esteja."

O toque do telefone afastou-a de seus pensamentos.

– Cecília, sou eu, Teodora!

– Teodora, que surpresa agradável – disse Cecília alegre.

– Fiquei muito feliz em reencontrá-la. Pensei então que poderíamos marcar um encontro para colocarmos os assuntos em dia, o que acha?

– Adoraria, Teodora. Para quando você quer marcar?

– Hoje, amiga, para que esperar mais? Já se passou tanto tempo que estivemos longe uma da outra... Para que prolongar mais, não acha?

– Você tem razão, vou avisar o Francisco que hoje não vou poder me encontrar com ele – disse Cecília.

– Cecília, por que desmarcar o encontro com seu namorado? Não vejo motivo para não convidá-lo a ir conosco, será até mais divertido!

Lembrando-se de que Francisco lhe dissera não ter simpatizado com Teodora, Cecília respondeu:

– Não sei, acho que ele não vai ficar à vontade.

"Preciso convencê-la", pensou Teodora.

– Cecília, realmente não vejo motivo para não chamá-lo. Ele pode se sentir excluído e, com certeza, isso causará um mal-estar entre vocês.

– Você acha mesmo, Teodora?

– Com certeza! Que namorado gosta de ser trocado por uma amiga? – questionou sorrindo.

– Pensando bem, você tem razão. Francisco não iria gostar mesmo, vou combinar com ele.

Escondendo sua alegria, Teodora falou:

– Faça isso, amiga, encontramo-nos às vinte horas no mesmo lugar do outro dia. Tudo bem?

– Tudo bem! – exclamou Cecília.

– Assim é que se fala – disse Joaquim logo que Teodora desligou o telefone.

– Não ouvi você entrar, estava ouvindo a conversa?

– Evidente que sim! Por que o espanto?

– Porque não lhe dou o direito de entrar na minha casa quando bem entender! – exclamou Teodora, irritada.

– Não preciso que você me dê o direito, a porta estava semiaberta. E, enquanto não chegarmos ao fim dessa história, é melhor você não me afrontar, entendido?

– Não sei por que estou fazendo isso, você é mesmo um cafajeste!

– Mas não roubei ninguém, enquanto você...

Sem controlar a própria irritação, Teodora levantou o braço para esbofeteá-lo, mas Joaquim segurou sua mão dizendo:

– Nunca mais tente isso, não me faça perder a paciência, você pode se dar muito mal. Não me custa nada entregá-la à polícia.

Sua reação foi se jogar em uma cadeira e chorar.

– Por favor, vá embora, você já sabe que vou me encontrar com Cecília e Francisco; portanto, deixe-me em paz!

Ironicamente, Joaquim respondeu:

– Pois não, senhora, não tenho mesmo paciência para ouvir choro de mulher.

Saiu batendo a porta com força. Teodora se desesperou.

– Meu Deus, como pude ser tão tola a ponto de assinar um documento sem ao menos ler! Estou nas mãos desse cafajeste e não tenho como me livrar dele.

***

Enquanto isso, Cecília tentava convencer Francisco a acompanhá-la ao encontro com Teodora.

– Meu bem – dizia Francisco com doçura –, eu não lhe escondi que não me identifiquei com essa sua amiga que, a meu ver, apareceu do nada após tanto tempo sem procurá-la. De repente, ela quer reatar uma amizade que, para ser sincero, nem sei se era tão forte assim!

– Nós trabalhamos juntas em uma empresa, dávamo-nos muito bem, acho natural que ela, ao me reencontrar, queira retomar nossa amizade.

– Cecília, qual a razão de você nunca ter mencionado o nome dela? Imagino que não era tão importante assim, caso contrário teria me falado a respeito, não acha? O que mais me intriga é a insistência dela em querer minha companhia, se mal nos conhecemos. Não lhe parece estranho?

Cecília ficou pensativa.

— Eu não vi nada de mais, Francisco!

— Tudo bem, eu vou a esse encontro, mas peço a você que fique de olhos bem abertos na postura de Teodora, está bem assim?

— Tudo bem, se é o que você quer!

Assim que desligou o telefone, ouviu a vozinha de Marilda:

— Mãe, a senhora vai sair?

— Sim, filha, eu e Francisco vamos nos encontrar com uma amiga que eu não via há bastante tempo.

— Eu e o Lucas podemos ir?

— Filha, não é programa para crianças. Vamos fazer o seguinte: domingo vamos passar o dia no parque; você, o Lucas, eu e o Francisco, o que acha?

— Que bom, mãe. Mas vamos ficar sozinhos hoje?

— Não, filha, claro que não. Vou avisar a Jurema, ela fará companhia para vocês, está bem assim? Não vai ficar triste?

— Está bem, mamãe, pode ir, não vou ficar triste nem vou deixar o Lucas ficar. Gostamos da Jurema.

Cecília sentiu grande carinho pela filha, que, embora tão pequena ainda, às vezes se comportava com a maturidade de uma criança mais velha.

Francisco, dirigindo-se a sua casa, pensava: "Por que será que essa amiga de Cecília me causa inquietação, uma sensação de que teremos problemas? Não sei bem, pode ser uma bobagem minha; apenas não me sinto à vontade com sua presença".

Na realidade, o único tempo que se tem é o presente, pois é nele que temos condições de trabalhar as imperfeições e os conflitos que invadem a nossa alma, preparando-nos para dias melhores e mais equilibrados a partir da superação de nossas fraquezas, acreditando que sempre se pode melhorar quando se tem vontade e se crê que o amor em todas as suas formas é o único sentimento que transforma o homem, porque o leva a viver de acordo com as leis divinas. O futuro sempre nos parece distante, mas ele se infiltra no presente a cada novo amanhecer e é então que precisamos ter sabedoria para iniciar o que sempre deixamos para amanhã, ou seja, o nosso progresso espiritual. Em nossa caminhada diária se faz necessário que nos conscientizemos de que nossos passos e nossas atitudes vão construir o passado, que nos acompanhará como uma sombra, acalmando-nos ou gerando conflitos.

— Você está linda como sempre! – disse Francisco assim que viu Cecília, e continuou: – Posso beijar minha namorada?

— Não só pode como deve!

— Se é assim – respondeu Francisco –, não vou esperar nem mais um minuto.

Os corações enamorados se entregaram às expressões de carinho.

— Que bom que você concordou em me acompanhar, sempre me sinto mais segura com você ao meu lado.

— Sei disso, por essa razão concordei em vir, apesar de você saber que não me sinto muito à vontade com essa sua amiga.

— Eu não consigo entender o motivo, Francisco, você mal a conhece!

– Para ser sincero, eu também não sei a razão, mas é uma sensação forte de perigo. Sei que é difícil para você entender, porque também o é para mim. Sinto como se algo muito forte fosse desabar em cima de nossa cabeça, realmente é muito estranho. Deve ser bobagem minha, vamos esquecer!

Seguiram em direção ao encontro com Teodora. Ela já os esperava tomando um suco. Assim que a viu, Cecília disse:

– Teodora é uma bela mulher, não acha?

– Tem razão – concordou Francisco –, só espero que seu coração tenha a mesma beleza do seu rosto.

Diante do olhar severo de Cecília, ele completou:

– Não leve a sério, meu bem, estou apenas brincando, falei por falar.

Foram recebidos com cordialidade por Teodora. Francisco não podia saber nem perceber que ela também vivia uma situação de conflito, pois, presa à chantagem de Joaquim, sofria por prejudicar uma amiga que absolutamente não merecia.

"Deus permita que você me perdoe, Cecília, se puder", pensava Teodora. "Não tenho alternativa a não ser obedecer o cafajeste do Joaquim. Sei que você não merece, mas não quero passar meus dias na cadeia; eu não fiz nada, não roubei nada, e Joaquim cumprirá o que prometeu se eu não obedecê-lo."

A chegada de Cecília e Francisco tirou-a dos seus pensamentos. Dando à sua fisionomia uma ar provocante, disse:

– Que bom que você veio, Francisco, tive receio de que não viesse.

– E por que não viria, Teodora, estou apenas acompanhando minha namorada, essa é a única razão de minha presença.

– Francisco, não seja indelicado. Teodora perguntou sem nenhuma segunda intenção, não é mesmo, amiga?

– Claro, Cecília, qual outra razão teria? Bem, vamos nos sentar, temos à nossa frente horas agradáveis, não acham?

O encontro transcorria aparentemente de maneira natural para Cecília, que de nada desconfiava e nenhuma maldade percebia nas palavras insinuantes que Teodora dirigia a Francisco. Em certo momento, incomodado com os olhares provocantes e as mãos que vez ou outra esbarravam nas dele, sempre pedindo desculpas em seguida, Francisco levantou-se e disse para a namorada:

– Desculpe, Cecília, mas preciso ir. Gostaria de deixá-la em casa, você se incomoda de me acompanhar?

Surpresa com a atitude de Francisco e sem entender, Cecília respondeu:

– Gostaria de ficar um pouco mais, porém se você vai embora eu vou acompanhá-lo.

Indignada por não ter tido tempo de fazer tudo o que planejara, Teodora respondeu:

– Que pena, sua presença é muito agradável, mas, se realmente precisa ir, deixe que Cecília fique um pouco mais; afinal, ainda não conversamos o suficiente, ficamos tanto tempo sem nos ver; eu a levo para casa.

Um pouco aborrecido, Francisco respondeu:

– Se você quiser ficar, Cecília, não vejo razão para impedi-la.

Diante da insistência de Teodora, Cecília concordou.

Francisco despediu-se da namorada e se foi.

"Ela está preparando alguma coisa", pensava Francisco. "Somente Cecília não percebe que ela não é tão amiga assim quanto diz. Tomara que não a faça sofrer. Não sei por que, mas não confio em Teodora. Não entendo essa sensação, mas é o que sinto."

Partiu, sem conseguir tirar a preocupação de sua mente.

Teodora sentiu-se mais livre para começar a investir no plano contra Cecília. Animou-se diante da possibilidade de estar sozinha com ela e percebeu ser o momento propício para plantar no coração de Cecília a semente da desconfiança.

Cecília nem de longe imaginava estar diante de alguém cujo interesse maior era destruir seu relacionamento com Francisco. Pensou ter encontrado realmente alguém que poderia se tornar sua amiga, ou mesmo confidente, como Júlia.

Teodora, com sua experiência e astúcia, percebeu sem nenhum esforço a fragilidade de Cecília, o que a tornava uma presa fácil para seu propósito nem um pouco louvável. Muito embora não quisesse ser a causadora do sofrimento que, tinha certeza, Cecília iria experimentar, cedera à imposição de Joaquim receosa da ameaça cruel que ele prometera caso não o obedecesse. Colocando um belo sorriso nos lábios disse-lhe:

— Sabe, amiga, foi até bom Francisco ter nos deixado sozinhas, desse modo temos mais liberdade para conversarmos, como somente duas mulheres sabem fazer.

Estranhando a colocação de Teodora, Cecília respondeu:

– Não entendo por que diz isso, poderíamos conversar sobre qualquer assunto, Francisco e eu não temos segredos.

– Ora, Cecília, você sabe tanto quanto eu que nem tudo podemos revelar ao homem que amamos, é preciso haver um pouco de mistério, privacidade, mesmo porque eles não nos contam quase nada sobre eles, revelam muito pouco de si mesmos; você não acha?

Cecília, estranhando o jeito de falar de Teodora, partiu em defesa do namorado.

– Repito que entre mim e Francisco não existem segredos, disso tenho absoluta certeza. Nós nos relacionamos muito bem, somos muito parecidos, respeitamo-nos e confiamos um no outro.

– Cecília, você é muito ingênua!

– Eu, ingênua? O que a faz pensar assim?

Tentando disfarçar sua real intenção, Teodora lançou a primeira semente no coração de Cecília.

– Fico constrangida em falar sobre isso, mas é tão evidente porque Francisco foi embora, que não sei como você não percebeu.

– Percebeu o que, pode explicar melhor?

– Claro. Desculpe, Cecília, mas ele foi embora porque teve receio de deixar transparecer o que na verdade seus olhos procuravam.

– E o que os olhos dele procuravam, Teodora, posso saber? – perguntou Cecília, já nervosa.

— Claro, mas não sei se devo lhe dizer.

— Você começou, agora acabe de dizer o que está insinuando.

Respirando fundo e mostrando um constrangimento inexistente, Teodora falou:

— Realmente sinto em lhe dizer isso, mas a verdade é que ele não tirava os olhos de mim; por mais que eu evitasse, seus olhos me procuravam avidamente.

Cecília sentiu um forte mal-estar, mas, recompondo-se, sem deixar que Teodora percebesse sua aflição, tentou contradizê-la:

— Não vi em nenhum momento ele olhando de modo diferente para você, isso não tem fundamento algum, creio ser imaginação de sua parte.

Sentindo que estava no caminho certo, Teodora continuou:

— Evidente que você não viu, estava sentada ao lado dele, e eu, ao contrário, estava na frente dele. Você não poderia perceber mesmo; mas não deve ficar chateada porque isso é uma bobagem; acho que ele ficou apenas impressionado comigo, nada mais.

Naquele instante, Cecília previu que um vendaval se aproximava fazendo estragos na sua relação com Francisco. Cada vez mais nervosa, respondeu, tentando aparentar tranquilidade:

— Impressionado com quê?

— Ora, Cecília, você sabe que sou uma mulher bonita, atraente mesmo, e, sendo sincera, já estou acostumada com essa situação, acontece sempre que sou apresentada a alguém. Você não deve dar maior importância, é apenas uma bobagem de homem galanteador.

Cecília não suportou a arrogância de Teodora e falou:

— Desculpe, Teodora, mas não fiquei aqui para ouvir suas insinuações maldosas, sua arrogância e vaidade; se quer saber, Francisco não é e nunca foi galanteador, já disse que confio plenamente nele e não vai ser você que vai mudar isso.

— Por que ficou tão nervosa, Cecília? Quero apenas elogiar a atitude de Francisco, sua fidelidade a você, nada mais que isso; olhar para outra mulher não é necessariamente traição.

Cecília levantou-se.

— Eu não pensei em traição, ao contrário, percebi em Francisco uma atitude hostil em relação a você, e isso ele deixou bem claro.

— Tudo bem, Cecília, se você pensa assim... Não posso negar que fiquei lisonjeada; afinal, é um belo homem.

— Para mim chega! Prefiro ir embora a ficar batendo boca com você. Infelizmente, você acabou com a alegria que senti ao vê-la. Com licença.

— Cecília, é uma criancice sua ir embora assim por causa de uma bobagem.

Sem responder, Cecília deu-lhe as costas e com os olhos marejados seguiu adiante.

"Ela insinuou que Francisco estava flertando com ela", disse a si mesma. "Não posso acreditar, sei que ele não faria isso, seu comportamento em relação a mim sempre foi respeitoso e leal. Não imaginei que Teodora fosse tão pretensiosa a ponto de julgar a própria beleza, acreditando que todos se curvam a ela."

Teodora ficou olhando Cecília se afastar; seu coração apertou por saber que Cecília sofria por sua causa. Contudo, o mal não consegue entrar no coração se permitimos que o bem chegue primeiro, porém a leviandade do homem não permite isso, pois em primeiro lugar estão a vaidade e a inconsequência.

"Meu Deus, por que fui me meter com Joaquim? Por que fui tão ingênua assinando um papel em branco? Agora estou em suas mãos e nada posso fazer para me desligar dele. Vou ser a causadora do sofrimento de uma pessoa que não merece; tomara que um dia ela me perdoe."

Os conflitos invadiam aquelas almas, levando-lhes aflição e temor. Cada uma sofria por razões opostas, uma como algoz e a outra como vítima do rancor e crueldade do homem que um dia amara.

Cecília tentava segurar as lágrimas enquanto ia para sua casa, mas ao chegar não conseguiu deixar que seu sofrimento se transformasse na realidade do que atormentava seu coração. Marilda, assim que a viu, percebeu, em sua ingenuidade, que alguma coisa a perturbava, pois caso contrário não estaria chorando. Aproximou-se lentamente, receosa de incomodar, e com suas mãozinhas delicadas acariciou os cabelos de sua mãe fazendo com que ela a abraçasse com calor.

– O que aconteceu, mãe, por que está chorando desse jeito? A senhora se machucou?

Enternecida com o carinho da filha, que sempre agia com atitudes superiores à sua idade, ela respondeu:

— Sim, filha, a mamãe se machucou, mas vai passar.

— Onde foi, mãe, quer que eu passe algum remédio?

Com um leve sorriso, Cecília disse:

— Filha, o machucado da mamãe não é visível para se curar com remédio.

— Mas onde é esse machucado?

— No coração, filha, mas você é ainda muito criança para compreender; não quero que se preocupe, logo vai passar, a mamãe só precisa ficar um pouco sozinha. Você se importa?

— Não, mãe.

Beijou sua mãe no rosto e, ao sair, escutou o choro de Cecília.

"Vou ligar para Júlia", pensou. "Elas são amigas, a Júlia poderá ajudar a mamãe."

— Estou indo agora mesmo, Marilda, vou ver o que está acontecendo com Cecília.

Marilda, mais calma, aguardou a chegada de Júlia e assim que ela entrou levou-a até o quarto da mãe. Vendo o estado abatido da amiga, a moça, interrogando-a, forçou-a a dizer o motivo.

— Júlia, estou mesmo angustiada, muito triste.

Prevendo o que poderia ter acontecido, Júlia adiantou-se:

— Você se encontrou com Teodora, não?

Em pouco tempo, Cecília colocou a amiga a par de tudo o que acontecera. Indignada ela comentou:

— Cecília, eu já lhe disse para não confiar nessa pessoa que apareceu não sei de onde tentando reatar uma amizade perdida no passado; sempre achei estranha essa atitude.

— O que quer dizer, Júlia?

– Ainda não sei, mas vou descobrir o que está por trás de Teodora. A insistência dela em se aproximar de você e de Francisco me incomoda, mas deixe estar; como lhe disse vou descobrir a verdade.

Encostando a cabeça no ombro da amiga, Cecília desabafou. Sentindo-se melhor perguntou:

– Você acha que devo comentar esse fato com Francisco?

– Penso que não deveria manter segredo, vai se sentir melhor ouvindo o que ele tem a dizer.

– É o que vou fazer!

Mais animada, Cecília convidou-a para jantar e a amiga aceitou de pronto. Marilda, vendo a mãe mais serena, agradeceu Júlia.

– Obrigada, tia!

– Não precisa me agradecer, querida; afinal, somos amigas.

Joaquim permitiu que sua ira desabasse sobre Teodora; achava que ela não se esforçara o suficiente para finalizar sua missão com Cecília. Teodora tentava em vão se justificar, mas, sem lhe dar ouvidos, Joaquim mal deixava que ela se explicasse.

– Você está sendo intolerante, Joaquim! Pensa que é fácil colocar em prática esse seu plano para separar Cecília e Francisco? Pois saiba que não é não; eles confiam um no outro, preciso de tempo para que tudo saia a contento; você precisa entender.

– Quanto mais demorar, mais eles se unem e solidificam esse romance que não suporto!

– Se quiser que tudo dê certo, já lhe disse, terá de ter paciência, não tem outro jeito; faço o possível, acredite, mas não é fácil.

– Pois então faça o impossível, Teodora, porque minha paciência tem limite e não estou disposto a esperar tanto tempo; caso contrário, eu mesmo providencio essa separação após entregá-la à polícia. Entendeu?

– Por favor, Joaquim, eu lhe peço, dê-me mais um tempo, vou pensar em algo mais agressivo, pode confiar em mim.

Após pensar por alguns instantes, Joaquim respondeu:

– Tudo bem, Teodora, vou esperar mais um pouco, mas quero que saiba que não será um tempo longo, o prazo que vou lhe dar é curto.

Assim que ela saiu, Joaquim, sorrindo, disse a si mesmo: "Como é ingênua, acredita em tudo o que eu digo, amedronta-se facilmente. É evidente que não vou entregá-la à polícia, quero tê-la sempre em minhas mãos, assim terei uma aliada que não discutirá as minhas ordens".

Enquanto isso, Teodora pensava, aflita: "Meu Deus, com quem fui me meter! Sou obrigada a fazer algo com que não concordo! Estou aflita, não sei o que fazer para sair desta enrascada; sei que tanto Cecília quanto Francisco não merecem esse sofrimento, mas me sinto com as mãos atadas".

Caminhava distraída com seus pensamentos quando ouviu uma voz chamando-a:

– Teodora!

Olhou e se surpreendeu quando viu à sua frente a figura atlética de Francisco.

– Francisco! – exclamou, surpresa, ao mesmo tempo em que percebia como ele era atraente.

– Como vai, Teodora?

– Bem, Francisco, e você?

– Por enquanto tudo bem, vai depender da solução de um problema que quero conversar com você.

– Problema? Comigo?

– Sim, e imagino que deva saber do que se trata, ou estou enganado?

– Não sei nem faço ideia do que possa ser.

Francisco percebeu o quanto ela poderia ser perigosa, e pensou: "Ela se faz de desentendida, mas tenho certeza de que sabe sim sobre qual assunto eu gostaria de falar com ela".

– Poderíamos sentar em algum lugar para conversarmos?

– Claro! – exclamou a moça, sentindo o coração bater mais forte.

Sentaram-se em um banco da praça e, sem demora, ele foi direto ao assunto:

– Gostaria que me explicasse a razão pela qual colocou no coração de Cecília dúvidas sobre minha atitude em relação a você.

Surpresa, Teodora pensou rapidamente e aproveitou aquele momento, que surgira justamente quando acabara de discutir e sofrer nova ameaça de Joaquim, para discordar:

– Não entendo por que esta agressividade, Francisco, não disse nada que não tenha sido verdade!

Cada vez mais irritado, ele respondeu:

– Você pensa mesmo que eu estava flertando com você tendo ao meu lado uma mulher como Cecília? É preciso que se enxergue, Teodora, jamais trocaria a mulher que amo por uma que não tem o menor pudor em difamar alguém.

Teodora se deu conta do quanto estava sendo mesquinha, mas, lembrando-se das ameaças de Joaquim, retrucou:

– Desculpe, Francisco, mas tive a impressão de que era o que acontecia, pois sentia em mim seu olhar insistente e, para falar a verdade, senti-me envaidecida.

Francisco mal disfarçou sua indignação:

– É melhor pararmos por aqui, Teodora. Não sei, na verdade, qual é a sua intenção, mas vou avisando que não deixarei que machuque Cecília com suas investidas improcedentes e falsas.

– Por que me trata desta maneira, Francisco?

– Porque percebo que nunca foi nem tem a intenção de ser amiga da Cecília, o que deseja de verdade é fazê-la sofrer, só não compreendo ainda a razão.

Suavizando a maneira de falar, Teodora respondeu:

– Se você ainda não percebeu vou lhe dizer: eu me apaixonei por você assim que o vi. Você acredita em amor à primeira vista?

Completamente surpreso, Francisco disse:

– O que você disse? Ficou louca?

– Não! Fiquei apaixonada, não sei explicar como isso aconteceu, mas... Aconteceu!

– É melhor que anule esse sentimento, Teodora, porque não existe a menor possibilidade de ser correspondida. Amo Cecília e pretendemos nos casar; portanto, deixe-nos em paz.

Tentando envolvê-lo, ela continuou:

– Não fale nada agora, Francisco. Aconselho-o a pensar que na vida, muitas vezes, enganamo-nos e deixamos de viver a felicidade real por não termos coragem de assumir novos compromissos. É preciso conhecer outras pessoas para termos certeza de quem na verdade amamos; pode ser que você se acostumou com Cecília e tem medo de navegar em outros mares, você me entende?

— O que entendo é que você me parece uma pessoa sem escrúpulos, capaz de qualquer coisa para satisfazer sua incrível vaidade. Acredita que pode seduzir qualquer homem, mas, creia-me, Teodora, meu coração jamais pertencerá a você, porque, a bem da verdade, não possui nada que me atrai, nem beleza física, muito menos moral; portanto, nossa conversa termina aqui, e aviso-lhe que nem tente fazer nada que possa magoar a mulher que eu amo, porque a defenderei com o amor que sinto por ela.

Dizendo isso, ele se levantou e deixou-a com seus conflitos. Vendo-o partir, pensou: "Meu Deus, por que fui chegar a esse ponto? Estou violentando a mim mesma por conta da minha covardia; só Deus sabe que não quero e nunca iria querer prejudicar alguém, principalmente quem não merece. Vou tentar mais uma vez convencer Joaquim a deixá-los em paz".

Francisco ia entregue aos seus pensamentos. O temor pela atitude de Teodora o preocupava.

— Preciso ficar atento, essa mulher não tem limites, é bem capaz de prejudicar meu relacionamento com Cecília e vai fazer da maneira mais vil, atingindo seu coração por meio da calúnia.

Dirigiu-se à casa de Cecília.

— Amor, o que o traz a esta hora aqui? Não devia estar no trabalho?

— Devia, mas lembrei-me de que hoje é seu dia de folga e vim convidá-la para passearmos um pouco, estava com saudades.

Feliz, Cecília respondeu:

— Nossa, que romântico, claro que aceito, espere só um instante.

Enquanto aguardava a namorada, Francisco pensava: "Meu Deus, não posso perdê-la, amo-a demais e sei que seremos muito felizes".

A voz de Cecília trouxe-o à realidade.

— Estou pronta, vamos?

— Claro, vamos!

Andando pelo parque da cidade de mãos dadas, felizes pelo simples fato de estarem juntos, um ao lado do outro, ambos sentiam a vibração do amor que os envolvia. Sentaram-se em um banco e Francisco, segurando seu rosto entre as mãos, inquiriu:

— Querida, você sabe o quanto eu a amo, não sabe?

— Claro, meu bem, sei que me ama da mesma maneira e com a mesma intensidade que eu também o amo, mas por que a pergunta?

— Por nada, quero apenas que não tenha nenhuma dúvida quanto ao meu sentimento por você, que confie sempre na minha fidelidade, só isso.

Cecília deu-lhe um beijo e respondeu:

— Pode ter certeza de que confio plenamente em você, meu amor, confio na sua sinceridade e jamais vou duvidar de uma palavra sua.

Os olhos de Francisco brilharam com as palavras da namorada. Sem se importar com o local público, ele lhe deu um beijo apaixonado.

Teodora foi se encontrar com Joaquim. Tentaria convencê-lo a desistir da ideia de separar Cecília e Francisco. Mas, mal começou a falar, assustou-se com o grito dele, que, irado, despejou sua fúria nela.

— Posso saber a razão dessa ética, desse pudor que definitivamente não combina com você?

— Joaquim, você não consegue entender que de nada vai adiantar separá-los. Cecília jamais voltará para você, isso só vai levar sofrimento para todos os envolvidos, pense em seus filhos.

— É justamente por causa deles que estou agindo assim, tento protegê-los de um padrasto, porque o pai deles está disposto a lhes dar tudo de que necessitam para serem felizes. Existe mal nisso?

— Desculpe, Joaquim. Não existiria mal algum se fosse verdade, mas você sabe melhor do que eu que seu intento é um só, ou seja, impedir que Cecília seja feliz com outro homem, quer tê-la presa a você, mesmo sem nunca haver lhe dado o amor que ela merece; você não passa de um egoísta, machista e vaidoso.

O coração de Joaquim encheu-se de ódio por Teodora.

— Quem você pensa que é para falar desta maneira?

— Quero apenas abrir sua mente, Joaquim. Amigo é aquele que fala a verdade, mesmo que a princípio possa trazer dor.

— Não preciso de ninguém para dizer o que devo ou não fazer; quanto a você, vou repetir mais uma vez e será a última: faça exatamente o que eu mandar, caso contrário não terei complacência e entregarei você à polícia para apodrecer na cadeia, tenho prova suficiente, a melhor delas, ou seja, sua confissão de culpa. Deu para entender?

Teodora abaixou a cabeça e, esforçando-se para não chorar, disse:

– Não sei como pude me meter com você, Joaquim, que não passa de um mau-caráter que pisa nas pessoas, calunia, difama; enfim, não ama ninguém, nem os próprios filhos, e ainda vem me dizer que tudo faz por amor a eles!

– Não me interessa sua opinião, o que quero é que cumpra minhas ordens e que seja rápido, porque não estou disposto a esperar; minha paciência está se esgotando.

– Mas não sei como fazer isso, Francisco não me suporta, mal fala comigo, já deixou claro que vai proteger Cecília, estou mesmo sem saber como fazer o que me obriga.

– Vou pensar em alguma coisa, assim que resolver eu aviso; agora, por favor, vá embora porque estou muito ocupado, tenho um compromisso importante.

Assim que Teodora saiu, viu entrar no apartamento de Joaquim uma linda garota aparentando pouco mais de vinte anos.

"Cafajeste", pensou, "o compromisso dele é fazer outra vítima".

Não existe vítima, se existisse ela seria um ser injustiçado. Deus é justiça.[4]

---

4   Mei-Mei (NAE).

Todos nós temos a opção de fazer nossas escolhas, aí está o livre-arbítrio que Deus concedeu ao homem e isso nos torna responsáveis pela direção que damos à nossa vida arcando com as consequências da própria leviandade. Chegará o dia em que a criatura compreenderá a importância da ética e da moral cristã na sua existência.

Trazemos cicatrizes de um passado doloroso causadas por erros e outras ocasionadas pelas mãos de Deus, que nos seguraram com força para não cairmos nas garras do mal; se alguma vez nossa alma doeu foi porque Deus nos segurou bem forte para não mergulharmos nas inconsequências que geram os conflitos.

capítulo 8

Egoísmo desmedido

Alguns dias se passaram.
Júlia e Cecília conversavam no jardim apreciando as brincadeiras de Marilda e Lucas, quando Júlia perguntou:
— Amiga, Joaquim tem falado com você?
Suspirando aliviada, Cecília respondeu:
— Graças a Deus parece que me esqueceu, há dias não dá nenhum sinal de vida, o que para mim é uma bênção.
— Melhor assim — respondeu Júlia, completando: — Quanto ao Francisco, continuam firmes?
— Mais do que nunca. Francisco realmente é o homem da minha vida, damo-nos bem, amamo-nos e tenho certeza do seu amor por mim.
— Francisco é um homem extraordinário, Cecília. Lembra quando o conheceu no hospital? Percebi de pronto o entusiasmo dele por você, mas você parecia fora da realidade, presa ao pensamento de que só seria feliz com Joaquim.

– Você tem razão – admitiu Cecília –, tinha receio de me envolver com outra pessoa e passar pelo mesmo sofrimento, mas graças a Deus tudo passou e hoje me sinto a mulher mais feliz deste mundo.

– Como é bom ouvi-la falar assim, minha amiga, já era tempo de construir novamente a sua vida, dar aos seus filhos a oportunidade de terem mais uma vez uma família, com alguém digno e que os ame, assim como Francisco.

– Você tem razão, Júlia, a vida voltou a sorrir para mim.

***

Joaquim, eufórico, ligou para Teodora.

– Venha imediatamente falar comigo, descobri a maneira de comprometer o idiota do Francisco, vai ser fácil como tirar doce de criança – completou com leviandade.

– Joaquim, infelizmente hoje não posso, tenho um compromisso inadiável, vou amanhã.

Como sempre dando vazão à sua intolerância, Joaquim respondeu agressivamente:

– Não perguntei se pode ou não, quero-a aqui em minha casa no máximo em uma hora, lembrando-a do que já lhe falei mil vezes.

Desligou o telefone e disse a si mesmo: "Merece ser intimidada, não passa de uma fraca, medrosa e insegura o bastante para deixar que qualquer um a domine".

Teodora, assim que desligou o telefone, pensou em desespero: "Meu Deus, o que será que esse insano quer que eu faça?".

Vestiu-se apressadamente e foi ao encontro dele. Assim que chegou percebeu sua alegria; parecia uma criança que acabara de ganhar o presente desejado.

— Pronto, estou aqui, o que quer desta vez?

— Tive uma ideia brilhante — falou, entusiasmado —, algo que não deixará dúvidas quanto a Francisco. Se conheço bem Cecília, será o bastante para afastá-la definitivamente desse namorado que a meu ver quer apenas se aproveitar dela.

Teodora pensou, aflita: "O que será, meu Deus, que ele vai me obrigar a fazer? Parece um louco com essa obsessão de querer Cecília sozinha. Na verdade, não tem o menor interesse em reatar com ela".

— Diga de uma vez o que quer!

— Calma, Teodora, deixe-me saborear meu plano, que, tenho certeza, não deixará qualquer dúvida quanto à veracidade da traição de Francisco.

Teodora acomodou-se em um sofá e esperou que ele se decidisse a expor sua ideia. Passados alguns segundos, ele se aproximou e contou para Teodora o procedimento que ia acabar de uma vez com aquele namoro que ele não queria. Ao término de sua exposição, Teodora exclamou:

— Joaquim, não acha muito cruel armar uma situação dessas movido apenas pela vaidade de não querer sair da vida de Cecília, prendendo-a a você e impedindo-a de ser feliz e fazer seus filhos felizes?

— Não a chamei para me dar conselhos, quero apenas que cumpra o que estou mandando. E é melhor que faça bem-feito, senão vai sobrar para você, caso alguma coisa dê errado ou não seja suficientemente convincente. Deu para entender ou quer que eu explique melhor?

– Não precisa, já entendi. Agora posso ir?

– Pode, fico no aguardo do seu telefonema e que seja rápido, pois não estou disposto a esperar indefinidamente; paciência não é o meu forte e você sabe muito bem disso; portanto, apresse o procedimento.

Com um pouco de coragem, Teodora retrucou:

– Paciência e ciúme também, não é, Joaquim? Nunca conheci alguém tão egocêntrico como você; não admite perder seja lá o que for, ao contrário, quer dominar as pessoas, manipular, trazê-las presas a você alimentando seu ciúme e sua excessiva vaidade.

Joaquim empalideceu.

– Se disser mais uma palavra, Teodora, esqueço o que combinamos e a entrego, sem piedade, para a polícia; por esse motivo, aconselho-a a apenas obedecer fazendo o que mando sem questionar. Estamos entendidos?

Quase num sussurro, Teodora respondeu:

– Entendi!

Virou as costas e saiu apressada, tentando impedir que ele notasse seus olhos marejados.

Situado no mesmo patamar da inveja, o ciúme é um sentimento doentio que domina o espírito invigilante. Ele é traduzido por um sentimento exagerado de posse e destaca-se entre as paixões que denotam a inferioridade espiritual do ser.[5]

---

5   Sônia Tozzi (NM).

Cada vez mais, Teodora se sentia culpada por tudo o que iria acontecer. Recriminava a si mesma por ter sido tão invigilante, a ponto de cair na cilada de Joaquim.

"Sei que poderia reverter essa situação", pensou, "mas não tenho coragem suficiente para enfrentar a ira de Joaquim; tremo só de pensar em ficar presa, principalmente por algo que não cometi. Bem sei que Cecília não merece, mas sou muito jovem para passar pela polícia, comprometer minha vida; enfim, o melhor mesmo será obedecer e fazer o que Joaquim quer".

Apesar de tudo que a atormentava, ela decidiu abafar a vontade de retroceder, esquecer seus conflitos e executar o sórdido plano de Joaquim.

"Cecília vai se recuperar", pensou, tentando se enganar. "Ela é jovem ainda e, com certeza, encontrará outra pessoa que a ame e a faça feliz, isso se Joaquim permitir."

***

Cecília acordou feliz.

Lembrava do seu encontro com Francisco na tarde anterior e sonhava com o dia em que poderiam estar juntos para sempre.

"Nunca pensei que voltaria a me apaixonar dessa maneira", dizia a si mesma. "Foi um presente dos céus encontrar uma pessoa tão digna como Francisco, sinto que ele ama meus filhos de verdade e isso me torna mais feliz."

Deixava que seus pensamentos a conduzissem para as horas felizes que passava ao lado do namorado e agradecia por cada minuto vivido.

– Mãe! – escutou a vozinha querida de Marilda.

– Oi, filha, vem cá e me dê uma abraço bem gostoso.

Marilda enlaçou o pescoço da mãe, transmitindo-lhe todo o seu amor.

– O que foi, filha, percebo que está intranquila, aconteceu alguma coisa?

Marilda, na sua ingenuidade, começou a chorar. Assustada, Cecília voltou a perguntar:

– Filha, o que foi que aconteceu, por que está chorando?

– Mãe, o papai apareceu na escola, disse que precisava muito falar comigo e com o Lucas.

Completamente surpresa, Cecília questionou:

– O que ele queria, Marilda? O que queria conversar com vocês de tão importante?

– É sobre o Francisco, disse que precisamos ajudar a terminar com esse namoro da senhora porque o Francisco não presta e ele vai provar o que está dizendo. Disse também que ele não gosta de nós e só quer se aproveitar da senhora.

Cecília mal acreditava no que ouvia.

– Seu pai enlouqueceu, Marilda, de onde tirou essa ideia? Você sabe que não é verdade, Francisco é um homem de bem, ama vocês e a mim também; quer construir uma família conosco, nos fazer feliz e ser feliz também. Você acredita em mim, filha?

– Acredito, mãe, mas o papai nos obrigou a ajudá-lo a acabar com isso, disse que é nosso pai e que devemos obediência a ele.

– E o Lucas, como ele está? É ainda tão pequeno!

— Ele chorou muito, mas eu disse para ele que devemos obedecer mais a senhora, que é quem nos educa e nos ama de verdade. Disse também que a senhora sabe o que está fazendo.

— E ele?

— Ficou mais calmo.

Cecília abraçou a filha, que, embora tão criança ainda, possuía um entendimento acima do esperado.

— Filha, você é muito especial, mamãe ama muito vocês e não vou deixar que ninguém os magoe, nem o seu pai. Fique tranquila e confie na mamãe.

— Eu confio, mãe, sei o quanto a senhora nos ama e nós também a amamos muito.

— Isso, filha, agora sorria e vá brincar com seu irmão, vocês são muito novos para enfrentarem problemas como este. Deixe que mamãe resolva isso com seu pai.

Assim que Marilda saiu, Cecília chorou.

— Meu Deus, quando será que Joaquim vai nos deixar em paz? Não tem o menor escrúpulo em envolver seus filhos em um assunto que são tão crianças ainda para entender. Cada vez ele se torna mais egoísta e autoritário; quer comandar minha vida mesmo sem participar dela, apenas por vaidade e orgulho; não se importa se magoa os próprios filhos, contanto que eu seja atingida.

Lembrou-se de Júlia.

— Preciso falar com minha amiga, a única pessoa em quem posso confiar para desabafar.

— Tudo bem, Cecília — respondeu Júlia, assim que ouviu a voz da amiga. — Pode esperar, dentro de mais ou menos uma hora estarei aí, fique calma e não se deixe envolver pelas ameaças de Joaquim.

– Obrigada, amiga, vou esperá-la.

Ao abrir a porta para Júlia, Cecília abraçou-a com alegria e disse:

– Obrigada, você está sempre pronta para me ajudar em meus momentos de angústia.

– Cecília, somos amigas, sabe que pode contar comigo sempre. Mas o que aconteceu desta vez?

Rapidamente Cecília colocou-a a par de tudo o que Marilda lhe contara.

– Como você pode ver, Júlia, Joaquim não tem o menor receio em prejudicar seus filhos envolvendo-os em um assunto que eles ainda não têm capacidade para entender; isso só lhes traz medo e insegurança.

– Estou perplexa. Joaquim não tem limite quando se trata de satisfazer sua vaidade, de provar que está acima de tudo e que você lhe deve obediência. Isso precisa acabar.

– Só uma coisa está me preocupando muito, Júlia.

– O que quer dizer?

– Ele disse para Marilda que vai provar o que está falando. Tenho medo do que ele possa fazer.

– Cecília, você confia em Francisco?

– Claro!

– O suficiente para acreditar nele seja o que for que aconteça?

– Evidente que sim; sei o quanto ele é respeitoso comigo, nunca fez nada cuja intenção eu pudesse questionar, e também confio no sentimento sincero que ele diz ter por mim e pelas crianças.

– Então se acalme, minha amiga, não se deixe envolver pelas ameaças dele. Conhece o seu desmedido egoísmo, sabe que ele é capaz de tudo para conseguir o que deseja, não tem limites quando se trata de si mesmo. É preciso que tenha calma e passe para as crianças a segurança de que precisam.

– Você tem razão, Júlia. Como sempre me faz retomar meu equilíbrio; obrigada, minha amiga.

– Não me agradeça, você faria a mesma coisa por mim. Quero apenas que saiba que estarei por perto sempre que precisar, conte comigo sempre.

– Sei que posso contar, é a única pessoa em quem posso confiar.

– Então, minha amiga, ponha um lindo sorriso em seus lábios e toque a sua vida com a dignidade que sempre fez.

Cecília abraçou-a e, assim que ela se foi, sentiu-se mais confiante e disposta a enfrentar qualquer coisa para se defender de Joaquim.

– Sinto que ele vai aprontar uma tempestade em minha vida, mas terei forças para não me abater.

Dentre os vícios, qual o que se pode considerar radical?
Temo-lo dito, muitas vezes: o egoísmo. Daí deriva todo mal.
Estudai todos os vícios e vereis que no fundo de todos há egoísmo.
Por mais que lhes dei combate, não chegareis a extirpá-los, enquanto não atacardes o mal pela raiz, enquanto não lhe houverdes destruído a causa. Tendam, pois, todos os esforços para esse efeito, porquanto aí é que está a verdadeira chaga da sociedade.
Quem quiser, desde esta vida, ir aproximando-se da perfeição

ALMAS EM CONFLITO | 153

moral, deve expurgar o seu coração de todo sentimento de egoísmo, visto ser o egoísmo incompatível com a justiça, o amor e a caridade. Ele neutraliza todas as outras qualidades.[6]

---

6   *O Livro dos Espíritos.* Parte 3 – Cap. XII – Item 3, questão 913 (NAE).

capítulo 9

A armadilha

Joaquim telefonou para Teodora cobrando agilidade na execução do plano.

— Não espero mais, Teodora! Amanhã, tem de ser amanhã, nem mais um dia, não ouse me desafiar.

Desligou o telefone sem esperar qualquer resposta ou desculpa de Teodora, que percebeu não ter alternativa senão fazer o que ele mandava.

"Chegou o momento", pensou, "tentei adiar o mais que pude, mas não tem mais como enganá-lo, vou tratar disso agora mesmo, assim acabo com este problema de uma vez e ponho fim nessa angústia que sinto".

Procurando em sua agenda encontrou o telefone de Francisco que a própria Cecília lhe dera sem nunca imaginar que entregava Francisco para uma cilada.

Ao ouvir a voz de Teodora ao telefone, Francisco estranhou e, surpreso, respondeu:

– Teodora, o que a faz ligar para mim? Pelo que sei não temos nada em comum; portanto, nada para conversar um com o outro. Aconteceu alguma coisa?

Usando todo o seu poder de persuasão, Teodora respondeu:

– Desculpe incomodá-lo, Francisco, mas preciso muito conversar com você.

– Não vejo realmente qual assunto interessa a nós dois, pode dizer do que se trata?

– Não é assunto que podemos tratar por telefone, precisamos conversar sobre Cecília.

– E o que tem Cecília que a preocupa?

– Mais uma vez peço desculpas, mas como lhe disse não é assunto para tratar por telefone. Poderíamos nos encontrar hoje ainda?

Alguma coisa incomodou Francisco, mas diante da insistência de Teodora ele acabou cedendo.

– Tudo bem, espero que seja realmente algo muito importante, Teodora.

– Pode acreditar, Francisco, confie em mim, quero apenas o bem de Cecília.

Acertaram a hora e o lugar do encontro. Teodora de imediato informou a Joaquim, que, satisfeito, confirmou que estaria a postos com a máquina fotográfica.

– É isso aí, garota – disse Joaquim, eufórico –, é assim que eu gosto.

– Espero que depois de tudo terminado você me devolva o papel assinado, certo?

Como sempre, dissimulando sua verdadeira intenção, Joaquim respondeu:

– Fique tranquila, faça tudo direitinho que depois conversaremos e acertamos tudo.

Ao desligar pensou sorrindo: "Teodora... Teodora, você pensa mesmo que vou lhe entregar o ouro? Esse trunfo vai ficar comigo bem guardado, pode ser que venha a precisar novamente de seus serviços".

Enquanto isso, Teodora pensava exatamente o contrário: "É melhor acabar com isso de uma vez; assim que ele me entregar o documento que assinei, retomo minha liberdade e nunca mais me envolvo com ele; nunca imaginei que ele fosse tão canalha".

Chegando ao lugar combinado, Teodora encontrou Francisco, que a esperava ansioso.

– Pronto, Teodora, estou aqui. Por favor, fale o que tem para me dizer e vamos acabar logo com isso.

– Calma, Francisco, mal acabei de chegar; deixe-me pelo menos me acomodar.

– Certo, mas peço-lhe que não faça muita hora e vá direto ao assunto.

Teodora precisava ganhar tempo até que visse Joaquim escondido e pronto para documentar o que seria a condenação de Francisco. Após se acomodar, ela pediu ao garçom um suco e, fazendo uso de seu charme, falou:

– Francisco, sei que pode parecer inadequado, uma traição à minha amiga, mas não posso mais esconder de você o que está acontecendo.

– E o que está acontecendo, Teodora?

– Fico constrangida em dizer!

– Por favor, fale de uma vez, vamos acabar logo com isso. Não estou gostando nem um pouco dessa conversa.

– Tudo bem, só lhe peço que ouça até o fim, depois vou aceitar sua decisão.

– Comece, por favor.

Teodora percebeu a presença de Joaquim e, decidida a pôr um fim naquela situação, disse com aparente nervosismo:

– Francisco, de fato estou loucamente apaixonada por você.

Percebendo que ele ia se levantar, sem que ele esperasse, abraçou-o e, segurando seu rosto com as mãos, beijou-o demoradamente sem lhe dar nenhuma chance de reagir. Francisco, atônito, conseguiu se esquivar e, lívido, sentindo um desprezo total por aquela mulher vulgar, empurrou-a dizendo:

– Você é um ser desprezível, Teodora, não merece nem mesmo a minha amizade, muito menos a de Cecília. Exijo que se afaste de nós dois se não quiser ser desmascarada.

Olhou para Joaquim que, fazendo um sinal de aprovação, passou-lhe a mensagem de que tudo dera certo.

– Não vou pressioná-lo mais, só lhe peço que um dia me desculpe.

Levantou-se e saiu, deixando Francisco nervoso, amargurado e aflito, receoso de que Cecília viesse a saber daquele fato tão desastroso.

"Meu Deus, como fui cair na conversa dessa leviana? Senti um incômodo ao falar com ela, mas não imaginei que sua intenção fosse essa. Só espero que Cecília não saiba nem desconfie de nada." Pensou melhor e considerou: "Talvez fosse melhor contar a ela a verdade, assim, se essa louca quiser fazer alguma intriga, ela já estará sabendo por mim mesmo. É o que vou fazer".

Joaquim imediatamente foi revelar a foto. Estava eufórico.

"Teodora trabalhou bem", dizia a si mesmo, "por esse motivo não posso libertá-la de mim, não quero perder uma colaboradora como ela".

Cada vez mais confiante de que iria conseguir seu intento, colocou a foto em um envelope e foi se encontrar com Marilda na escola.

"Preciso ser rápido, ela precisa ver antes que aquele idiota converse com ela e lhe conte como tudo aconteceu, não posso dar espaço para que isso ocorra."

– Pai! – exclamou Marilda, feliz, acreditando que a saudade o levara até ela. – Que bom ver o senhor.

– Que bom vê-la também, minha filha! Queria muito vê-la e a seu irmão. Filha, papai não pode ficar muito tempo, tenho um compromisso importante e não posso me atrasar.

– Que pena, pai, pensei que fosse conosco até em casa, Lucas vai ficar triste em não vê-lo.

– Diga a ele que papai mandou um beijo muito grande e que o ama muito.

– *Tá* bom, papai.

– Filha, quero que entregue este envelope para sua mãe, mas não esqueça: tem de ser assim que chegar em casa; ela vai gostar muito e me agradecer.

– Está bem, papai, vou entregá-lo.

Joaquim saiu levando em seu coração a alegria enganosa por ter elaborado um plano que acabaria de uma vez por todas com o sonho de Cecília; a ele somente importava ver realizado seu desejo insano de prejudicar a mulher que ousara desafiá-lo.

"Ela vai aprender a não me trair. Uma vez casada, sempre casada; não admito que se envolva com outro homem, nem que tenha me esquecido; mesmo que não a queira como minha mulher quero que fique sozinha, sem colocar ninguém em meu lugar. É assim que tem de ser."

Devemos acordar do orgulho excessivo, do egoísmo, da preguiça, da intolerância e da imprudência, antes que não tenhamos mais nada a perder, porque, muitas vezes, o que perdemos torna--se muito difícil reaver.[7]

Marilda entrou radiante em casa.

– Mãe! – exclamou, feliz, segurando em suas mãos a encomenda enviada por Joaquim.

– O que foi, filha? Qual a razão de tanta euforia?

– Mãe, papai esteve na escola e pediu que eu entregasse esse envelope para a senhora; deve ser alguma coisa boa, mãe, ele disse que a senhora iria gostar muito e agradecê-lo.

Cecília sentiu um tremor em seu peito. Sabia que tudo que vinha de Joaquim jamais seria uma coisa boa; ao contrário. Temia o que pudesse estar dentro daquele envelope.

---

7   Sônia Tozzi (NM).

— Pega, mãe – disse Marilda –, a senhora vai ficar feliz!

Insegura, Cecília pegou o envelope e foi para seu quarto.

— Vou ver em meu quarto, Marilda.

Receosa, ela abriu e seu coração disparou, causando-lhe forte dor no peito.

— Meu Deus, mas o que é isso?

Olhava sem acreditar no que via. Teodora, segurando o rosto de Francisco, beijava-o na boca. A primeira reação foi de ódio, depois de desespero, até que se entregou às lágrimas convulsivamente. Marilda, escutando o choro da mãe, sem saber o que acontecera nem o que fazer, lembrou-se de Júlia. Correu ao telefone.

— Júlia, sou eu, Marilda. Por favor, venha até minha casa o mais rápido que puder.

Assustada, Júlia perguntou:

— O que aconteceu, Marilda, alguém se machucou?

— Não! Papai mandou que eu entregasse um envelope para a mamãe. Assim que ela abriu entrou em desespero e está chorando muito, não sei o que fazer.

— Fique tranquila, estou indo.

"Meu Deus, Marilda é tão criança ainda e age como gente grande, essa menina é muito especial", pensou. "Vamos ver o que Joaquim aprontou."

Ao entrar no quarto de Cecília impressionou-se com o estado da amiga. Cecília parecia anestesiada, olhos inchados, vermelhos, expressão endurecida, nada lembrava a pessoa alegre e feliz em que ela se transformara desde o início de seu relacionamento com Francisco. Abraçou-a, aconchegando-a ao seu peito, e perguntou:

– Amiga, o que aconteceu de tão trágico que a deixou nesse estado?

Sem responder, Cecília entregou-lhe o presente que Joaquim lhe enviara. Ao ver a foto, Júlia ficou perplexa.

– Não pode ser, Cecília, isso não pode ser verdade! Ele está blefando!

Com um fio de voz, Cecília respondeu:

– Desta vez não está, Júlia. A foto diz por ela mesma, ninguém beija se não quiser, mesmo porque se ele se encontrou com Teodora foi porque quis, ninguém obriga ninguém a fazer o que não quer, principalmente beijar.

Pela primeira vez, Júlia não sabia como argumentar; o que Cecília dissera era o que ela também pensava. A foto comprovava o que acontecera. Sua cabeça estava confusa; nunca imaginara que Francisco fosse capaz de uma atitude tão baixa, tão desleal.

"Como a gente se engana com as pessoas", pensou. "E agora, o que vou dizer para minha amiga para aliviar seu sofrimento? Ela não merece sofrer dessa maneira, principalmente porque relutou muito até se entregar a esse relacionamento com Francisco, que sempre mostrou ser um homem correto, íntegro e sincero."

– Júlia, o que a mamãe tem? – ouviu a vozinha de Marilda preocupada com Cecília.

Segurando-a pelas mãos, disse com carinho:

– Marilda, vá distrair seu irmão, mamãe está um pouco triste, mas vai passar. Não se preocupe que eu vou ficar aqui até que ela se sinta melhor.

– Ela está doente?

— Não, querida, ela não está doente, apenas o coração dela que ficou um pouco triste, mas vai passar.

— Acho que ela não gostou do que papai mandou para ela. Ele me disse que ela iria gostar e até agradecê-lo, mas acho que ela não gostou.

— Querida, às vezes isso acontece.

— O papai é mau, ele fez a mamãe sofrer de propósito.

"Meu Deus, não posso deixar que essa criança tenha esse sentimento pelo próprio pai. Sei que Joaquim é um canalha, mas não posso permitir que ela se desiluda com ele, perca a confiança e o respeito, ela é muito pequena ainda para assimilar tudo isso."

Tomando fôlego, respondeu:

— Querida, seu pai não é mau, ele apenas se enganou e, sem querer, fez a mamãe sofrer.

— Se você está me dizendo, eu vou acreditar, ficaria muito triste se soubesse que meu pai é um homem mau.

Júlia deu um beijo em seu rosto.

— Vai brincar, Marilda, está tudo bem. Logo sua mãe estará refeita; depois vou preparar um lanche gostoso para tomarmos todos juntos, está bem?

Marilda foi ao encontro de Lucas.

— Cecília — disse Júlia assim que Marilda saiu —, você quer conversar sobre o assunto? Estou aqui para ajudá-la e a apoiar, vamos raciocinar sobre isso. Pode ser uma armação, não sei, também estou confusa a respeito, mas ao mesmo tempo acho que não é uma atitude condizente com o caráter de Francisco.

– Júlia, não vamos tampar o sol com a peneira, a foto diz tudo, não tem o que questionar. Não aceito nenhuma explicação para o que estou vendo, porque não existe justificativa. Mesmo sabendo que a amiga tinha razão, Júlia tentava de alguma forma amenizar o sofrimento dela.

– Você não acha que devia ouvir o que Francisco tem a dizer?

– Para que, para me humilhar? Ouvir a confirmação do que já sei? Não, Júlia, não quero vê-lo nunca mais, já sofri muito por causa de um relacionamento, não quero mais isso para mim. A partir de agora vou viver exclusivamente para meus filhos e levar minha vida trabalhando e proporcionando a eles uma vida digna e tranquila.

– Não fale assim, Cecília, você está sendo precipitada. As coisas, por mais agressivas que sejam, possuem dois lados quando envolvem outra pessoa; é preciso dar à parte acusada o direito de se defender, aí sim podemos fazer um julgamento justo.

Em prantos, Cecília respondeu:

– Pode ser que tenha razão, mas não vou conseguir encarar Francisco. Prefiro me afastar de uma vez, pois quando se perde a confiança na pessoa que amamos dificilmente ela volta, e não quero viver sempre insegura, desconfiando; basta o que sofri com Joaquim.

– Apenas acho que você está sendo impiedosa e tirando conclusões antes de ouvi-lo. Deve lhe dar, pelo menos, a oportunidade de se defender.

– Como você está fazendo, Júlia, defendendo-o mesmo sabendo que tenho em minhas mãos a prova de sua infidelidade?

— Não estou defendendo ninguém, acho até que é justa a sua indignação, mas, para que tudo ocorra dentro dessa justiça, penso que seria adequado ouvir o que ele tem a dizer.

— Não tenho condições nem estrutura emocional para dialogar com ele sobre um assunto que me machuca tanto! É evidente que ele vai se defender, é natural que seja assim, eu não quero mais me enganar. – Pensou um pouco e complementou: – Para mim esse caso está encerrado.

— Você é quem sabe, amiga, quero que saiba que estarei sempre ao seu lado, seja em que circunstância for.

— Sei muito bem disso, minha amiga, e agradeço.

Cecília e Júlia dirigiram-se à cozinha com o intuito de prepararem um lanche. Júlia se entristecia ao ver o abatimento que se apossara de Cecília.

"Pobre amiga", pensava, "outra grande desilusão em sua vida já tão marcada pela aflição. Não consigo compreender essa atitude de Francisco, realmente nada tem a ver com seu modo de ser, sua personalidade, seus conceitos; permita, meu Deus, que tudo isso não passe de um grande equívoco".

Cecília, observando o ar pensativo da amiga, disse:

— Posso até adivinhar o que está pensando, Júlia.

— Será?

— Está tentando entender tudo isso, não aceita a traição de Francisco, mas eu lhe digo que quando os olhos veem o coração sente e sofre, e o meu fechou-se diante de tanta decepção.

— Está certo, você adivinhou meu pensamento, mas não posso deixar de pensar que algumas vezes os nossos olhos nos enganam porque ignoramos as razões, a situação que se apresentou e, principalmente, o que preenchia o coração dos envolvidos. Por tudo isso, Cecília, volto a insistir que acho prudente ouvir a versão de Francisco antes de tomar qualquer decisão que poderá trazer arrependimento mais tarde.

– Por favor, Júlia, não insista nessa sua colocação. Como já lhe disse, para mim o caso está encerrado.

Foram interrompidas por Marilda, que, ignorando a realidade dos fatos, disse com alegria:

– Mãe, adivinha quem está aqui? O Francisco!

As duas amigas se olharam, cada uma com um pensamento diferente. Magoada, Cecília disse:

– O que ele quer, Marilda?

– Quer falar com a senhora. Por que está estranhando, mãe? Sempre fica alegre quando ele chega.

– Diga a ele que não tenho nada para conversar e muito menos interesse em ouvi-lo.

– Não precisa me dizer, Marilda, já ouvi.

Cecília deparou com a figura tão amada de Francisco; e, com todo o esforço, respondeu:

– Melhor assim, agora já sabe que não me interessa ouvi-lo nem vê-lo nunca mais!

Francisco empalideceu.

"Teodora foi mais rápida do que eu", pensou. "Cecília já deve saber o que aconteceu."

– Cecília, eu imagino a razão de sua agressividade e desconfiança, só lhe peço que me escute, me dê a chance de me explicar.

Júlia, julgando ser mais prudente deixá-los à vontade, pegou Marilda pelas mãos e disse:

— Vamos, Marilda, chame o Lucas e vamos tomar um sorvete.

— Que bom, vou chamá-lo.

Assim que se viram sozinhos, Francisco, com todo carinho, aproximou-se de Cecília e tentou se explicar:

— Imagino que Teodora já tenha falado com você sobre o mesmo assunto que gostaria de conversar.

— Ela não me falou nada, Francisco. Foi mais objetiva, enviou-me a prova.

— Prova? Como assim, do que você está falando?

Cecília estendeu-lhe a foto.

— Esta prova, Francisco. Por acaso você tem como desmentir, negar o que está estampado aqui?

Francisco pegou a foto e o que viu deixou-o sem reação. Não podia acreditar em tamanha maldade, entendeu que tudo fora planejado, e ele caíra feito criança.

— Não posso crer em tamanha sordidez. Creia em mim, Cecília, tudo não passou de uma sórdida armação feita por uma mulher sem escrúpulos. Cecília, vim aqui justamente para lhe contar o que aconteceu na verdade, fui vítima da leviandade de Teodora, mas pelo visto ela foi esperta o suficiente para chegar na frente e concretizar sua intenção.

— Você pretende negar o que estou vendo?

— Não! Mas pretendo explicar como tudo aconteceu, se você me der a chance e se dispuser a ouvir com serenidade, se for possível.

— Não perca seu tempo, Francisco, porque nada do que disser vai justificar ou apagar o que você fez comigo, sua traição infame. Meus olhos estão me mostrando a verdade. Só lamento ter me enganado com você e com suas palavras de amor de uma maneira tão ingênua. Não sei como fui me entregar totalmente a esse falso sentimento.

Francisco estava arrasado.

— Não fale assim, meu amor, você sabe que eu a amo, jamais a faria sofrer, jamais menti para você.

— Nunca mentiu para mim... Apenas me traiu! Para mim chega, Francisco, isso não vai nos levar a nada, não quero continuar me enganando, não posso fingir que nada aconteceu; portanto, é melhor você ir embora... Para sempre!

Tomado de profunda indignação, Francisco disse:

— Está bem, você não quer me ouvir. Mas acredita e está segura do que diz, tem certeza de que está tomando a atitude certa? Pensa realmente que sou capaz de uma baixeza dessas, é isso?

— Sim, é isso! — exclamou Cecília chorando.

— Isso me faz crer que, apesar de estarmos juntos há algum tempo, você não me conhece, pois caso contrário ouviria a minha versão, confiaria em mim, na minha palavra, no amor que sinto por você; em vista disso, Cecília, creio que você tem razão, é melhor terminarmos tudo agora mesmo. É uma pena porque poderíamos viver um amor de verdade.

Cecília sentiu faltar-lhe o chão, mas seu orgulho impediu-a de retroceder.

— Você tem razão, é melhor pararmos por aqui.

Com os olhos tristes, Francisco olhou a namorada demoradamente e antes de sair voltou a dizer:

— Realmente é uma pena que destrua uma história tão bonita como a nossa, Cecília, por conta do orgulho que não a deixa ouvir minha explicação. Com certeza, poderíamos ser muito felizes, mas respeito sua decisão.

Saiu deixando Cecília entregue ao pranto.

***

Júlia e as crianças encontraram-na ainda desolada, sem conseguir conter a dor que a machucava tanto.

— Por favor, conte-me o que aconteceu, Cecília — pediu Júlia.

Entrecortada pelos soluços, ela narrou toda a sua conversa com Francisco. Após ouvir com atenção, Júlia disse:

— Sinto muito, Cecília, mas Francisco tem razão, você deveria pelo menos ter sido mais sensível, dado crédito ao homem que você diz amar, permitindo que ele tivesse a chance de se explicar, e só depois tomado uma decisão. Faz-me crer que sua confiança no homem que ama não é tão grande assim.

Cecília não respondeu. Levantou-se e foi para seu quarto, entregando-se novamente ao desespero e à frustração de ver seu sonho despedaçado.

Enquanto isso, Francisco seguia seu caminho pensando em tudo o que acontecera.

"Teodora é muito sórdida", pensava, "como pôde planejar tamanha baixeza?".

Entregando-se aos seus pensamentos, tentava encontrar uma razão para tanta insensatez. Sofria terrivelmente e se esforçava para analisar em detalhes a situação.

Pensava em como poderia reverter os fatos; tentaria com afinco buscar a verdade, mostrar à Cecília o quanto havia sido injusta em não querer ouvi-lo.

– Ela não me deu a mínima chance, mostrou claramente que não confia em mim; julga-me capaz de tamanha leviandade, e é isso o que está machucando mais meu coração, mas vou lhe provar o quanto está enganada, demore o quanto demorar.

Joaquim comemorava o êxito do seu plano sórdido. Pensava na sua insensatez.

"Mais uma vez, Cecília, a vitória foi minha. Como sempre aconteceu, não sou homem de perder e, principalmente, de ser passado para trás", dizia a si mesmo com um sorriso sarcástico nos lábios.

Enquanto Joaquim se entregava ao seu delírio insano, Teodora, em sua casa, chorava indignada consigo mesma por haver cometido um ato tão vil.

"Quem na verdade sou eu, meu Deus, que se presta a este papel somente por não conseguir vencer o medo de enfrentar a maldade de Joaquim? Destruí a vida de duas pessoas que se amam de maneira que, provavelmente, não terá volta, e por conta disso sinto revolta de mim mesma. Sou fraca, não sei defender minha dignidade nem os meus ideais."

Os conflitos estavam instalados no coração dessas pessoas de tal forma, que somente a determinação de Francisco, sua ânsia em provar sua inocência poderia, se não retomar seu relacionamento com Cecília, pelo menos resgatar sua dignidade e seu caráter perante a mulher que amava.

Quando agimos sem pensar, por impulsividade, sem analisar as consequências de nossas ações, quase sempre sofremos reações de nossa imprudência. Não devemos deixar guardado dentro de nós o que temos de bom, de melhor em nossa personalidade. Em qualquer circunstância, devemos ser e agir exatamente da maneira que gostaríamos, agir conforme a nossa natureza e não pela natureza dos outros, influenciados, comprometendo-nos com atitudes banais e inconsequentes, evitando dessa forma o risco de termos de nos virar do avesso e nos tornar o oposto do que desejamos ser, atrasando o progresso espiritual.

A calúnia é como um monstro invisível que ataca o homem imprevidente, e aquele que calunia seu semelhante cava para si próprio as consequências do ato infame, levando-o a longo período de sofrimento.

***

Quinze dias se passaram.

Cecília em nada melhorara; continuava em profundo abatimento, alimentava-se pouco; perdera a vontade de sorrir e o brilho de seus olhos apagara-se; estavam opacos e sem esperança.

Seu lar, que revivera momentos felizes por meio da presença de Francisco, era apenas uma casa que abrigava a melancolia e a saudade.

Tudo mudara na vida de Francisco e Cecília.

Francisco não conseguia levar a vida com o mesmo entusiasmo de outrora. Perdera a esposa que amava e agora novamente provava a dor de uma separação. Não encontrava nenhuma possibilidade de provar sua inocência, e isso agredia sua dignidade e autoestima.

Teodora nunca mais o procurara, firmando cada vez mais na mente de Francisco que tudo fora planejado e o que menos existia em seu coração era qualquer vestígio de amor por ele.

"Acabou com a minha vida e desapareceu, para mim está provado que ela foi apenas o gatilho. Joaquim deve estar por trás disso tudo e a usou para disparar a dor e a desconfiança entre mim e Cecília", pensava sempre. "Sem ela não tenho como provar nada, não possuo nenhum elemento que possa me direcionar."

De repente, lembrou-se de Júlia e tomou uma decisão.

– Vou procurar Júlia, ela me conhece bem, sempre fomos amigos, preciso saber o que pensa de tudo isso.

De imediato, ligou para ela.

– Francisco! – exclamou Júlia, surpresa. – Não tive mais notícias suas, como você está?

– Oi, Júlia, você pode imaginar como estou me sentindo: completamente arrasado.

– Sinto muito, Francisco, que isso tenha acontecido, sinto mesmo por você e por Cecília, sou testemunha do quanto se amam.

– Júlia, você poderia se encontrar comigo? Preciso muito falar com você, sempre nos entendemos bem, confio em você, na maneira justa que analisa as coisas; enfim, gostaria muito de conversar com você, pode ser?

– Claro, Francisco, obrigada pela confiança, será um prazer falar com você. Diga-me quando e onde.

– Se possível agora, se for conveniente. Estou muito angustiado.

– Certo. Onde podemos nos encontrar? Estarei lá em um instante.

Tudo acertado, Júlia foi ao encontro de Francisco.

Ao avistá-lo, ela sentiu um aperto em seu coração. Cabisbaixo, cabelo em desalinho, nada fazia lembrar o homem determinado, seguro e otimista de poucos dias atrás. Percebia, mesmo sem se aproximar, que o sofrimento estampava-se em seu rosto.

"Meu Deus, como ele deve estar sofrendo! Não consigo aceitar naturalmente que ele foi capaz de cometer aquela traição, magoar Cecília de uma maneira tão intensa; penso que se fosse realmente como parece não existiria motivo para tanto sofrimento."

Entregue aos seus pensamentos, ela só se aproximou quando Francisco, notando sua presença, acenou com a mão chamando-a. Ao encontrá-lo, num ímpeto de sensibilidade ao seu sofrimento, abraçou-o com amizade.

– Meu amigo, o que está fazendo com você? Quer se destruir?

– Júlia, não tenho ânimo, não consigo me conformar com tudo isso que aconteceu; é um absurdo, estou completamente arrasado; não sei se por ter sido vítima de uma sórdida armação ou se pelo fato de Cecília não demonstrar confiança em mim, não querer me escutar, julgar-me capaz desse ato vil.

– Compreendo, meu amigo, imagino o quanto deve estar sofrendo. Vim ao seu encontro porque quero entender toda essa situação, ouvir sua versão; enfim, penso que você tem direito a uma explicação.

– Obrigado, Júlia, essa era a postura que eu esperava de Cecília! Mas sente-se, agradeço muito a sua delicadeza em me ouvir. Quero me abrir com você; preciso colocar para fora o que está me sufocando, falar para alguém como tudo aconteceu.

– Não precisa me agradecer, Francisco, tenho muito carinho por você e Cecília, e o que mais desejo é voltar a vê-los juntos e felizes novamente.

– Você é generosa, Júlia, esta é a razão por que sempre confiei em você.

– Então, Francisco, fique à vontade e fale o que achar necessário, o que quiser falar; não vou cobrar nada, você decide o que dizer.

Francisco, motivado pelo carinho da amiga e com emoção, narrou-lhe o acontecido com todos os detalhes: desde o telefonema de Teodora até o instante em que ela, sem que ele esperasse ou desconfiasse de sua intenção, segurou seu rosto e o beijou.

– Acredite, Júlia, não tive a menor intenção de beijá-la e nunca havia me encontrado com ela; só aceitei o encontro por acreditar que se tratava de algo relacionado à Cecília. A bem da verdade, nunca simpatizei com ela. Cecília sempre soube disso e sabia que eu não confiava nela, que duvidava de sua sinceridade quando dizia desejar retomar uma amizade perdida havia muito tempo. Essa moça surgiu do nada, e agia como se fosse íntima de Cecília.

– Estou perplexa, Francisco!

– Acredite no que estou lhe dizendo, Júlia, eu lhe peço, é a mais pura verdade.

– Fique calmo; acredito em você. Desde o início achei que essa suposta traição não combinava com seu caráter.

Francisco continuou:

– Quando tudo aconteceu resolvi que o melhor era contar para Cecília, queria que ela soubesse por mim, mas Teodora foi mais rápida e concretizou seu plano sem o menor constrangimento, sem a menor culpa.

Júlia, em silêncio, acompanhava a narrativa de Francisco. Por fim, disse:

– Só tem uma coisa que não consigo entender nesta história toda: como Teodora conseguiu tirar aquela foto se estava com você?

Francisco sentiu alívio ao ver que Júlia, assim como ele, também percebera aquele detalhe.

– É isso que estou me perguntando, Júlia, e encontrei apenas uma explicação.

– Qual?

– Teodora tem um cúmplice, alguém que, escondido, esperou o momento certo, tirou a foto e imediatamente foi revelá-la, finalizando o plano com o envio para Cecília por intermédio de Marilda, que, sem dúvida, era o meio mais rápido de chegar às mãos de Cecília. Não posso imaginar outra explicação.

– Claro, você tem razão, Francisco. Mas quem poderia ter ajudado Teodora?

– A única pessoa que tem interesse em destruir nosso relacionamento e conseguiria chegar facilmente até Marilda é Joaquim.

– Mas será que eles se conhecem?

– Isso não sei responder. Contudo, para mim está clara a participação de Joaquim nesta história toda. Ele nunca aprovou, nunca aceitou que Cecília se desligasse dele, é egoísta demais para permitir que ela seja feliz com outra pessoa.

– Meu Deus... Meu Deus! – exclamou Júlia. – É bem possível, pois foi ele quem levou o envelope e o entregou para Marilda. Ele é bem capaz de tanta baixeza, nunca teve escrúpulos e jamais aceitou saber que não era mais o alvo do amor e da fidelidade de Cecília. Você está certo, Francisco, matou a charada; esse é o caminho.

– Mas como provar para Cecília? Não tenho a menor ideia de como fazer isso.

– Precisamos pensar com calma, não podemos fazer nada que provoque mais desilusão ao já tão sofrido coração de Cecília.

– Pela intolerância com a qual Cecília agiu diante dos fatos, sem querer me ouvir, dando o caso por encerrado, sem ao menos se interessar em saber como na verdade tudo aconteceu, faz-me crer que será muito difícil convencê-la da verdade.

– Pode ser. O que é preciso fazer agora, Francisco, é tentar manter a calma e pensar em uma maneira de conseguir provar para Cecília que tudo foi uma armação, uma grande e bem elaborada mentira. Eu vou ajudá-lo, vamos conseguir desmascarar essa farsa.

– Faria isso por mim?

– Por você, por Cecília e em nome do grande amor que, sei, sentem um pelo outro. Mas é preciso pensar bastante para não errar e complicar ainda mais o que já está complicado.

– Claro!

– Vamos fazer o seguinte: analisar com prudência e bastante calma a melhor maneira de conseguirmos esta prova. Nesse ínterim vamos nos falando, mas, por favor, cuide-se. Sua aparência não é das melhores; é preciso adquirir força, ânimo para enfrentar a situação, e é bom começar cuidando de si mesmo.

– Tem razão, a carga foi pesada demais e acabei perdendo o ânimo.

– Acredito; mas como dizem a esperança é a última que morre, Francisco; portanto, não perca a oportunidade de reverter esta situação. Tudo voltará a ser como antes, é só uma questão de tempo e paciência.

Ainda um pouco desanimado, Francisco respondeu:

– Diz isso, mas mesmo que a esperança seja a última que morre um dia ela morre!

– O que está dizendo? Ela morre quando perdemos nossa capacidade de superação; são esses momentos que nos fazem perceber que somos mais fortes do que imaginamos;

Deus nos deu força, potencialidade para que possamos alcançar nossos ideais e objetivos mais nobres com confiança e perseverança, limpando nosso coração dos sentimentos que nos derrubam como o desânimo e o medo de lutar com dignidade pelo que temos de melhor dentro de nós mesmos.

– Júlia, você é uma pessoa especial!

– Não, Francisco, sou apenas uma pessoa que já foi atirada no fundo de um poço e que graças à confiança e à fé na Providência Divina conseguiu lutar e superar os problemas, o sofrimento e a angústia, retomando a dignidade.

Francisco ficou chocado com o que acabara de ouvir.

– Nunca imaginei que houvesse passado por tormentos dessa natureza.

– Nunca disse nada a ninguém, nem para Cecília, que considero minha irmã; não gosto de levar problemas para os outros quando estes já estão superados. Prefiro ajudá-los a superar os que são possíveis e que, muitas vezes, o orgulho os impede de perceber.

– Mas é possível resolver todos os problemas, Júlia?

– Evidente que não. Contudo, se uma pessoa consegue superar o que imaginamos impossível, é indício de que nós também podemos superar, se desejarmos emergir do sofrimento e nos esforçarmos para isso, conscientizando-nos primeiro que, não raro, o sofrimento, na verdade, toma proporções maiores pela nossa incapacidade de ver as coisas com os olhos do otimismo. Nosso coração, sem esperança, impede-nos de acreditar que dias melhores virão.

Francisco estava impressionado com as palavras de Júlia.

— Você se importaria de um dia conversarmos melhor sobre isso? Creio que tenho muita coisa para aprender com você.

— Então, um dia conversaremos melhor. Agora, se você não se importa, preciso ir; afinal, o trabalho me espera.

Júlia disse isso já tomada de grande emoção por relembrar os dias sofridos do passado.

— Claro, Júlia, quando você achar conveniente! Já fez muito por mim e agradeço de coração.

— Manterei contato, Francisco, vamos nos falando.

— Mais uma vez obrigado, Júlia.

— Não seja por isso.

Despediram-se.

Júlia seguiu levando em seu coração a lembrança de suas aflições pretéritas que se traduziam nas pequenas gotinhas de lágrimas que lhe desciam pela face, mas levava também a certeza da inocência de Francisco.

capítulo 10

A dor é consequência

Teodora ficava a cada dia que passava mais ansiosa e apreensiva. Não tinha nenhuma notícia de Joaquim. Em poucos dias, completaria um mês que o plano se concretizara e até aquele momento ele não a procurara para cumprir a palavra empenhada de devolver o documento que a comprometia.

— Acho melhor eu mesma procurá-lo, não posso deixar essa oportunidade de me ver livre desse mau-caráter.

Tomando a decisão, foi ao encontro dele.

— Teodora! — exclamou ele assim que a viu, exibindo uma alegria que estava longe de sentir. — Por onde andou?

— Não desapareci, Joaquim; esperei até hoje que me procurasse para cumprir sua promessa.

Joaquim, fingindo não entender o que ela dizia, perguntou:

— Promessa? O que é isso agora, eu lhe fiz alguma promessa?

O coração dela disparou; entendeu que a partir daquelas perguntas teria problemas. Com a fisionomia séria, retrucou:

– Por favor, Joaquim, não estou para brincadeira; portanto, não se faça de desentendido, sabe muito bem do que estou falando e espero que tenha caráter para honrar sua palavra.

– Teodora – disse, sarcástico –, não sei do que está falando.

– Vou refrescar sua memória: vim buscar o documento que você prometeu me entregar quando tudo estivesse resolvido. Pois bem, fiz a minha parte, Cecília e Francisco estão separados, e eu espero que cumpra a sua.

Cinicamente, ele afirmou:

– Teodora, como você é ingênua, precisa aprender a viver. Acreditou mesmo que eu iria entregar a você a minha garantia de tê-la sempre ao meu lado cumprindo as minhas ordens? Não sou tão tolo assim! Guardo a sete chaves aquele documento, pois nunca se sabe o dia de amanhã.

Teodora sentiu-se empalidecer. Novamente caíra na armadilha de Joaquim; outra vez deixará se enganar.

"Como sou tola", pensou, "ele não presta, é o pior ser humano que conheci".

– Cuidado, Teodora – refletiu Joaquim com ironia –, está tão pálida que pode desfalecer. Não quer se sentar, beber uma água?

– A única coisa que quero neste momento é me afastar de você e nunca mais vê-lo.

– Isso não será possível, minha querida, pois onde você estiver eu a acharei sempre que aparecer algum serviço para fazer para mim; é melhor não lutar contra isso, porque é assim que vai ser, a não ser que queira passar um bom tempo atrás das grades.

– Você vai me pagar, esteja certo disso!

– A única coisa de que estou certo é que você não poderá fazer nada contra mim. Primeiro, porque está em minhas mãos, segundo, porque mesmo que tentasse ninguém acreditaria em você pelo simples fato de não ter provas; portanto, vá embora, quero saborear ainda minha vitória. Quando achar que vai me ser útil eu a procuro.

Teodora dirigiu-lhe um olhar de ódio e pensou: "Você não sabe com quem está lidando; nem que eu leve minha vida inteira um dia vou desmascará-lo. Sou paciente o bastante para fazer isso". E, num ímpeto, ameaçou-o:

– Escute o que vou lhe dizer: com Cecília você não vai ficar, isso eu lhe garanto!

Joaquim soltou uma gargalhada.

– Mas quem lhe disse que pretendo ficar com ela? Não seja tola, Teodora, o meu intuito era afastá-la de Francisco, mostrar que ela não vai ficar com ninguém, e, mesmo que eu não a queira, estou satisfeito com isso; portanto, não tenho nenhuma outra intenção em relação a ela, a não ser que os dois voltem a ficar juntos, o que duvido, porque conheço Cecília muito bem.

– Você é um canalha! – exclamou Teodora, virando as costas e saindo.

"Meu Deus, não compreendo como fui me meter com esse cafajeste."

Vendo-a sair, Joaquim disse a si mesmo: "Teodora é tola o suficiente para não enxergar o que está diante do seu nariz".

Ela saiu levando em seu coração o desejo de vingança. Deixou-se impregnar pelas palavras de Joaquim e, não suportando a dor e o arrependimento que lhe ia à alma, permitiu que pensamentos destruidores povoassem sua mente. A dor pode destruir o homem imprevidente sem fé e esperança, mas também pode construir o homem quando este entende o porquê do sofrimento e quando confia que as coisas que o atingem só podem mudar se ele mudar primeiro.

Por meio da vingança, Teodora iria se igualar a Joaquim e cada vez mais se afastaria da dignidade que protege o ser humano de se perder.

Por mais que tentasse, Júlia não conseguia fazer Cecília se interessar em ouvir Francisco, saber como tudo acontecera; ela demonstrava que sua confiança no namorado era frágil o suficiente para impedi-la de agir com a prudência necessária.

– Não insista – dizia para Júlia. – A confiança quando se quebra não adianta querer colar, será sempre algo trincado, e eu não quero isso para mim; se eu tiver de ser feliz algum dia na minha vida quero que seja uma felicidade por inteiro.

Júlia não desanimava e insistia.

– Cecília, o que lhe peço é que apenas ouça a versão de Francisco, você pode se surpreender.

– Não, Júlia, não quero me magoar mais e gostaria que não tocasse mais nesse assunto; ele me traiu, isso é fato; depois, tenho meu amor-próprio, meu orgulho, e não vou implorar um sentimento que ele, hoje sei, nunca sentiu por mim. Na verdade, sou inteligente o bastante para ter consciência disso.

Júlia, inconformada com a teimosia da amiga, respondeu:

— Cecília, o orgulho é a maneira mais tola de mostrar inteligência; ele é, não raro, o responsável por muitas lágrimas que poderiam ser evitadas se agíssemos com humildade e compreensão pelos enganos alheios, porque as coisas nem sempre são como parecem ser a princípio, e o orgulho nos impede de ver onde está a verdade.

— Estranho você defendê-lo com tanto empenho; afinal, de que lado está?

— Do lado da verdade, do lado de vocês dois, porque sei o quanto se amam e não quero que sofram antes de tentarem se entender. Não se jogam fora momentos vividos com tanto amor sem pelo menos haver uma explicação.

— Meu Deus, Júlia! O que você quer que eu entenda, se meus olhos me mostraram tão claramente? Será que eles se enganariam a ponto de verem algo inexistente?

— Cecília!

— Por favor, não insista mais, eu lhe peço. Minha história com Francisco está encerrada, e é no baú das minhas lembranças que vou guardá-la para sempre, para que nunca esqueça o quanto fui ingênua, pois não quero cair outra vez em enganos que só vão me fazer sofrer.

— Querida amiga, desculpe, falei tudo isso, insisti apenas por não querer que você se arrependa mais tarde.

— Pode acreditar que não vou me arrepender.

— E Joaquim, tem visto ultimamente?

— Não sei a razão da pergunta — respondeu Cecília —, mas tenho visto sim. Aliás, ele me surpreendeu, tem me dado muita força, demonstrado muita amizade por mim; acha que eu não merecia a traição de Francisco e o melhor era me afastar dele sim, para evitar sofrimento maior.

"Que safado", pensou Júlia, "ele não perde tempo".

— O que ele achou de tudo isso?

— O que lhe disse: ficou indignado, deixou claro que nunca confiou em Francisco, na sinceridade dele, e que eu deveria esquecê-lo de uma vez para não sofrer. Ele pensa que foi bom ter acontecido antes de nos casarmos, assim o sofrimento é menor.

— Ele disse tudo isso, Cecília?

— Sabe, Joaquim afirmou que um homem conhece quando outro é dissimulado, voltado à traição, e Francisco deu sinais de ser exatamente assim; portanto, ele acha que devo dar por encerrada essa história.

— Joaquim é muito sábio, Cecília — afirmou Júlia ironicamente —, ele deve saber mesmo; afinal, é professor de infidelidade, deve conhecer todas as artimanhas para manipular e enganar as pessoas.

— Estou estranhando você. Qual a razão dessa indignação toda?

— Por favor, não posso crer que seja tão ingênua a ponto de acreditar em Joaquim conhecendo-o tão bem! Não consegue ver o que está tão claro diante dos seus olhos?

— Pelo amor de Deus, o que está querendo dizer, pode ser mais clara?

— Posso. Joaquim apareceu no exato momento em que você e Francisco se desentenderam. Não sei como ele ficou sabendo disso tudo, a não ser que você o procurou! Depois, ele se aproximou e se empenhou em impedir que você ao menos ouvisse a explicação de Francisco. Isso está me parecendo receio de que a verdade venha à tona.

– Que verdade?

– A verdade que você tem medo de ouvir: perceber o quanto agiu impulsivamente. Estranho esse interesse inesperado de Joaquim pela sua felicidade, pois ele nunca se interessou por nada que lhe dizia respeito. É estranho ter sido ele quem deu a foto para você por intermédio de Marilda! Como ele poderia fazer isso se não soubesse de antemão o que iria acontecer, e como a foto foi parar nas mãos dele? Ele conhece Teodora? Se conhece, deveria estar ciente da intenção dela, e, se estava, por que não a preveniu? Penso que tudo está muito estranho, cheio de perguntas sem respostas.

Cecília ficou pensativa.

– Não havia pensado em tudo isso que mencionou, mas mesmo assim o fato é que Francisco e Teodora estavam juntos, beijando-se, e isso não envolve Joaquim.

– Não devemos considerar que pode ter sido uma vil armação?

– Não, Júlia. Não vou complicar mais do que já está. É melhor esquecer de uma vez e retomar minha vida tranquila com meus filhos, não quero confusão.

– É a maneira mais simples e imprudente de encerrar uma vida que poderia ser feliz, Cecília, mas respeito sua decisão. Não deixe de repensar essa postura; quem sabe quando sua dor aliviar poderá enxergar com mais clareza e dar para Francisco a chance de se explicar. Analise com prudência, ligue os fatos à postura que Francisco sempre adotou em relação a você e às crianças, considere o sentimento que os une. Desejo tudo de bom para vocês, minha amiga.

– Obrigada, Júlia, você é a única amiga de verdade que tenho, a única em que confio.

Despediram-se com um abraço carinhoso.

Após a saída de Júlia, Cecília experimentou pela primeira vez, desde o fato que a magoara tanto, a dúvida. "Será que estou agindo certo?", perguntou-se. "Não consigo aceitar que tudo pode ter sido uma armadilha, o beijo entre os dois não deixa dúvidas. Quem pode obrigar alguém a beijar outra pessoa se não quiser? Acho que Júlia quer explicar o que para mim não tem explicação. É melhor deixar tudo como está."

Francisco sentiu-se renovado desde o dia em que conversou com Júlia; acreditava que a amiga poderia interceder por ele com Cecília.

"Preciso confiar nisso", pensava, "não posso imaginar a vida longe da mulher que amo, principalmente por obra de alguém sem escrúpulos como Teodora e Joaquim; tenho certeza de que este canalha está envolvido".

Analisava se seria prudente procurar Cecília novamente, tentar convencê-la a ouvir sua versão. Decidindo que seria o melhor a fazer, dirigiu-se até sua casa na esperança de que tudo se resolvesse.

– Mãe – gritou Marilda –, a senhora tem visita!

– Quem é? – perguntou.

– Acho que a senhora vai gostar. Não, não sei se vai gostar.

– O que é isso, Marilda? Diga de uma vez quem é!

– É o Francisco!

O coração de Cecília disparou, parecia querer saltar pela boca.

"Meu Deus, como vou chegar perto dele sem demonstrar meu sofrimento, o amor que não consigo sufocar, disfarçar a vontade de abraçá-lo?", dizia a si mesma.

– Mãe – ouviu novamente a voz de Marilda –, o Francisco está aqui!

– Já sei, Marilda, estou indo.

Olhou-se no espelho certificando-se de que estava bem, passou as mãos pelos cabelos, ajeitando-os, e se dirigiu à sala.

Os dois, quando se viram tão perto um do outro, mal conseguiam disfarçar a emoção e o amor que sentiam. O pensamento que povoava a mente de cada um era o mesmo: "Como posso viver longe de você?".

Recompondo-se, Cecília disse, tentando dar à própria voz um tom impessoal:

– Como vai, Francisco? Espero que esteja bem.

– Vou indo, Cecília, da maneira que consigo – respondeu sem tirar um instante os olhos da mulher amada.

Por um breve instante, Cecília saiu da defensiva e pensou: "Acho que ele ainda me ama; por que, meu Deus, foi acontecer tudo isso? Por que perdi minha felicidade?".

Voltou à realidade ao ouvir Francisco perguntar:

– E você, como está?

– Muito bem!

– Realmente? Como consegue estar muito bem quando nossa vida virou do avesso?

– Você foi o autor de tudo isso, Francisco, esqueceu?

– Cecília, ouça-me, eu lhe suplico que me dê uma chance de explicar como tudo aconteceu. Eu a amo e não quero perdê-la, não podemos fazer isso conosco, com nosso amor.

– Um amor que você não respeitou quando beijou Teodora, Francisco; traiu o nosso amor da maneira mais desrespeitosa possível, e a prova que aconteceu de verdade eu mesma vi, não foi ninguém que me contou.

– Cecília, pelo amor de Deus, eu posso explicar; será que você não confia nem um pouco no homem que diz amar?

– Confiava, Francisco, confiava muito, mas tudo desmoronou dentro de mim e eu não vejo nenhuma chance de retomar nosso relacionamento; portanto, não perca seu tempo tentando me convencer de que nada aconteceu, porque aconteceu, e isso você não pode negar.

Francisco sentiu uma dor profunda atingir seu peito.

"Se ela me amasse como dizia", pensou, "teria o bom-senso de me ouvir em vez de me acusar tão cruelmente. Todos têm direito à defesa, mas ela se nega tão fortemente a me ouvir que só posso pensar que nunca me amou de verdade. Talvez quisesse terminar e encontrou um motivo".

– Em que está pensando, Francisco? Ficou quieto de repente.

– Pensava na sua reação explosiva, Cecília, não condizente com o sentimento que afirmava sentir por mim; não quer lutar por nós, deu como verdade absoluta sem sequer procurar saber de fato o que e como aconteceu; enfim, em nenhum instante considerou a hipótese de eu ser inocente nessa história toda. Penso que encontrou um motivo para se separar de mim.

As palavras dele provocaram em Cecília uma enorme angústia. Ela não sabia o que fazer, seu coração lhe dizia uma coisa e sua razão, outra.

"Não posso desconsiderar o que vi", pensava, "não consigo encontrar explicação; é melhor dar um fim nisso tudo, assim evito sofrimento futuro, como diz Joaquim".

– Cecília, vamos definir nossa situação – disse Francisco. – O que pretende fazer?

Com a voz trêmula, ela afirmou:

– É melhor pararmos por aqui, sinto muito, mas é o melhor a fazer.

– Você quer dizer que...

– Quero dizer que está livre para fazer o que quiser, ficar com quem quiser; enfim, não temos mais nada um com o outro.

– Você pensou bem? É sua última palavra?

Ao ver sua indecisão, ele tentou mais uma vez convencê-la a lutar com ele em favor do amor que os unia.

– Cecília, todo dia somos testados pela vida. Se persistirmos em tentar, lutar contra a energia negativa e continuar a investir em nós mesmos, no que de verdade acreditamos e queremos alcançar, teremos êxito. Por tudo isso volto a lhe perguntar: é a sua última palavra?

– Sim, Francisco! Desejo que seja muito feliz com quem você escolher, siga a sua vida, eu vou seguir a minha.

Sentindo dentro de si uma enorme tristeza, Francisco finalizou:

— Se é o que quer realmente, não tenho mais nada a dizer, vou respeitar sua vontade; um dia ficará sabendo de toda a verdade.

— Nesse dia, então, procure-me, pode ser que eu o perdoe.

— Não, Cecília. Nesse dia você terá consciência do erro que cometeu, da história bonita que destruiu por conta de seu orgulho, mas, como você mesma disse, não terá mais volta.

Saiu, deixando-a entregue à dor de perder o homem da sua vida. Lembrou das palavras de Júlia: *O orgulho é a forma mais tola de demonstrar inteligência.*

"Será que fiz a coisa certa?", perguntou-se. "Agora é tarde, não vou voltar atrás; afinal, tenho a minha dignidade."

Francisco saiu entristecido, desanimado e inconformado com a situação. Pensava em tudo o que acontecera e que lhe tirara a oportunidade de voltar a ser feliz desde que perdera a esposa.

"Como pode existir tanta maldade, meu Deus? O que fiz de errado para merecer tanta injustiça? Por que Cecília não confiou em mim e deixou nossa história de amor acabar, sem ao menos querer conhecer a verdade?", perguntava-se sem conseguir encontrar resposta.

Pensava em tudo o que haviam vivido juntos: os sorrisos, a alegria ao lado das crianças, os passeios; enfim, não conseguia aceitar o fim do relacionamento, da família que sonhara construir ao lado de Cecília, que tanto amava. Tudo parecia irreal ao seu coração magoado.

Caminhou sem rumo, tentando acalmar a angústia que invadira seu coração.

"Preciso desabafar", disse a si mesmo. "Não posso continuar sofrendo desse jeito, sem ao menos tentar encontrar consolo, por menor que seja."

Lembrou-se de Júlia.

"Júlia! É a única pessoa que conheço, que é capaz de me entender e em quem eu confio para me expor totalmente."

Encontrando um pouco de ânimo, ligou para a amiga.

– O que foi, Francisco, por que essa voz tão sofrida? Aconteceu algum fato novo?

– Júlia, peço que me desculpe, mas preciso muito conversar com você. Poderíamos nos encontrar?

– Claro!

– Não vou atrapalhá-la?

– Francisco, um amigo nunca atrapalha quando nos procura a fim de buscar um apoio, posso imaginar até o que o fez ficar assim tão angustiado.

– Obrigado, minha amiga, sabia que podia contar com sua amizade. Podemos nos encontrar no lugar de sempre.

– Combinado, estou indo.

Mais animado, ele seguiu para o lugar combinado; em pouco tempo, Júlia chegou.

Francisco colocou-a a par do que acontecera.

– Fui mais uma vez tentar convencê-la a me escutar, Júlia; mas novamente ela não quis saber de nada e por fim deu por encerrado nosso relacionamento. Não consigo entender nem aceitar essa postura; não faz sentido sua teimosia, seu orgulho excessivo, nunca percebi esse lado de Cecília.

– É melhor dar tempo ao tempo, Francisco. Acredito que um dia a verdade virá à tona, porque, como dizem, a mentira um dia cai por terra. Teodora e Joaquim não vão conseguir sustentar por muito tempo essa armação.

— Mas quanto tempo, Júlia?

— O tempo que precisar, Francisco, para que todos possam se melhorar por meio do sofrimento e entender que a dor nunca é origem, mas sempre consequência. Na verdade, tudo se inicia e termina na hora certa, nem antes, nem depois; é preciso ter sabedoria e seguir, enriquecendo-se com a experiência vivida e se preparando para agir com mais prudência.

— Mas o que eu fiz de errado? — perguntou ele visivelmente abalado.

— Não sei, meu amigo, mas alguma razão há de existir que explique todo esse sofrimento, tanto para você quanto para Cecília.

— Tudo bem, mas e aqueles que puxam o gatilho para nos atingir com a dor?

— Vou apenas lhe dizer que sofre mais o agressor do que o agredido, e não falo somente desta vida, mas das experiências passadas em outras encarnações, e você sabe bem disso, Francisco, pois consolou Cecília por ocasião da morte de sua filhinha. Esqueceu como falou da espiritualidade, da certeza de que a morte é uma ilusão?

Completamente surpreso, Francisco falou:

— Júlia, pelo amor de Deus, do que você está falando? Lembro bem de ter falado sobre isso com Cecília, creio na vida futura, mas na realidade percebo que sei muito pouco, tão pouco que estou com dificuldade em aceitar de novo esse vendaval que caiu sobre minha cabeça. Poderia falar mais sobre o assunto?

ALMAS EM CONFLITO 193

– Falo de vidas passadas, Francisco, das experiências que todos temos por sermos seres circulares –, vamos e voltamos quantas vezes for necessário para conseguirmos promover nosso progresso espiritual. Você já tem conhecimento de que quando deixamos o corpo físico retornamos para nossa pátria verdadeira, sei que disse isso à Cecília, aliás, consolou-a com muita sabedoria. O que acontece com você é que está deixando que a dor de novamente perder a mulher amada impeça-o de raciocinar, mas é fato que recebemos de Deus a sagrada oportunidade de começar de novo e fazer as coisas com mais inteligência e sabedoria, promovendo assim o progresso espiritual. Aconteceu o que devia acontecer, não sabemos a razão, mas aconteceu, e o que você deve fazer é não se perder nem se afundar no desespero, porque a vida sempre vale a pena.

– É impressionante, Júlia. Quando somos atingidos pelo sofrimento geralmente esquecemos tudo o que aprendemos e dissemos com tanta certeza para outras pessoas. Está acontecendo comigo, afoguei-me na dor e não consigo ver mais nada que não seja meu sofrimento; mas foi muito azar Teodora ter aparecido em nossa vida!

– Francisco, eu aprendi que sorte ou azar depende do que vem depois; não sabemos o que Deus prepara para nós. Quanto ao que você está sentindo é natural, Francisco, somos seres humanos sujeitos a enganos; se as coisas não acontecem como imaginamos e sonhamos devemos procurar a felicidade de outra maneira, mas sempre dentro da moral e da força cristã.

Francisco sorriu e disse:

– Júlia, volto a repetir, você é uma pessoa muito especial.

– Como já lhe falei, Francisco, a vida e o sofrimento que me atingiu levaram-me ao desânimo e à angústia, que me desequilibraram e tiraram do meu coração a esperança; não conseguia ver solução, perdi-me em mim mesma.

Francisco sentiu grande dor naquelas palavras e perguntou-se o que teria acontecido para deixar aquela marca de dor no coração de Júlia.

– Diga-me, Júlia, o que você fez para retomar seu equilíbrio? Para voltar a viver com serenidade? Enfim, esquecer e enxergar a possibilidade de ser novamente feliz.

– Francisco, encontrei novamente meu equilíbrio, minha paz e a esperança de que tudo terminaria um dia e que eu poderia voltar a ser a pessoa feliz que era quando conheci os ensinamentos de Jesus. Estudei e compreendi sua palavra, entreguei-me na vontade de mudar minha postura diante da dor que me consumia, porque passei a entender a razão de as coisas acontecerem. Entendi que eu não era uma vítima, mas que, em algum momento da minha existência, em algum lugar do passado, deveria estar a causa de tudo e, por meio do estudo e da minha aceitação, consegui aliviar minha aflição e coloquei-a no passado, compreendendo que havia resgatado uma dívida que ficara pendente na minha história.

– Pelo que entendi, você deve ter passado por uma aflição maior que a que estou enfrentando; entretanto, é uma pessoa maravilhosa, equilibrada, amiga e feliz, sempre com conselhos nobres para ajudar as pessoas! Estou me sentindo envergonhado diante de você, mas sou sincero em dizer que ainda não consegui aceitar de verdade o que aconteceu; enfim, não superei a minha separação de Cecília. Não sei o que faço, Júlia, para arrancar essa angústia do meu coração.

– Calma, Francisco, dê tempo ao tempo, tudo se resolve na hora certa e para você também vai se resolver, nada dura para sempre. Aprendi que não devemos amaldiçoar nada que nos faz sofrer nesta vida, porque tudo está em acordo com nossa história. O sofrimento bem suportado, ou seja, sem revolta, nos direciona para o progresso espiritual, pois dessa forma estamos saldando as dívidas do pretérito. O dia sempre amanhece quando a tempestade passa; o sol volta a brilhar majestoso. Assim também é a nossa vida: um dia tudo volta ao seu devido lugar se lutarmos com as armas da esperança, acreditando que as coisas podem mudar se mudarmos a nós mesmos, nossos pensamentos e atitudes.

– Como você é sábia, nunca imaginei ouvir de você conselhos tão nobres! – exclamou Francisco realmente impressionado. – Você tem o poder de me acalmar.

– Não, Francisco, não tenho poder de nada, o mérito está em você mesmo, na sua aceitação e no entendimento de que viver sempre vale a pena. E mesmo que haja lágrimas devemos agradecer ao Pai pela permissão de estarmos aqui, cumprindo nossa tarefa e saldando nossas dívidas.

"Que mulher maravilhosa", pensou Francisco.

– Júlia, não quero ser insistente, mas poderia esclarecer melhor o que aconteceu com você?

– Um dia, Francisco; já lhe disse uma vez: no momento que eu achar conveniente, quando acreditar que poderá ser útil para ajudá-lo de alguma forma.

– Desculpe, respeito sua vontade, fale quando quiser.

Ela levantou-se e, sorrindo, disse:

– Preciso ir, espero que se sinta um pouco mais aliviado.

– Obrigado, Júlia, você é realmente uma grande amiga.

Abraçaram-se e ela partiu, sentindo o peso de suas lembranças.

capítulo 11

Felicidade se constrói

Teodora acordou sentindo em seu coração uma angústia que a machucava; sentia-se uma marionete nas mãos inconsequentes de Joaquim. Não entendia a razão de tanta manipulação.

"Sempre soube que Joaquim não era confiável, mas nunca imaginei que chegasse a ponto de tanta violência moral", pensava, "é muita armação, ele manipula as pessoas como se fossem brinquedos, nada o satisfaz. Meu Deus, quando vou me libertar e retomar a minha vida como sempre foi?".

Para cada pensamento negativo, nosso Deus tem uma resposta positiva, o que precisa ser feito é prestar atenção na resposta que surge na simplicidade dos pensamentos positivos e na disposição de se aliar ao bem.[8]

---

8   Sônia Tozzi (NM).

Levantou-se e, sem entusiasmo, dirigiu-se à cozinha. Ouviu o som do telefone.

— Só pode ser Joaquim para me ligar a esta hora da manhã!

Não se enganou; ao pegar o fone ouviu sua voz indesejada.

— Teodora — disse sem esperar que ela falasse uma só palavra —, esteja aqui o mais rápido possível, tenho uma tarefa para você.

— Diga pelo menos bom-dia, Joaquim.

— Se faz questão: bom dia! — respondeu de maneira irônica.

— O que você quer comigo? Hoje não posso, tenho um compromisso importante de trabalho.

— Teodora, não perguntei se você pode ou não, estou dizendo que venha o mais rápido possível. Aconselho-a a não me desobedecer, entendido?

— Você não presta, é um canalha!

— Sua opinião a meu respeito não me interessa, o que importa na verdade é que cumpra as minhas ordens; aguardo você —, disse autoritário, desligando o telefone sem esperar resposta.

A primeira reação dela foi jogar-se em uma cadeira e chorar copiosamente.

"Meu Deus, ilumine minha mente, mostre-me uma maneira de livrar-me desse mau-caráter; não quero me envolver nas trapaças dele, sofro terrivelmente pelo que fiz com Cecília e Francisco, mas não sei como me libertar de sua chantagem. O Senhor me conhece muito bem, sou muito imperfeita, vaidosa e erro muito, sei que nunca deveria ter me aproximado de Joaquim, fui fraca e não lutei, mas nunca prejudiquei ninguém, nunca feri os sentimentos de quem quer que fosse – por tudo isso lhe suplico ajuda, mostre-me uma saída, tenho medo do que ele possa querer agora. Dai--me forças para me libertar dele."

O pedido sincero jamais fica sem resposta, pois Deus conhece a cada um de nós e não se engana quanto ao pedido que é dirigido a Ele, que sabe distinguir os que saem do coração e que não são apenas palavras.

Com a orientação de Jacob, Hortência se aproximou de Teodora e emitiu energia salutar em todo o seu corpo físico e espiritual, acalmando-a e fortalecendo-a para que conseguisse encontrar dentro de si a melhor maneira de se libertar das algemas inconsequentes de Joaquim. As teias da maldade necessitam ser retiradas uma a uma com prudência e real desejo de libertação.

Teodora fechou os olhos e sentiu alívio para sua angústia.

"Preciso ser forte, tenho de lutar com a força da fé e coragem para preservar minha dignidade e meu caráter; em vez de desanimar, vou encontrar uma saída", pensou animada, "fui fraca ao me deixar envolver nas artimanhas de Joaquim, agora somente eu posso mudar esta situação."

Aprontou-se e saiu ao encontro dele

– Calma, companheiro, já lhe disse que tenho a pessoa certa para fazer o serviço, confie em mim. Quando foi que eu falhei em todos esses anos? Nunca! Ninguém nunca desconfiou das minhas atividades paralelas, nem minha ex-mulher desconfiou quando ainda estávamos juntos, por que agora este seu receio?

Ouviu-se do outro lado da linha:

— Sei disso, Joaquim, nunca tivemos problemas, mas desta vez estou achando arriscado demais, o volume é muito grande.

— Relaxa, não vai acontecer nada, eu lhe garanto; esqueceu que eu só entro em algum empreendimento para ganhar? Vai dar tudo certo, sempre deu, fique tranquilo; encontrei a pessoa certa para fazer o trabalho, competência é minha marca registrada! Afinal, quer ou não esquentar sua festa?

— Claro que quero, Joaquim, apenas estou receoso, sabe que meu nome não pode aparecer em nenhum escândalo.

— Não vai aparecer, e, se algo der errado, estamos fora, quem vai levar não desconfia e não poderá provar absolutamente nada, será um flagrante, meu amigo; portanto, fica tranquilo, sei o que estou fazendo, só não se esqueça de enviar o montante referente à encomenda.

— Quanto a isso não se preocupe, nunca falhei com a minha parte, sempre recebeu no ato.

— Então, está tudo bem! – exclamou Joaquim, desligando o telefone, sem perceber que Teodora, ao chegar, ouvira sua conversa.

Temendo a reação dele, ela voltou e, esperando alguns minutos, entrou. Assim que a viu, Joaquim exclamou:

— Olá, Teodora, esperava por você. Estou com uma encomenda para ser entregue com urgência, geralmente sou eu quem leva, mas estou com muito serviço e não posso me ausentar, quero que faça esse serviço para mim ainda hoje.

– Não vai adiantar argumentar com você, vai, Joaquim?

– Querida, sabe que não, mas tenho muita consideração por você e lhe peço apenas coisas banais, que até uma criança poderia fazer. Só estou lhe pedindo porque realmente não posso me ausentar.

Tentando ganhar tempo para pensar no que fazer, pois desconfiara do que poderia conter a encomenda, Teodora falou imprimindo à própria voz uma segurança que estava longe de sentir:

– Tudo bem, Joaquim, não tem problema algum, esta tarefa é melhor do que a que fiz com Cecília. Contudo, não vou poder ir hoje por conta do meu trabalho, já vou chegar atrasada e não tenho como pedir ao meu chefe que me dispense à tarde, mas amanhã, com certeza, poderei ir logo cedo. Está bem?

"É melhor não insistir, ela poderá desconfiar", pensou.

– Está bem, Teodora, pode ser amanhã. Vou lhe entregar a encomenda, passar o endereço e o nome da pessoa a quem deve entregar, mas entregue somente a esta pessoa, entendeu?

– Claro, Joaquim, não é nada complicado.

Contente por achar que tudo fora mais simples do que esperava, disse:

– Obrigado, minha amiga, você está me ajudando muito, estou com muito serviço. Sabe que não é fácil lidar com o mundo do *glamour*!

Pensou: "Ela é muito ingênua e distraída para desconfiar

de alguma coisa, não posso deixá-la escapar do meu controle".

Teodora sorriu e respondeu:

– Sei disso, Joaquim, você é mesmo muito ocupado, já que estou em suas mãos não posso negar, não é isso; portanto, fique tranquilo, cumprirei minha parte.

Recebeu o pacote muito bem embalado e devidamente lacrado, o endereço, o nome da pessoa, e saiu sob o olhar de vitória de Joaquim.

– Até que enfim encontrei a pessoa certa para trabalhar para mim, essa jamais desconfiará de nada.

Por sua vez, Teodora pensou: "Desta vez eu me livro de você, Joaquim, entendi muito bem o que suas palavras queriam dizer e desconfio do que seja esta encomenda; agora só preciso pensar o que fazer e com quem falar para me ajudar". Mais uma vez, elevou seu pensamento e pediu: "Errei muito, Senhor, mas quero me redimir, ajude-me a me salvar, mostre-me um caminho, a pessoa certa que poderá me orientar sobre como agir".

Hortência se aproximou de Teodora e inspirou-a.

– Teodora, procure a pessoa que poderá ajudá-la: Francisco.

No mesmo instante, Teodora se lembrou de Francisco.

– Francisco! – exclamou. – Ele poderá me ajudar. Mas como ele me ajudaria depois do que fiz? Prejudiquei-o, armando uma situação que acabou com seus sentimentos, separou-o da mulher que ama! Armei a pior situação para comprometê-lo perante Cecília e lhe causei sofrimento! Não, ele não vai me ajudar.

Hortência novamente inspirou-a:

– Tente, Teodora, não desista, procure Francisco.

"Talvez ele possa realmente me ajudar, mas como provar para ele que fui obrigada a fazer o que fiz? Como, meu Deus?"

– Sendo sincera, Teodora, abrindo seu coração e falando toda a verdade sem nada esconder, prontificando-se a falar com Cecília, colocando-se à disposição para consertar o mal que provocou; pedindo perdão. Francisco tem um bom coração, será sensível às suas palavras se elas realmente saírem do seu coração.

Teodora captou o pensamento de Hortência e imaginou ter tido uma ótima ideia.

"Acho que se eu falar para ele toda a verdade, contar como tudo aconteceu, como estou presa a Joaquim, como fui fraca e covarde a ponto de me submeter às suas armações, pode ser que ele me perdoe." Pensando assim, decidiu: "Vou tentar falar com ele, não tenho mais nada a perder; entretanto, posso ganhar minha liberdade se ele me ajudar a lutar contra Joaquim".

Chegando à sua casa, guardou a encomenda de Joaquim e de imediato ligou para Francisco.

Este, assim que ouviu a voz dela, perguntou surpreso:

– Teodora, o que você ainda quer de mim, não bastou o estrago que fez em minha vida?

– Calma, Francisco, ouça-me, por favor.

– Ouvi-la? Para que, se tudo o que tem a me dizer já posso imaginar e não faço nenhuma questão de saber?

– Não, Francisco, não é o que está pensando. Por favor, ouça-me, eu lhe suplico, encontre-se comigo e saberá que não existe nenhuma armação; pelo contrário, quero desfazer o mal que pratiquei contra você e Cecília, e me libertar.

Francisco estranhou a maneira como Teodora falou. Pensou um pouco e decidiu:

– Está bem, mas não vou sozinho, levarei uma amiga comigo, pode ser assim?

– Sem problemas, Francisco. Pode levar quem quiser, o que importa é que preciso muito falar com você, considero que seja importante tanto para mim quanto para você.

Teodora sentiu a desconfiança, o receio dele em se encontrar com ela, e não lhe tirava a razão – o que fizera lhe dava motivos de sobra para duvidar.

Combinando o encontro, sentiu-se aliviada e confiante.

– Obrigada, meu Deus, pelo auxílio, quero realmente me redimir de tanta leviandade; mesmo que ele se negue a me ajudar, pelo menos estarei livre do meu remorso, e essa será uma oportunidade de me libertar de mim mesma.

A calúnia é um monstro invisível, é uma sórdida trama cujo intuito é somente prejudicar o outro; fere a honra, a reputação e, não raro, torna-se difícil anular o estrago feito na vida do atingido. As consequências dessa infâmia propiciam à alma dos caluniadores, que aniquilaram a felicidade do semelhante, longo sofrimento. O arrependimento, a tentativa, o esforço empregado para consertar o estrago feito tornam-se um bálsamo para a criatura culpada, que alivia a consequência de sua imprudência, mas não anula o mal feito a outrem.

Os conflitos nascem da imprudência e da leviandade com as quais os desavisados levam a vida; enganam-se ao pensar que a vida é uma só e que é preciso ir em busca da felicidade a qualquer preço. A felicidade se constrói com o esforço do dia a dia, com o emprego das virtudes que engrandecem o homem; a felicidade não se faz por meio da infelicidade do próximo; não se conquistam méritos para usufruir do equilíbrio, da paz, da serenidade e da sabedoria, deixando atrás de si o sofrimento, as lágrimas dos atingidos pelo orgulho e egoísmo dos que vivem à mercê do acaso.

Teodora sentiu, ao mesmo tempo, alívio e receio; sabia que seria penoso confessar a sórdida armação, temia não ser entendida e muito menos perdoada; tinha consciência do quanto fizera sofrer Francisco e Cecília, mas precisava de alguém que a ajudasse a desmascarar Joaquim e aquela era a oportunidade; desconfiava que a encomenda não passasse de droga, e Joaquim, para não se comprometer caso fosse descoberto, usava-a, sem se importar com o que poderia lhe acontecer. Pensou em ir à polícia, mas o medo a impedia; precisava de um conselho, queria ouvir a orientação de alguém mais sábio que ela nesse assunto e não conhecia nem confiava em ninguém que não fosse Francisco, pois sabia do seu caráter.

"Como é a vida", pensou, "hoje preciso do apoio da pessoa que prejudiquei; que tudo isso me sirva de lição. Se conseguir me livrar desse crápula, da sua chantagem, vou embora daqui, voltarei para minha cidade, de onde nunca deveria ter saído; ficarei ao lado de meus pais e vou reconstruir minha vida com mais inteligência".

Apressou-se em ir ao encontro de Francisco.

capítulo 12

Júlia, uma amiga especial

De longe, Teodora avistou Francisco e Júlia.

"Desconfiava que fosse ela quem viria com Francisco; isso torna tudo mais difícil para mim, sei que ela sempre suspeitou da minha intenção quanto à Cecília", pensou. Respirou fundo e disse para si mesma: "Você não tem alternativa, vá em frente".

Aproximou-se e, cumprimentando-os, pediu licença para se sentar. De imediato, notou na fisionomia de Júlia o quanto ela a desprezava, mas não podia se intimidar, cumpriria sua resolução de esclarecer tudo, pois era a única oportunidade de conseguir se desligar de Joaquim. Ela errara e aquele era o momento de assumir seu erro. Francisco, por sua vez, olhou-a com indiferença, mas com certo ar de preocupação.

– Gostaria que fosse direto ao assunto – disse Francisco.

– Espero que seja o mais objetiva possível, pois tanto eu quanto Júlia não dispomos de muito tempo.

ALMAS EM CONFLITO 207

– Serei bem objetiva, Francisco, mas acredito que nossa conversa não será tão rápida como deseja.

Júlia interferiu:

– Espero que não venha com nova armadilha para Francisco, pois sempre acreditei na inocência dele; mesmo vendo aquela foto, sei que tudo não passou de um golpe sujo aplicado em um homem que em nenhum momento a prejudicou ou teve qualquer envolvimento com você.

– Calma, Júlia, sei que tem razão para se colocar na defensiva, mas, acredite, não vim aqui provocar mais estrago na vida de ninguém; ao contrário, vim tentar desfazer o que já fiz, pedir que me perdoem e implorar ajuda.

Júlia e Francisco olharam-se completamente surpresos.

– Não entendi – disse Francisco. – Pode repetir, por favor?

– Vim aqui, Francisco, pedir a você que me perdoe, quero lhe contar como tudo aconteceu e fazer o que quiser para desfazer este engano; estou disposta a ir falar com Cecília, se achar que vai adiantar.

– Mas você disse que veio também implorar ajuda. Em que posso ajudá-la?

– Primeiro preciso contar-lhe como tudo começou para entenderem por que preciso de ajuda. Se tiverem disponibilidade para me ouvir estou disposta a esclarecer de uma vez toda esta história.

– Pode começar, Teodora. Realmente me interessa saber o porquê de toda essa armação; por mais que pensei não encontrei motivo.

Teodora narrou como começou o seu envolvimento com Joaquim, a maneira como ela havia ficado presa a ele, suas ameaças caso ela não obedecesse às suas ordens; enfim, não escondeu nada.

— Vocês não podem imaginar como lutei para que ele desistisse de tamanha maldade; tentei convencê-lo a deixar Cecília em paz, mas foi tudo em vão. Não tive alternativa senão obedecê-lo, ser sua cúmplice nessa armação toda! Fui fraca, eu sei, mas tive muito medo de ser presa; ele é impiedoso o suficiente para colocar-me na cadeia.

— E depois de tudo isso você conseguiu se livrar da chantagem de Joaquim?

— Pior que não, Francisco. Quando pedi que me entregasse o documento, riu na minha cara e falou que por meio dele eu estaria ligada a ele e seria muito útil para realizar alguns serviços que só poderiam ser realizados por alguém de confiança, alguém que o obedeceria por medo de ir para a cadeia. Eu não roubei nada, por favor, acreditem em mim!

— Estou impressionada — disse Júlia. — Sabia que Joaquim não prestava, sempre duvidei do seu caráter, mas não imaginei que fosse tão canalha!

— Ele faz isso por vaidade, orgulho, não admite que Cecília possa trocá-lo por outro, mesmo não querendo ficar com ela.

Francisco retrucou:

— Quem age da maneira como ele agiu, envolvendo a própria filha, não respeitando limites, colocando-se acima do direito alheio, é um cafajeste capaz de qualquer coisa para obter o que deseja; é um ser perigoso, Teodora, e o melhor que você faz é se afastar o quanto antes, para não se envolver mais. Ainda não entendi... Na verdade, o que deseja?

– Primeiro quero consertar o estrago que fiz em seu relacionamento com Cecília, estou disposta a ir falar com ela, explicar tudo como aconteceu, quero dizer-lhe que em nenhum momento você a traiu, foi pego de surpresa, dizer-lhe também que nunca o amei, nunca tive o menor interesse em roubá-lo dela; enfim, que tudo foi um grande golpe de Joaquim para separá-la de você.

Júlia, que escutava com atenção, disse:

– Teodora, acho muito louvável que queira apagar as consequências desse ato infame, mas a calúnia, assim como a fofoca, não custa muito a se espalhar. E, depois que se espalha, seu dano jamais poderá ser reparado completamente. O coração atingido pela flecha da maledicência pode até se recuperar, mas as marcas permanecem como a madeira, que, se a cobrirmos de pregos, podemos retirá-los depois, mas os buracos sempre aparecerão.

Francisco olhou para Júlia. A cada encontro mais se surpreendia com a maneira como analisava os acontecimentos.

– Júlia, você possui uma maneira muito especial de ver as coisas, admiro muito o seu jeito de ser!

– Obrigada, Francisco. Como já lhe disse mais de uma vez, o sofrimento ensinou-me a ser assim, mas discordo da maneira como você julga que sou, pois também tenho meus conflitos.

– Todos têm conflitos, Júlia.

Teodora observava o diálogo dos dois. Julgou ter visto nos olhos de Francisco mais que admiração por Júlia.

"Esse relacionamento dos dois vai além da amizade", pensou.

Retomando o foco da conversa, disse:

– Então, Francisco, o que decide? Estou a seu dispor, basta me dizer o que quer que eu faça por vocês.

– Teodora, você ainda não falou sobre a ajuda que quer.

– É verdade! Joaquim me entregou um pacote exigindo que eu fosse entregá-lo a uma pessoa; disse ser uma encomenda para uma festa importante e eu tenho motivo para suspeitar que possa ser droga. Pensei em denunciá-lo à polícia, penso que é a melhor maneira de conseguir desmascará-lo e me livrar de suas chantagens; mas não sei como agir, pois estou presa a um documento assinado dizendo que furtei uma grande quantia em dinheiro para pagar uma dívida e, repito, não fiz isso, fui enganada cruelmente, fui ingênua o suficiente para cair nessa armadilha. Agora estou com medo de cair em outra mais pesada ainda, ou seja, tráfico de droga.

– Pode ser que seja mesmo o que suspeita – concordou Francisco, apoiado por Júlia.

– O pior é que não tenho tempo, preciso entregar a encomenda amanhã bem cedo; não sei o que fazer, sei que não mereço, mas, por favor, ajudem-me.

Francisco e Júlia se olharam e se entenderam pelo olhar.

– Está bem, Teodora, vou ajudá-la. Penso que o melhor será irmos à delegacia e expor tudo o que você nos contou ao delegado. Ele, sim, saberá o que fazer.

– Concordo com Francisco, Teodora. Mesmo correndo o risco de se comprometer, é o que deve fazer, pois assim evitará se envolver com coisa pior.

– É verdade, isso vai inocentá-la quanto ao envolvimento com a droga, imagino eu – afirmou Francisco.

– Podemos ir agora? Vocês me acompanham? – perguntou Teodora, temendo uma resposta negativa.

– Claro, vamos sim; mas onde está o pacote com a encomenda?

– Em minha casa, tirei-o do carro com receio de ser pega por algum policial.

– Então vamos buscá-lo para levá-lo à delegacia.

Assim que levantaram, Teodora olhou firme para ambos e disse com sinceridade:

– Não sei como agradecer-lhes, acho que dizer obrigada é muito pouco, mas tenham a certeza de que meu coração lhes pertence e que podem contar com minha amizade sincera sempre e em qualquer circunstância. Jamais esquecerei a generosidade de vocês.

– Fique tranquila, Teodora! Sabemos disso, todos nós erramos em vários momentos da vida. O importante é tomarmos consciência do erro, se arrepender e, de alguma forma, se empenhar em consertar o estrago feito a outrem.

– Vamos então? – perguntou Júlia. – Não devemos perder tempo.

– Vamos.

Seguiram para a casa de Teodora, que sentia grande alívio na sua angústia e gratidão por ter sido acolhida justamente por Francisco, a quem tanto prejudicara.

– Por que Francisco compreendeu e perdoou Teodora tão facilmente? – perguntou Tomás para Hortência.

– Porque, por meio da energia que emitimos para ele, conseguiu sentir sinceridade nas palavras dela. Foi tocado pelo sentimento de caridade pelos arrependidos. E todos nós sabemos que Teodora, a princípio, lutou para escapar das ameaças de Joaquim, porém não teve força suficiente para enfrentá-lo, foi fraca, mas em momento algum agiu com crueldade.

– É verdade – concordou Tomás. – Francisco apenas foi fiel à lei de amor, que nos ensina a importância do perdão.

– Ele não imagina, Tomás, mas será fartamente recompensado. Terá uma vida feliz ao lado da pessoa que vai amar e que também o amará incondicionalmente com a força da transparência dos sentimentos sinceros.

– Vamos acompanhá-los?

– Sim – concordou Hortência –, nossa missão ainda não terminou.

Teodora, Francisco e Júlia chegaram à delegacia. Atendidos pelo delegado, Teodora narrou-lhe toda a história sem nada omitir, disse-lhe que não tinha como provar sua inocência e que por essa razão cedera à chantagem de Joaquim. Apavorava-lhe a ideia de ser presa por algo que não cometera, disse ter sido fraca e leviana e que não tinha a menor ideia de que Joaquim fosse o canalha que mostrara ser depois.

– O que a faz suspeitar de que a encomenda se trata de tráfico de droga? – perguntou o delegado.

– Porque, quando cheguei à sua casa, escutei uma conversa ao telefone com a pessoa que espera a encomenda. Suspeitei do que se tratava, e posso lhe garantir, doutor, que não é a primeira vez que isso acontece.

– O que a faz pensar assim?

– O fato de ele dizer: "Alguma vez deu errado? Fique tranquilo, encontrei a pessoa certa para fazer o trabalho". Isso me faz suspeitar de que não é a primeira vez.

O delegado chamou o investigador.

– Anote este endereço. À noite, dirijam-se a esta residência e confirmem a suspeita. Em caso afirmativo, deem o flagrante.

– Doutor – disse Teodora –, e quanto a mim? O que vai acontecer? O senhor vai me prender?

– Claro que não, não tenho nenhuma denúncia contra a senhorita, apenas o que me disse. Vamos aguardar os acontecimentos.

– E o que devo fazer com a encomenda?

– Entregá-la ao destinatário. Precisamos de provas, e é o que espero conseguir. Na verdade, estamos já há algum tempo tentando descobrir o mandante de várias "encomendas" deste tipo. Quem sabe este seja o caminho!

– Quanto a mim, ficarei envolvida neste procedimento?

– Não, senhorita, vou considerar sua atitude de vir até aqui esclarecer, dar à polícia o elemento para agir. Isso para mim deixa claro o não envolvimento nesta questão.

Teodora sentiu-se aliviada. Olhou para Francisco e Júlia, e seus olhos lhes disseram o quanto estava agradecida pelo apoio.

– A senhorita está dispensada, mas fique à disposição para futuros esclarecimentos; é uma testemunha do caso e se precisarmos vamos chamá-la para depor.

– Posso ir entregar agora? Quero me livrar disso o mais rápido possível, mas receio que possa me acontecer alguma coisa.

– Não tenha receio algum, um investigador vai segui-la, não tem perigo. O que essas pessoas querem é que você faça a entrega; para eles o portador não interessa.

Saíram da delegacia. Francisco e Júlia despediram-se dizendo:

– Teodora, é melhor nos despedirmos, como o delegado disse você terá proteção; portanto, quanto menos pessoas, melhor, para não levantar nenhuma suspeita.

– Francisco tem razão, Teodora. Faça tudo com naturalidade e alegre-se porque a partir de hoje você está livre da chantagem odiosa de Joaquim. É claro que vai haver o flagrante e, a partir daí, mais cedo ou mais tarde chegarão até Joaquim.

– E quanto a você, Francisco, quando quer que eu vá conversar com Cecília?

– Entrarei em contato com você, Teodora. Vou pensar melhor em tudo.

– Saiba que estarei à sua disposição, é só me avisar.

Separaram-se e cada um seguiu seu caminho.

– Júlia, o que você acha de tudo isso?

– Acho que não me enganei quanto à sua sinceridade, Francisco. Sempre acreditei que você não seria capaz de uma traição dessa natureza.

– Pena que Cecília não acreditou em mim! – exclamou Francisco com tristeza.

– Ela estava magoada, é preciso entender a sua reação. Cada pessoa reage de um jeito diferente diante da diversidade, da decepção; enfim, ela não soube se controlar, quem sabe agora, sabendo de tudo, ela não reconsidera e vocês voltam a ficar juntos para continuar essa história de amor?

Francisco ficou entregue aos seus pensamentos e só voltou à realidade quando Júlia perguntou:

– Ei, amigo, dou um centavo pelos seus pensamentos.

– Júlia, preste atenção, estou pensando se vale a pena recomeçar tudo de novo com uma pessoa que precisou de provas para acreditar no homem que dizia amar; receio que possa ser assim sempre que ela duvidar da minha palavra, ou seja, precisarei provar tudo o que eu disser.

– Assim quem está sendo severo é você, Francisco.

– Não, Júlia, estou sendo realista; quero para minha vida um amor sem a fronteira da dúvida, quero ter da pessoa amada a confiança plena porque, caso contrário, estaremos sempre em conflito. Durante todo este tempo procurei-a algumas vezes, mas ela não quis nem me ouvir, seu orgulho falou mais alto que o seu amor por mim, terminou tudo com tanta certeza, que me faz pensar e questionar se realmente seu amor era sincero.

– De fato, não sei o que dizer, Francisco, apenas que torço muito para que vocês dois sejam felizes, não sei se juntos, mas que sejam felizes.

– Está perto de completar um ano que tudo aconteceu, Júlia, nem o tempo apagou sua mágoa; isso me surpreende.

– Você pretende pedir à Teodora que a procure e lhe conte toda a verdade?

– Decidi que não, acho que não vai valer a pena reconstruir o que desmoronou. Seria como juntar cacos que poderão se separar ao menor sopro de um vento mais forte.

– Você não queria provar sua inocência?

– Queria, mas isso foi tempos atrás, agora para mim não tem mais importância, é melhor ficar como está.

— Você é quem sabe, Francisco. Não quero pressioná-lo; ao contrário, respeito seu jeito de pensar, a vida é sua e somente você pode decidir o que vai lhe trazer equilíbrio e felicidade. Creio sinceramente que você encontrará, mais cedo ou mais tarde, seja ao lado de Cecília ou de outra pessoa, a felicidade que deseja e merece.

Francisco olhou a amiga com ternura.

— Obrigado, Júlia, você é uma pessoa especial e isso não vou cansar de dizer.

— É o seu coração generoso que me vê assim.

Despediram-se com um abraço fraterno.

— Falamo-nos depois — disse Francisco.

— Claro, amigo.

Júlia afastou-se e pela primeira vez deixou seus sentimentos virem à tona.

— Meu Deus, o que está acontecendo comigo? Estou gostando dele e não posso deixar esse sentimento se firmar em meu coração, seria uma traição à minha melhor amiga. Preciso vê-lo apenas como um bom amigo; como Cecília não conseguiu perceber o ser humano maravilhoso que estava ao seu lado!

Francisco caminhava lentamente e pensava, tentando coordenar seus sentimentos:

— Por que Cecília não pensa como Júlia? Por que se deixa levar por tanto orgulho, por que é tão radical? Receio que meu sentimento por ela já não seja tão forte assim depois de tanto tempo; acho que é hora de dar este caso por encerrado, definitivamente.

capítulo 13

Perdoar é uma dádiva

Teodora saiu da delegacia mais aliviada, mas ao mesmo tempo receosa em carregar consigo uma encomenda que tinha certeza ser ilegal. O que a acalmava era saber que o investigador a acompanhava de longe e a protegeria caso fosse necessário.

"Será que Joaquim chegou a ponto de se envolver com algo tão perigoso?", perguntava a si mesmo.

Rememorando todas as atitudes dele, suas chantagens, mentiras, armações, seu desrespeito pelas pessoas, achou que seria, sim, bem possível que estivesse envolvido.

– Que Deus me proteja, tenho medo do meu futuro!

Ao entregar o pacote para a pessoa recomendada por Joaquim sentiu uma sensação desagradável que não podia explicar. Tudo lhe parecia ser maior do que apenas uma festa, e o que desconfiava se confirmou quando o homem lhe disse:

— Diga ao Joaquim que isso não é o suficiente, esperava mais. Em todo caso, avise-o de que vou querer o dobro para daqui a quatro dias, você entende, não?

Sem saber o que responder, Teodora achou melhor concordar:

— Claro, darei o recado.

— Joaquim é esperto, arranjou mesmo um portador acima de qualquer suspeita. Você é uma lindeza, garota, não quer participar da nossa festa? Vai se divertir, encontrar pessoas descoladas, felizes, que gostam de gozar a vida, sentir prazer; enfim, você deve saber do que estou falando, não?

Teodora sentiu um mal-estar tão grande que receou desfalecer.

— Obrigada, senhor, mas não posso.

— O convite está feito, daqui a quatro dias faremos outra festa, quero que compareça – falou, autoritário. – Não estou acostumado a ser desobedecido, principalmente quando a pessoa me interessa.

— Preciso ir – disse Teodora, afastando-se sem dar chance de nova investida.

Ao entrar em seu carro, deixou que lágrimas aliviassem sua angústia e o medo que sentia.

— Meu Deus, aonde fui me meter!

Assim que se afastou da residência, dirigiu-se ao encontro do investigador, que a esperava. Contou-lhe tudo o que ouvira.

— Agora tenho certeza de que é realmente droga o que Joaquim enviou, e pelo que ele disse não é a primeira vez, pois já pediu outra encomenda para daqui a quatro dias.

Contente com o que ouvira, o investigador dispensou Teodora dizendo:

— Pode ir tranquila, agora é com a polícia, obrigado pelas informações.

— Desta vez vou me livrar para sempre de Joaquim; a partir de agora vou agir com mais inteligência para não cair em nova armadilha.

Lembrou-se de Francisco e Júlia.

"Preciso lhes dar a notícia", pensou. "Mas primeiro vou falar com Júlia, não quero dar nenhuma impressão errada a Francisco pelo fato de procurá-lo.

Júlia atendeu o telefone com cortesia.

— Fique tranquila, Teodora, tudo vai dar certo, agora é com a justiça que Joaquim vai se entender, você fez a coisa certa.

— Tenho receio do que poderá acontecer comigo depois que Joaquim mostrar o papel assinado por mim, Júlia.

— Teodora, tudo precisa ser finalizado se quisermos retomar a nossa paz. Enquanto esta questão não for resolvida você estará presa a ela, deixe que a justiça resolva. Confie e tenha esperança; não importa o que aconteça, o importante é você se libertar de tudo que a aflige.

— Você tem razão, agora não adianta me lamentar, preciso enfrentar a consequência de ter sido tão distraída a ponto de assinar uma folha em branco sem saber o que poderia ser escrito.

— Isso mesmo, Teodora, quando conseguimos resolver nossos conflitos adquirimos mais condições de recomeçar com mais inteligência.

— Tem razão, Júlia, agradeço sua generosidade em me ouvir; afinal, cometi erros graves dos quais me arrependo muito.

— Isso é o que importa, Teodora. Você se arrependeu e tentou consertar o estrago que fez na vida de duas pessoas, teve a humildade para se expor e se declarar culpada, e quem somos nós para julgar alguém? Desejo sinceramente que possa retomar seu equilíbrio.

— Mas ainda tenho algo a fazer, Júlia, e enquanto não resolver todas as questões não conseguirei me livrar dessa angústia.

— Posso saber do que se trata?

— Você ficará sabendo; quero lhe pedir que ponha Francisco a par de tudo o que aconteceu, pode ser?

— Por que você mesma não conversa com ele?

— Prefiro que você fale, não quero dar a ele nenhuma outra impressão que possa fazê-lo suspeitar de mim.

— Tudo bem, Teodora, falarei com ele.

Ao desligar o telefone, Júlia pensou:

"Parece que Teodora está mesmo com bons propósitos, precisamos acreditar nas suas intenções e vibrar para que tudo dê certo para ela!"

Perdoar os inimigos é pedir perdão para si mesmo; perdoar aos amigos é dar-lhes uma prova de amizade. Perdoar as ofensas é mostrar que se tornou melhor. Jesus recomenda reconciliação o mais depressa com o adversário, para evitar que eles se perpetuem nas existências futuras.[9]

---

9   Sônia Tozzi (NM).

Sem perder tempo, Júlia colocou Francisco a par dos acontecimentos.

– Parece que Teodora realmente caiu em si e encontrou forças para reparar sua imprudência – disse Francisco.

– Também acredito nisso. Ela me parece sincera, com vontade realmente de se redimir; é preciso lhe dar a oportunidade de concretizar seus propósitos.

– Tem razão, todos nós um dia cometemos desatinos, imprudências; enfim, somos frágeis, vulneráveis, e isso faz parte da nossa imperfeição. O importante é ouvir a nossa consciência quando ela nos adverte.

***

Teodora ouviu a voz irritada de Joaquim.

– Então – perguntou exasperado –, deu tudo certo? Entregou a encomenda para a pessoa certa?

– Claro, Joaquim, não precisa se irritar, tudo sem problemas.

– Você não abriu o pacote, abriu?

Cada vez mais Joaquim confirmava a suspeita de Teodora.

– Evidente que não, nunca questionei suas "ordens", como você diz!

– É melhor que seja assim, evitará futuros problemas.

– Ele mandou um recado para você, disse que precisa de outra encomenda para daqui a quatro dias, achou pouco o que você lhe enviou. Estou liberada?

– Por enquanto sim; quando a próxima estiver pronta eu a aviso. Parabéns pela sua competência. Trabalhando assim evitará problemas; você me entende, não?

— Entendo, Joaquim, cansei de debater com você, vou fazer o que me pede.

Joaquim sorriu.

"Até que enfim encontrei a solução dos meus problemas; Teodora é uma presa fácil, tão ingênua e medrosa que nem questiona; melhor assim!", pensou.

Teodora recebeu a intimação para comparecer à delegacia; assustou-se e teve receio do que poderia ter acontecido naquela noite.

— Sente-se, senhorita. Gostaria de ouvir seu depoimento a respeito de tudo o que denunciou e se confirmou.

Teodora repetiu novamente tudo o que havia relatado anteriormente. Assim que terminou, soube do procedimento adotado pelo policial, da prisão em flagrante por porte de drogas e, surpresa, soube da prisão de Joaquim como o traficante que há algum tempo a polícia investigava, mas ainda não tinha conseguido provas ou flagrante.

— A senhorita foi corajosa, dona Teodora, lidava com um dos mais perigosos traficantes; encontramos em sua residência um arsenal considerável de drogas pesadas.

— Como chegaram até ele?

— Invadimos a residência onde a senhorita deixou a encomenda e tudo se confirmou. Ele foi denunciado pelos próprios usuários, e fomos direto até sua casa, surpreendendo-o.

Com receio, Teodora perguntou:

— Doutor, e quanto a mim? A minha assinatura confessando que o roubei, mas que, volto a afirmar, sou inocente... O que vai acontecer?

— Fique tranquila, senhorita. Não vai lhe acontecer nada. Joaquim sabe que diante da gravidade da sua situação isso é uma insignificância. Tentou incriminá-la, mas percebeu a inutilidade, visto não haver, na realidade, assinatura alguma.

— Como assim? — perguntou Teodora surpresa.

— A senhorita assinou apenas Teodora. E existem várias pessoas com este nome. Se percebêssemos que se tratava de algo sério, poderíamos investigar por meio da letra, mas não é o caso; portanto, está livre; aconselho-a a ser mais atenta ao assinar papel em branco, pois quase sempre isso é uma armadilha.

— Meu Deus! — exclamou Teodora. — Como fui imprudente e distraída. Fiz coisas sem nenhuma necessidade, o medo foi maior que minha perspicácia. Fui fraca o suficiente para não lutar contra ele.

— Mas tudo chega ao fim — disse o delegado. — A senhorita nos ajudou a colocar atrás das grades um lobo em forma de cordeiro, pois, paralelamente, ele tinha uma empresa cheia de *glamour*, da qual ninguém suspeitava a verdadeira atividade.

— Posso vê-lo? — perguntou Teodora.

— Infelizmente não é possível, senhorita. Consideramos imprudente permanecer com ele aqui na delegacia e ele já foi levado para uma penitenciária onde há mais segurança; mas, se me permite dizer, dê este caso por encerrado e não se envolva mais com esse tipo de gente. Procure esquecer e retome sua vida com mais prudência.

Teodora levantou-se e, apertando a mão do delegado, disse:

– Doutor, obrigada por tudo, nunca vou esquecer a sua generosidade.

– Fiz apenas minha obrigação, senhorita; a experiência fez-me acreditar desde o início que a senhorita caíra em uma armadilha de um crápula.

– Mais uma vez, obrigada! – exclamou Teodora retirando-se.

Saiu da delegacia aliviada.

"Estou liberta; agora preciso fazer o que ainda falta: falar com Cecília."

***

Joaquim desesperava-se por estar preso.

"Como fui pego desse jeito? Subestimei a inteligência de Teodora", pensava. "Ela foi esperta em desconfiar da encomenda que lhe entreguei e foi direto procurar a polícia; sempre tive o cuidado de não deixar nenhum rastro e fui desmascarado por aquela ignorante depois de tanto tempo de atividade. Mas um dia eu saio daqui, tenho um bom advogado, e aí eu a pego de jeito, ela não perde por esperar!"

Cecília, assim que soube da prisão de Joaquim, da sua atividade como traficante, desesperou-se, sem saber como contar para as crianças.

"É muito sofrimento para elas, principalmente para Marilda, que adora o pai e confia nele cegamente. Não sei como explicar. Meu Deus, quando terei tranquilidade na minha vida? Por que tudo é tão difícil para mim? Nada parece dar certo; quando penso ter encontrado a felicidade sou atingida por um vendaval, que derruba toda a minha esperança de ser feliz! Agora Joaquim, que eu pensava ter melhorado, estar sendo sincero, querer realmente amparar a mim e às crianças, está envolvido com o tráfico, e não sei nem há quanto tempo! Meu Deus, quando vou me livrar desses conflitos?"

As questões que trazemos do pretérito precisam ser resolvidas para que possamos promover nosso progresso espiritual, o que não acontece se deixarmos pendentes enganos do passado; a oportunidade que recebemos do Criador de retornarmos ao mundo físico não deve ser desprezada, ao contrário, devemos lutar com dignidade e sabedoria, colocar nossa inteligência em movimento para resolver conflitos e alcançar assim a paz que almejamos. As leis de Deus são imutáveis e não podemos ir por atalhos, porque para o progresso espiritual não existem atalhos, e sim caminhos com obstáculos, os quais devemos vencer com coragem se quisermos quitar nossas dívidas e ir em direção ao Criador. Essa é a grande bênção que o Ele nos concede e que muitos desprezam imprudentemente.

Cecília foi tirada de seus pensamentos com a voz de Marilda, que, abraçando-a, perguntou:

– O papai vem hoje nos ver, mãe?

O coração de Cecília se apertou; não havia decidido ainda o que dizer.

– Eu acho que não, filha. Ele deve estar ocupado. Por que pergunta?

– Preciso dizer uma coisa importante para ele, mãe.

– Posso saber do que se trata?

— Sabe o que é, mãe, vai ter um café da manhã para comemorar o Dia dos Pais no colégio e todos precisam levar o pai. Eu preciso combinar com ele antes que marque outro compromisso.

Cecília abraçou a filha e, sem se controlar, chorou. Assustada, Marilda perguntou:

— Mãe, por que está chorando? O que eu disse que a senhora não gostou?

— Nada, filha, você não disse nada.

— Então por que está chorando?

Cecília considerou que seria melhor falar toda a verdade de uma vez, não adiantaria adiar o sofrimento, pois uma hora ela teria de saber.

"Vou lhe contar a verdade", pensou. "Apenas não preciso dizer sobre o motivo real, é muito para uma criança saber que o pai é um traficante, isso não vou falar."

— Filha, senta aqui bem ao lado da mamãe, preciso lhe dizer uma coisa que possivelmente vai fazê-la sofrer, mas nós duas juntas vamos nos dar força para superar mais essa aflição.

— O que foi, mãe? — perguntou Marilda, assustada.

— Marilda, você sabe que todos nós cometemos erros, enganamo-nos, muitas vezes, porque isso faz parte da nossa condição de ser humano. Somos frágeis e imperfeitos, já conversei isso com você, lembra?

— Lembro, mãe.

— Então, o papai cometeu um erro grande, foi imprudente e precisa pagar por isso, mas esse erro não anula o amor que ele tem por você e por seu irmão; é preciso não se esquecer disso.

– E o que foi que ele fez? É muito dinheiro que ele tem de pagar?

– Não, filha, ele vai pagar de outra maneira.

– De outra maneira... Mas de que maneira, mamãe?

– Ele vai ficar um tempo recolhido, sem poder vir ver vocês.

– A senhora quer dizer que ele vai ficar preso, é isso, mãe?

Cecília pensou em como a filha era esperta; admirava sua capacidade de entender as coisas mesmo sendo uma criança.

– Sim, filha, ele vai ficar preso, mas é só por um tempo, com certeza, seu advogado conseguirá arrumar um jeito de soltá-lo, mas não sei ao certo como funciona. Em todo o caso, enquanto isso não acontecer, poderemos ir visitá-lo quando vocês quiserem.

– Mãe, o Lucas não vai entender, vai sofrer muito!

– Eu sei, mas nós vamos dar a ele toda a atenção, tudo vai dar certo.

Após alguns instantes em silêncio, Marilda questionou:

– Mãe, o que o papai fez para ficar preso?

Cecília não sabia se devia ou não lhe contar a verdade.

"Como vou lhe explicar isso, meu Deus? Como dizer que a droga é um carrasco que atira seus usuários no fundo do poço e depois o mata sem piedade? Como fazê-la entender isso se o próprio pai leva sofrimento a famílias honradas, aniquilando o futuro de jovens que poderiam ter honra e dignidade? Como explicar que ele usufrui o dinheiro que consegue por meio das lágrimas de muitos pais? Como dizer que o pai dela é fornecedor do sofrimento, sem se importar com o rastro de dor que deixa atrás de si?"

– Mãe, a senhora não me respondeu: o que foi que o papai fez de tão grave?

– Oi, filha, desculpe, eu não sei ao certo, mas isso não importa, sabemos que seu pai vai ter tempo para pensar nas suas atitudes levianas e, se Deus quiser, ao repensar, com certeza perceberá o mal que fez a muitas pessoas e quem sabe mude a direção do seu caminho, respeitando mais o próximo e a si mesmo.

– Eu acho, mãe, que deve ser uma coisa muito grave, vou rezar para ele.

– Sim, filha, mamãe também vai orar por ele. Vamos fazer isso juntas.

– Mãe, já que o papai não vai poder ir ao colégio no Dia dos Pais, por que a senhora não pede para o Francisco ir comigo, como ele iria fazer no ano passado? Só eu não tenho pai para levar.

Ao ouvir aquelas palavras, Cecília não suportou e chorou abraçada a ela.

– Mãe, por que está chorando? É só pedir que o Francisco atende, ele sempre gostou de nós.

– Eu sei, filha, mas a mamãe não pode pedir uma coisa dessas para ele, não nos falamos há muito tempo, nem sei se ele ainda se lembra de nós.

Com o rostinho triste, Marilda perguntou:

– Mãe, a senhora nunca me contou por que brigou com ele. Eu e o Lucas gostamos muito dele, agora não temos mesmo nenhum pai!

O coração de Cecília mal suportou o que acabava de ouvir.

— Marilda, preste atenção no que mamãe vai lhe dizer: nunca tome atitude movida pelo orgulho, porque ele nos faz agir com imprudência, impede-nos de ouvir o outro lado da história, e, quando nos damos conta disso, é tarde demais; não conseguimos mais reaver o que desprezamos porque acabamos ferindo mais do que fomos feridos. Em tudo é preciso ouvir antes de tomar qualquer decisão, porque nem sempre as coisas são como parecem. Hoje eu sei bem disso, mas, infelizmente, não tenho mais como retomar o que perdi.

— Mamãe, eu não estou entendendo o que a senhora está dizendo. Acredito na senhora, mas quero apenas que peça ao Francisco que vá comigo ao colégio, só isso. Se a senhora diz que não podemos agir com orgulho, a senhora também não pode agir com orgulho, então pode pedir para ele.

"Meu Deus, essa menina tem um raciocínio de gente grande", pensou.

— Está bem, Marilda. Vou pedir para o Francisco ir com você na festinha do colégio.

— Que bom, mãe, tenho certeza de que ele não vai negar! — exclamou Marilda abraçando a mãe com entusiasmo.

"Preciso fazer isso por minha filha", pensou. "Preciso lhe dar essa alegria; vou falar com ele, é o momento de deixar meu orgulho de lado e pensar na felicidade dela."

Após tomar essa decisão, Cecília sentiu-se mais tranquila e por menos que gostasse sentiu em seu coração a alegria de rever o homem que nunca deixara de amar.

Dois dias após ela recebeu o telefonema de Teodora. Surpresa e indignada, respondeu asperamente à interrogação de Teodora perguntando-lhe se podia ir até sua casa.

– O que você ainda quer de mim, Teodora? Não bastou ter destruído meu relacionamento com Francisco, acabando com a minha felicidade, meu sonho de construir com ele uma família feliz? O que pretende agora, deliciar-se com minha solidão?

Mantendo a calma, Teodora respondeu:

– Sei que você tem todo o direito de reagir assim, Cecília; é natural depois de tudo o que lhe fiz. Mas o que lhe peço é que me receba e ouça o que tenho para lhe dizer, apenas isso, depois você decide o que fazer.

– Não sei, Teodora, não sei se conseguirei olhar para você, ouvi-la; enfim, não consegui tirar a mágoa do meu coração; apesar de já ter passado muito tempo, ainda sofro, não consigo esquecer a traição de Francisco e não o perdoo.

– Mas este sofrimento poderá acabar, Cecília, se me der oportunidade de explicar toda a situação.

– Não consigo entender que explicação é essa, o que conta é o que meus olhos viram, isso me basta.

– Desculpe, Cecília, mas você é mais orgulhosa do que pensei. É preciso ouvir as pessoas; se tivesse agido assim, talvez ainda estivesse com Francisco ao seu lado. Bem, se você não quer nem saber o que tenho a dizer não vou insistir, fico mais aliviada pelo fato de ter tentado, mas respeito sua posição, só questiono se você o ama de verdade, pois se o amasse lutaria por esse amor. Mas, pelo que percebo, seu orgulho, seu amor-próprio é maior, e é o que conta para você.

Cecília se surpreendeu com as palavras de Teodora; como uma pessoa que magoa outra destruindo sua vida podia falar daquela maneira, tentar anular tudo o que fizera? Tomou uma decisão:

– Está bem, Teodora, vou recebê-la, quero ver até onde você vai com esse discurso – falou, irônica. – Pode vir.

Fingindo não entender a ironia de Cecília, Teodora respondeu:

– Ótimo, Cecília, em uma hora estarei aí.

– Tudo bem! – exclamou Cecília. – Vou esperá-la.

Ao desligar o telefone, Cecília ficou questionando o que Teodora teria para lhe dizer.

"É melhor me acalmar e ficar bem atenta a tudo o que ela tem para me dizer; se ela pensa que vai me confundir, está muito enganada, não caio mais na maldade das pessoas, estou vacinada contra deslealdade."

Assim que a campainha tocou, Cecília recebeu Teodora polidamente e, convidando-a a entrar, ambas se acomodaram na sala.

– Pode falar, Teodora, estou escutando.

– Vou direto ao assunto, Cecília, sem usar meias palavras, mas relatando com todas as letras tudo o que na verdade aconteceu. Depois só dependerá de você acreditar ou não e tomar a atitude que achar conveniente.

Assim foi feito. Teodora contou desde o começo o seu envolvimento com Joaquim; as armações dele para separá-la de Francisco, usando de chantagem, e finalizou com os últimos acontecimentos que ocasionaram sua prisão.

– Eu nunca quis me intrometer na sua vida, Cecília, nunca quis nada com Francisco nem ele comigo, tudo não passou de uma sórdida armadilha da qual só consegui me livrar agora, recentemente, quando tomei coragem e procurei a polícia. Joaquim é um canalha, Cecília, manipula as pessoas, e eu fui tola o suficiente para me deixar envolver; portanto, venho lhe pedir perdão e dizer que Francisco é inocente nessa história toda; ele nunca traiu você. Se tivesse ouvido a explicação dele, talvez as coisas tivessem tomado outro rumo e vocês ainda estivessem juntos.

Cecília não conteve as lágrimas. Deu-se conta do quanto fora orgulhosa, e do quanto seu orgulho excessivo a impedira de ouvir a verdade. Teodora, percebendo o conflito avassalador que tomava conta de Cecília, disse:

– Procure-o, Cecília, tente resgatar seu amor, mas aja com o coração, com emoção, e não com a razão prisioneira do orgulho, do amor-próprio ferido, que a fez perder a pessoa que amava, seja humilde para admitir que foi fraca, impulsiva e intolerante.

– Nossa, Teodora, por que esse empenho todo em me ver novamente com Francisco? Isso é remorso?

Teodora notou a ironia de Cecília, mas não se incomodou; continuou firme no seu propósito de minimizar o mal feito aos dois.

– Sim, Cecília, é remorso, arrependimento, vergonha pelo que fiz, ou o que você quiser que seja; a minha intenção, a razão pela qual eu a procurei, eu acabei de lhe expor, agora é com você; somente você vai saber o que fazer, pois a vida é sua e a felicidade também, se souber agir com inteligência.

– E o que pretende fazer depois de tudo isso que viveu com Joaquim?

– Vou voltar para minha cidade natal; refleti bastante e cheguei à conclusão de que meu lugar seguro é ao lado dos meus pais, de minha família, e é para lá que vou voltar.

– Posso saber o seu endereço? Poderíamos nos comunicar de vez em quando.

– Melhor não, Cecília, para quê? Isso não tem a menor importância, mesmo porque não quero que Joaquim me encontre e isso pode acontecer se ele sair da prisão. É vingativo demais para me esquecer; portanto, é melhor que ninguém saiba onde estou.

Sentindo-se ofendida, Cecília respondeu:

– Não posso acreditar que passou pela sua cabeça que eu poderia entregar a Joaquim o lugar onde está! – exclamou Cecília.

– De maneira alguma, Cecília, sei que jamais faria isso, é uma pessoa nobre, não cometeria um ato tão leviano; é simplesmente porque não vejo razão alguma para eu fornecer a você meu endereço. Quero esquecer tudo o que vivi aqui e que me deixou marcas profundas.

– Você é quem sabe, Teodora, agradeço muito o fato de você ter vindo esclarecer tudo, foi muito corajosa; vou pensar no que me disse e espero tomar a decisão certa.

– Desejo sinceramente que de fato tome a decisão certa e, se me permite um conselho, tome muito cuidado com Joaquim, Cecília, ele não gosta de ninguém, é um homem perigoso que apenas manipula as pessoas.

– Sei disso, mas infelizmente ele é o pai dos meus filhos, e isso nunca vou poder mudar. Estou muito chocada com tudo que fiquei sabendo a seu respeito, sempre soube que era um egoísta, vaidoso; enfim, exibe poucas virtudes, mas daí a ser um traficante, chantagear... Isso nunca imaginei. Quero apenas proteger meus filhos para que não saibam a verdade, assim sofrerão menos.

– Você é quem sabe, Cecília; preciso ir, embarco daqui a três dias e tenho muita coisa para resolver. Posso lhe dar um abraço?

– Claro – respondeu Cecília.

Abraçaram-se amigavelmente e cada uma sentiu a seu modo que aquele talvez fosse o último encontro entre as duas, pois, a partir dali, cada uma percorreria o caminho traçado por si mesma.

capítulo 14

Felicidade, uma conquista da alma

Depois do encontro com Teodora, Cecília agasalhou a esperança de retomar seu romance com Francisco. Conscientizou-se de que havia sido intransigente com o homem que amava. Colocara um ponto-final em uma história de amor, sem dar a mínima chance de explicação.

"Como fui tola, meu Deus, não dei a menor oportunidade para Francisco se explicar, fui precipitada e impulsiva, acreditei que ele realmente poderia ter me traído; não confiei em seu amor e agora que soube de toda a verdade sofro por temer nunca mais tê-lo de volta."

Os pensamentos se confundiam em sua mente; tentava encontrar uma saída, mas ao mesmo tempo ela considerava a distância que se instalara entre ambos. Muito tempo se passara e Cecília temia que o sentimento de Francisco não fosse mais tão intenso como antes.

"Já se passou quase um ano", pensava. "Depois da sua última tentativa, na qual dei por encerrada definitivamente nossa história, ele nunca mais me procurou, é bem capaz que já tenha me esquecido, encontrado um novo amor."

Esse pensamento aumentava em seu coração a ansiedade e o arrependimento por ter sido tão orgulhosa a ponto de desistir da própria felicidade. É preciso acordar do orgulho excessivo; não raro, ele leva aquele que o sustenta à solidão.

"Hoje sinto o peso da solidão. Joaquim está preso, Francisco ausente, e meus filhos praticamente sem pai; não sei se devo procurá-lo, satisfazer o pedido de Marilda e ver se existe uma possibilidade de trazê-lo outra vez para mim."

– Mãe – ouviu a voz de Marilda –, a senhora já falou com o Francisco sobre a reunião da escola?

Surpresa e fragilizada, Cecília respondeu:

– Filha, não sei se devo fazer o que me pede, faz muito tempo que não o vejo, ele deve estar cheio de compromissos, não sei se seria prudente pedir algo desse tipo.

– Mãe, por que a senhora pensa sempre o pior? Deixe-o resolver se pode ou não ir comigo à reunião dos pais! A senhora está decidindo por ele!

Cecília não acreditou nas palavras de Marilda.

– Filha, como pode pensar assim? Você é ainda muito criança, onde aprendeu essas coisas que fala com tanta naturalidade e que, geralmente, são raciocínios de adultos?

– Não sei, mãe, elas vêm na minha cabeça e eu falo, é como se eu sempre soubesse o que dizer para a senhora. Eu também não sei por quê!

Hortência sorriu e falou:

– Os encarnados não têm consciência do quanto os espíritos interferem em sua vida, mesmo que seja por meio de uma criança, que tem uma ligação ligeiramente mais tênue com o corpo físico e pode ser mais sensível às inspirações espirituais. Por tudo isso, Tomás, é preciso viver de acordo com as leis divinas, pois somente agindo assim estarão em afinidade com os bons espíritos que inspiram o bem, a verdade, mostrando como prioridade o amor fraternal.

— Tem razão, minha filha, vou hoje mesmo falar com ele.

— Posso ir com a senhora?

— Não, Marilda, prefiro que não vá, quero aproveitar a situação e tentar conversar com ele assuntos de adulto.

— Está bem, mãe — concordou Marilda se afastando.

"Se tenho de fazer isso, que seja agora", pensou Cecília.

Pegou o telefone e assim que ouviu a voz querida de Francisco sentiu seu coração bater mais forte. Francisco, por sua vez, surpreendeu-se, pois jamais esperara que Cecília fosse procurá-lo.

— Cecília! — exclamou. — É você mesmo?

— Sim, Francisco, sou eu mesma! Como você está?

— Muito bem. E você, as crianças estão bem? Sinto muita saudade delas.

— Elas também perguntam muito de você, nunca o esqueceram.

— Mas a que devo a felicidade de ouvi-la?

"Meu Deus, será que ele ficou feliz mesmo?", pensou Cecília, esperançosa.

— Francisco, preciso muito falar com você. Poderíamos nos encontrar?

— Mas claro! A hora que você quiser.

– O mais rápido possível! – exclamou, brincando em seguida: – Senão perco a coragem.

– Nossa, precisa de coragem para falar comigo?

– Desculpe, Francisco, mas sei que tem inúmeros motivos para não querer se encontrar comigo, e eu vou entender se não quiser.

– Pare com isso, Cecília, por que eu não iria querer? Se não deu certo nosso relacionamento não quer dizer que não podemos ser amigos, estarei sempre pronto para ouvi-la e ajudá-la, se for o caso.

Cecília sentiu a decepção lhe invadir o coração.

"Meu Deus, ele falou em amizade", pensou. "Sinto que cortou qualquer envolvimento que ultrapasse a amizade; mas mesmo assim vou tentar", decidiu.

– Está bem, Francisco, estarei esperando você no mesmo lugar que costumávamos nos encontrar, dentro de trinta minutos; está bem para você?

– Claro, estarei lá dentro de trinta minutos.

Cecília se arrumou com esmero. Queria impressioná-lo com sua aparência, ele sempre lhe dissera o quanto era bonita e atraente; precisava fazê-lo recordar, trazer de volta o passado, os dias felizes que vivera ao seu lado e que, por imprudência, não defendera.

"Hoje tenho plena consciência do quanto fui egoísta, orgulhosa; deixei a minha vaidade cegar os meus olhos, impedir-me de ver a pessoa maravilhosa que tinha comigo. Joguei por terra uma felicidade promissora apenas por orgulho de me sentir traída, não dei chance alguma para sua defesa, e hoje tremo só em pensar que ele não me quer mais."

Francisco chegara primeiro que Cecília, e ela, assim que se aproximou, sentiu voltar à tona todo o amor que tentara sufocar durante aquele tempo.

"Preciso me controlar", pensou. "Não posso me rebaixar demais, pois, se ele não me quiser, não sairei tão inferiorizada, preciso manter minha autoestima."

Cecília não percebia, mas seu orgulho ainda estava dominando seu sentimento; o receio de ser rejeitada fazia com que se colocasse na defensiva; na realidade nunca se entregara plenamente ao seu amor por Francisco. Este, assim que a viu, levantou-se e foi ao seu encontro:

— Cecília, que prazer em vê-la, há quanto tempo não nos vemos!

— Tem razão, Francisco, quase um ano!

— Você continua linda como sempre!

— Obrigada, você também está ótimo!

— Vamos nos sentar.

Acomodaram-se. Cecília, ainda um pouco tímida, perguntou:

— Francisco, não estou mesmo atrapalhando você?

— O que é isso, Cecília! Você nunca vai me atrapalhar, sempre terei tempo e prazer para falar com você. Mas o que quer falar comigo? Eu a senti um pouco receosa; aconteceu alguma coisa que a está preocupando?

— Francisco, fico meio constrangida em falar sobre isso, mas estou atendendo a um pedido de Marilda.

Estranhando, ele perguntou:

— Pedido de Marilda? Não faço ideia do que possa ser.

Em poucas palavras, Cecília colocou-o a par do que se tratava.

– É isso, Francisco, ela sabe que o pai está preso, mas não sabe o verdadeiro motivo, acho que é muito forte para uma criança entender.

– Você tem razão, Cecília, por mais que Marilda seja esperta, é ainda uma criança.

– Concordo. No momento ela só quer um pai para acompanhá-la na festa do colégio no Dia dos Pais. Estou muito constrangida em pedir-lhe isso, sei que não tem mais motivos para satisfazer os desejos de meus filhos, porém ela insistiu, confia tanto em você que não tive coragem de negar. Peço desculpas por ter invadido sua vida, que deve ser atribulada, mas quero que compreenda meus sentimentos de mãe. Se você não puder ou não quiser, não se acanhe em dizer, vou entender perfeitamente, pois sei que é um direito seu; sei também que nada o obriga a fazer o que ela deseja. Eu apenas estou atendendo ao pedido de uma criança que não sabe ter limites e pensa que se pode pedir tudo a um amigo.

Francisco pensava enquanto Cecília falava.

"Meu Deus, ela não mudou em nada; continua agindo na defensiva; desde que nos conhecemos sempre se colocou em alerta, até que se entregou ao nosso amor depois de toda a minha insistência."

Reparando que Francisco nada dizia, Cecília perguntou:

– Então, Francisco, você não me diz nada?

– Se você deixar, vou dizer sim, vou dizer, por exemplo, que Marilda está certa, os amigos de verdade sempre estão prontos para ajudar uns aos outros quando a amizade é alicerçada em um sentimento forte e verdadeiro. Ela sabe muito bem que o sentimento que sempre nos uniu, a mim e às crianças, é real, e foi por esse motivo que ela nem questionou se eu aceitaria ou não, e ela estava certa, eu vou acompanhá-la na sua festinha com o maior orgulho de pai.

"Meu Deus, foi este homem que eu perdi, mas vou tentar recuperar seu amor por mim", pensou Cecília.

– Francisco, na verdade tinha muito receio da sua reação; afinal, não temos mais nenhum vínculo um com o outro, eu não poderia esperar esta atitude que tomou; não sei como lhe agradecer.

– Agradeça apenas com um lindo sorriso, Cecília, o mesmo que tanto me encantava.

– E que não encanta mais? Francisco, já que estamos conversando em um clima de amizade, gostaria de lhe dizer que estou muito arrependida da atitude que tomei; fui injusta, tirei-lhe qualquer oportunidade de explicação, estava muito magoada e gostaria de pedir a você que me perdoasse.

– Mas eu já a perdoei, Cecília. Não faz mais sentido retomarmos esse assunto após tanto tempo; o que passou, passou, não é assim que se fala?

– Mas para mim ainda não terminou, quero lhe dizer que confio plenamente na sua inocência, o sentimento que sentia por você continua o mesmo; conversei com Teodora e ela me explicou como tudo aconteceu; hoje sei que você foi envolvido em uma trama sórdida, não teve nenhuma chance de se defender; portanto, quero lhe pedir que volte para mim, vamos reviver nosso grande amor!

Francisco sorriu com tristeza. Tomou fôlego e respondeu:

– Sinto muito, Cecília, nosso tempo já passou.

– Por quê?

– Porque na sua desconfiança pude perceber que você na realidade não me conhecia, pois, caso contrário, saberia que jamais seria capaz de trair você de maneira tão indigna, jamais duvidaria de minha palavra, que, aliás, nem quis ouvir.

– Mas hoje eu confio plenamente, Francisco, dê-me outra chance.

– Cecília, você confia porque Teodora contou-lhe os fatos como aconteceram de verdade, caso contrário, ainda estaria questionando minha suposta traição. Precisou de provas, do testemunho de outra pessoa, e tudo isso me faz acreditar que, se nos unirmos novamente, estará sempre desconfiando das minhas atitudes, e eu não quero isso para mim. Quero sentir que a pessoa que está ao meu lado me ama o suficiente para jamais duvidar de uma só palavra minha.

Cecília sentiu faltar-lhe o chão.

– Francisco, você não me entendeu. Estou lhe dando oportunidade de novamente ficarmos juntos, não justifica sua reação.

– Cecília, não é minha intenção magoá-la, mas sofri uma dor muito profunda quando percebi que não confiava em mim nem um pouco, quando deu por terminada nossa relação; eu a amava de verdade, tentei me reaproximar de você mais de uma vez, sem obter sucesso; quase um ano se passou, Cecília, e o tempo acalma todas as dores, dá-nos todas as respostas e nos traz nova oportunidade para encontrarmos a felicidade se estivermos abertos para isso; aconteceu comigo. Hoje sinto meu coração bater mais forte por outra pessoa, alguém que me confortou, incentivou, sem nunca mencionar outra razão senão a de tentar amenizar minha dor. Alguém muito especial, que respeita o meu tempo e que de verdade nem desconfia que meu sentimento por ela ultrapasse a amizade.

— Posso saber quem é, Francisco? Eu a conheço?

— Prefiro nada dizer a respeito, Cecília. Mesmo porque quero que ela saiba por mim e não por outra pessoa, seja quem for.

Cecília experimentou mais uma vez a dor da perda.

— Desculpe, Francisco, fui uma tola em pensar que ainda me amava depois de tanto tempo, fui mesmo muito pretensiosa, mas, acredite, quero que seja muito feliz e que ela, seja quem for, possa ser mais inteligente do que eu, percebendo o grande ser humano que você é e que, infelizmente, fui orgulhosa demais para enxergar.

— Sinto muito, Cecília, e quero muito, de verdade, que encontre alguém que também a faça feliz. Quanto à festinha da Marilda, diga a ela que estarei lá ao seu lado, muito feliz, é só não se esquecer de me dizer o dia e a hora.

— Obrigada, Francisco, agora preciso ir.

Abraçaram-se e Francisco disse:

— Podemos ser amigos?

— Claro, podemos ser amigos — respondeu Cecília, sentindo seu coração apertar.

Separaram-se. Francisco, vendo-a partir, pensou: "Por que não soube lutar por nosso amor, Cecília? Poderíamos ser muito felizes, mas agora é tarde; confiança quando se perde é como um vaso de cristal que se quebra, por mais que se tente colar, sempre será um vaso trincado".

Cecília, indiferente ao que se passava na cabeça de Francisco, também questionava toda aquela situação.

"Não imaginei que depois de tanto tempo meu coração ainda batesse tão forte por ele! Agora é tarde, devo seguir o meu caminho enquanto ele segue o dele, e que possamos ser felizes; ele, com certeza, será, enquanto eu..."

Marilda, ao saber da decisão de Francisco, exultou de alegria.

– Não falei, mãe? Sabia que ele não negaria, ele gosta da gente! Agora vou à festinha com meu pai igual a todo mundo.

– É, filha, você vai sim, igual a todo mundo – repetiu Cecília com tristeza.

Cecília fechou-se em seu quarto e desabafou sua tristeza; lágrimas sentidas escorriam por sua face demonstrando a dor que lhe comprimia o peito.

"Por que, meu Deus, fui tão severa com Francisco? Perdi a grande e talvez única oportunidade de ser feliz de verdade com uma pessoa que, agora sei, jamais agiria com falsidade; ao contrário de Joaquim, que nunca soube e jamais saberá o que é amar realmente; que se envolve com procedimentos ilícitos, levando a dor e a desgraça para os lares de pessoas honradas."

As lágrimas desciam copiosas pelo seu rosto, deixando seus olhos avermelhados e inchados. Recordava-se dos momentos alegres que passara ao lado de Francisco, momentos esses que ficariam gravados para sempre em sua memória.

Enquanto acreditara na traição de Francisco seu orgulho a sustenta; seu amor-próprio ferido escondia o sentimento que permanecera em seu coração. Agora, a partir da descoberta de que tudo não passara de uma armação, de um terrível engano, sofria a dor da separação, culpava-se pelo vendaval que lhe trazia angústia e arrependimento.

"Consegui suportar essa dor por todo esse tempo, mas agora tudo voltou com a força de um mar revolto, trazendo à tona meus sentimentos que me ferem como uma lâmina afiada, principalmente por saber que tudo está perdido para sempre. Francisco não me quer mais, seu coração já pertence a outra pessoa; joguei minha felicidade ao vento."

Ao lembrar que Francisco afirmara estar interessado por outra pessoa, Cecília questionou quem poderia tê-lo ajudado a enfrentar seus momentos de dor e aflição. Devia ser uma pessoa muito especial!

"Ele não quis me contar quem é, talvez seja alguém que eu conheça."

Pensou por alguns instantes e, como se tivesse feito uma grande descoberta, refletiu, surpresa: "Claro, essa pessoa só pode ser Júlia, ela é uma pessoa especial. Sempre tem palavras sensatas para tirar as pessoas do desespero, está sempre pronta a auxiliar quem precisa, dar conselhos sensatos; enfim, eles se conhecem o suficiente para Francisco ter procurado seu apoio".

Mais uma vez, deixou-se envolver por um sentimento de mágoa.

— Ela não pode fazer isso comigo, somos amigas, seria uma traição se envolver com o homem que amo.

As palavras de Francisco voltaram à sua mente e ela pensou: "Que bobagem a minha, estou indo longe demais, pode não ser Júlia, ele disse que a pessoa ainda não sabe dos sentimentos dele. Se for ela realmente, ainda é inocente, não tem conhecimento do que está acontecendo no coração dele. Vou tirar isso a limpo, porque, se for ela, não vou perdoá-la, isso é certo".

Mais uma vez Cecília agiria com impulsividade, dando vazão aos sentimentos menores que a prendiam em seus laços.

Foi até o telefone e assim que Júlia atendeu convidou-a a ir até sua casa.

— Preciso muito falar com você, minha amiga, pode vir até aqui?

Sempre solícita e amiga, Júlia respondeu afirmativamente.

— Estarei aí daqui a pouco, Cecília.

— O orgulho — disse Hortência a Tomás — é um elevado conceito que alguém faz de si mesmo; é um estado da alma que aniquila todo sentimento de humildade, coloca a pessoa que o abriga na condição de superioridade em relação aos outros e faz a pessoa se voltar para si própria, esquecendo-se de Deus. A criatura não pode pretender ser tudo; deve entender que é apenas uma parte de um todo, uma parte da maravilhosa criação divina, e que tem de respeitar todas as outras partes que compõem o universo, mesmo que esta seja apenas uma partícula. Cecília, mais uma vez, vai se deixar envolver pelo engano de se julgar traída e novamente vai se julgar vítima, se confirmar que Júlia é o alvo do amor de Francisco. Novamente vai perder a alegria de usufruir uma amizade sincera, pois deixará de respeitar o livre-arbítrio de cada um, a liberdade que todos possuem de fazer as próprias escolhas.

— As pessoas não percebem que são elas mesmas que atraem para si sofrimentos que poderiam ser evitados se agissem com mais prudência.

— Tem razão, Tomás. O ser humano ainda está longe de entender isso, porque está sempre correndo em busca da realização dos seus desejos e não percebe as armadilhas do caminho que provavelmente o arrastarão ao sofrimento. Não se deve buscar a felicidade a qualquer preço, mas sim conquistá-la com esforço diário, com prudência e amor ao próximo. Felicidade é uma conquista da alma, e, quando se está em harmonia com as leis divinas, ela se faz presente.

Cecília esperou Júlia com ansiedade.

capítulo 15

Conflitos não são eternos

Júlia encontrou a amiga agitada. Não sabia do seu encontro com Teodora nem com Francisco.

"Cecília está angustiada", pensou. "O que terá acontecido para deixá-la nesse estado?"

– Amiga, o que aconteceu para você estar tão nervosa, agitada, é por causa de Joaquim?

– Não tem nada a ver com Joaquim, Júlia. Aliás, quero que ele pague por todo o mal que me fez e também às pessoas que se envolveram com esse mau-caráter. Eu sempre soube que ele não tinha caráter, mas daí a ser um traficante, Júlia, isso não aceito, pois ele desrespeitou seus filhos e as mães que choram pelo vício de seus filhos, vício esse que ele alimentou em troca de dinheiro.

– É, Cecília, também penso como você; foi uma enorme surpresa saber do envolvimento dele com o tráfico de droga; sempre suspeitei da sua falsidade, de suas intenções egoístas; mas ser um traficante realmente nunca poderia supor.

– O que mais me dói, Júlia, é a decepção de saber que em nenhum momento ele pensou nos filhos, no quanto eles vão sofrer quando descobrirem a verdade, pois um dia isso vai acontecer, por mais que eu esconda.

– Não precisa mais esconder a verdade, mãe. – Surpresas, ouviram a voz de Marilda: – Eu já sei quem é meu pai!

Quase sem voz, Cecília perguntou:

– Você o que, Marilda? O que está dizendo, minha filha?

– Estou dizendo que não precisa mais esconder de mim que papai é um traficante.

Cecília sentiu seu mundo desmoronar. Com voz trêmula, voltou a perguntar:

– Filha, quem disse isso a você?

Chorando, Marilda respondeu:

– Na escola todo mundo já sabe, mãe.

– Mas como ficaram sabendo, minha filha, são todos crianças!

– O pai da Lidia comentou em sua casa com a mãe dela que havia visto no jornal uma matéria sobre meu pai e ela ouviu, chegou à escola e contou para todo mundo.

– Meu Deus, que maldade!

– Mãe, não quero mais ir à escola, eles estão me chamando de filha de traficante; eu não gosto mais do meu pai, ele mentiu, nunca gostou de mim nem do Lucas. Por que a senhora não me falou a verdade sobre ele, por que também mentiu para mim?

Cecília sentiu que o mundo estava desabando sobre sua cabeça, pensava que em tudo agira de uma maneira equivocada e que já era hora de fazer as coisas com mais prudência. O seu silêncio incomodou Marilda, que, aconchegando-se em seu colo, disse:

– Mãe, perdoe-me, não quero deixar a senhora triste, acho que mentiu tentando me proteger, eu amo a senhora e não quero ver essas lágrimas em seu rosto.

Com esforço, Cecília respondeu:

– Filha, perdoe-me, eu não menti, apenas omiti a verdade para evitar um sofrimento maior para você e o Lucas, essa foi a minha intenção. Considerei que a verdade era muito pesada para seu coraçãozinho infantil; minha preocupação era amenizar seu sofrimento de saber a verdadeira razão de seu pai estar preso.

– Eu não gosto mais dele e não quero que ele seja mais meu pai.

– Filha, não fale assim, seu coração está magoado, mas continua amando seu pai, depois conversaremos melhor sobre isso. Agora, vá brincar com seu irmão, mamãe precisa conversar com a Júlia.

– Está bem, mamãe!

Assim que Marilda saiu, Júlia, aproximando-se da amiga, disse:

– Cecília, não se desespere, tudo isso vai passar, não perca a confiança em Deus, somente Ele nos mostra a direção a seguir. Para isso, basta apenas não perder a fé e calar nossa voz para ouvir a Dele. Os sofrimentos e os conflitos não duram para sempre, um dia eles vão embora e a tranquilidade volta a nosso coração, se permitirmos que isso aconteça e não ficarmos presos à mágoa de nos sentirmos enganados.

Cecília olhou para a amiga de tantos anos e pensou: "Meu Deus, não posso julgá-la, não tenho nenhuma evidência do seu envolvimento com Francisco, é a melhor pessoa que conheci em toda a minha vida, sincera e verdadeira, não deve saber nada a respeito dos sentimentos dele, mesmo porque sou eu quem está fantasiando, ele mesmo não revelou nada. Se eu quiser que as coisas melhorem em minha vida, terei de mudar primeiro, essa é a realidade que eu devo aprender".

– Posso saber em que está pensando, Cecília? Ficou silenciosa de repente. O que na verdade a está preocupando?

– Desculpe, Júlia, sou mesmo uma sonhadora, fico imaginando coisas e acabo confundindo a realidade com o sonho; não é nada, estou apenas muito triste com a situação dos meus filhos, de Marilda que não quer ir mais à escola; enfim, não sei o que fazer.

– Concordo que realmente é uma situação bem difícil, minha amiga, mas é nesta hora que devemos lembrar com toda a nossa fé que temos um Pai que jamais abandona seus filhos, e buscar dentro de nós mesmos as respostas para nossos questionamentos. Trazer Jesus para o pensamento, permitir que Ele tome parte dos nossos momentos de aflição, nos faz mais fortes e corajosos, porque passamos a sentir no âmago do ser que o amor de Deus nos acompanha.

– Você falando assim, Júlia, acalma meu coração. Faz-me esquecer dos meus enganos, que me deixaram como herança a solidão e a saudade de um amor perdido.

Júlia ficou surpresa.

– O que você está dizendo, Cecília? Está se referindo ao Francisco? Ainda pensa nele?

– Senta aqui perto de mim, Júlia, quero lhe contar uma coisa.

Atendendo à sugestão de Cecília, Júlia sentou-se próximo a ela.

– Diga, minha amiga, o que lhe traz angústia além do problema de Marilda?

– Júlia, Teodora me procurou e contou-me tudo exatamente como aconteceu naquela época, afirmou seguramente a inocência de Francisco. Acreditando nela, telefonei para ele e marcamos um encontro.

– E aí? – perguntou Júlia, sentindo seu coração bater um pouco mais forte.

– Abri meu coração e contei-lhe tudo, meu sofrimento, a saudade que sentia dele, o amor que ainda sinto; enfim, disse que acreditava na sua inocência e que o perdoava, estando disposta a recomeçar nosso relacionamento.

– E ele, o que respondeu?

Cecília relatou a Júlia tudo o que Francisco lhe dissera; ao término, Júlia falou:

– Amiga, o que você esperava que ele dissesse, você esperou quase um ano para procurá-lo e só o fez após Teodora confirmar sua inocência, contar-lhe como tudo aconteceu. Provou mais uma vez sua desconfiança na palavra dele, acreditou na palavra de Teodora e não na dele, que, a bem da verdade, você nem quis ouvir.

— Só depois percebi isso, Júlia, mais uma vez fui imprudente ao falar, e agora sei que tudo acabou definitivamente.

Sendo fiel à sua natureza, ao seu coração amoroso e sincero, Júlia disse a Cecília, mesmo sentindo aflição em seu peito:

— Pode ser que não, Cecília. A mágoa pode passar, ele pode reconsiderar a posição que tomou e, a partir daí, voltar atrás é apenas um passo. Existe sim uma grande chance de ficarem juntos outra vez, principalmente agora que ele sabe que você ainda o ama; é só uma questão de tempo.

— Não, Júlia, não existe chance alguma.

— Posso saber por que fala assim?

— Ele me disse que está interessado em outra pessoa, mas que ela não sabe ainda que o sentimento dele já ultrapassou o limite da amizade. Pela maneira como falou, deu para perceber que ele está realmente gostando dessa pessoa.

Com o coração batendo mais forte, Júlia perguntou:

— Ele não disse de quem se trata?

— Não. Não quis dizer antes de falar pessoalmente com ela. Estranho, não?

— Quer dizer que a pessoa em questão ainda não sabe dos seus sentimentos?

— Sim, Júlia, pelo jeito que ele falou, não.

— Não sei, Cecília, pode até parecer estranho, mas acho que ele tem razão, é melhor falar primeiro com a pessoa, definir a situação, pode ser que ela não corresponda.

— É, pode ser. Sabe que no primeiro momento pensei se tratar de você? Mas, analisando melhor, vi que não faz sentido;

você não me trairia dessa maneira, ou estou enganada? – inquiriu-a, olhando-a nos olhos.

– Claro que não. Cecília, mesmo porque jamais pensei nessa possibilidade.

Dizendo isso, Júlia pensou: "Mesmo querendo muito".

– É, minha amiga, não sei quem é a minha rival. Se for eu o alvo do amor de Francisco, sinto muito, mas vou lutar de verdade por ele, mesmo que seja contra você.

– Cecília – disse Júlia –, desculpe o que vou lhe falar, mas penso que não tem mais o direito de exigir nada de Francisco, pois foi você quem quis acabar com o romance. Foi intransigente o suficiente para colocar fim à sua felicidade; agora, não pode reclamar se ele estiver gostando de outra pessoa, nem considerá-la sua rival.

Entristecida, Cecília admitiu:

– Tem razão, não tenho mesmo, sei que ele pode fazer o que quiser da sua vida, namorar quem lhe aprouver, mas não aceitaria se essa pessoa fosse você! Seria traição demais!

– Não concordo, Cecília, se vocês não possuem mais nenhum envolvimento amoroso, nenhum vínculo que possa uni-los, não tem o direito de reclamar de nada nem de culpar ninguém.

Cecília estranhou a maneira como Júlia defendia Francisco, uma pessoa que ela nem sabia quem era.

"Ela está falando de um modo que me faz pensar estar interessada em Francisco", Cecília falou para si mesma. "Mas não vou falar nada por enquanto, vou deixar as coisas acontecerem; quero ver aonde isso vai chegar."

– Bem, Cecília, vejo que está mais calma, mais tranquila; em vista disso, se não se importar, preciso ir. Caso se sinta desconfortável novamente é só me telefonar, sabe que pode contar comigo sempre.

– Sei disso, minha amiga, obrigada por ter vindo.

Abraçaram-se e despediram-se.

Ao sair da casa de Cecília, Júlia sentia em seu peito um turbilhão de sentimentos que, ao mesmo tempo que a deixava esperançosa, deixava-a temerosa de não ter mais nenhuma chance com Francisco.

"Quem será essa pessoa em quem ele diz estar interessado? Por que fui me deixar envolver justamente por ele?", pensava. "Nossa convivência despertou-me um sentimento que vai muito além da amizade! Contudo, se por um lado eu for a pessoa que ele disse estar gostando, por outro isso vai gerar em mim um grande conflito com relação a Cecília. Não posso tirar conclusões, pois seriam precipitadas; é melhor deixar as coisas acontecerem a seu tempo."

Em sua casa, Cecília, assim como Júlia, também analisava a situação.

"Alguma coisa me diz que a pessoa a quem Francisco se referiu é a Júlia. Achei muito estranha a maneira como ela falou a respeito; parecia se defender; seus olhos brilharam quando disse que ele estava gostando de outra pessoa. Todavia, só o tempo dirá!"

***

Quinze dias se passaram.

O dia antes esperado com ansiedade por Marilda chegou. Cecília tentava convencer a filha, que se recusava a ir à festinha do Dia dos Pais por medo de enfrentar os coleguinhas.

— Não quero chorar, mãe. Sei que elas vão me provocar e eu não tenho como me defender, sei que falam a verdade sobre meu pai.

— Filha, faz quinze dias que você não vai à escola, já é tempo de enfrentar a situação, não poderá fugir a vida toda porque esse episódio sempre fará parte da nossa vida.

Francisco, que chegara para acompanhá-la, esperava pacientemente a sua decisão. Ao ouvir aquelas palavras ditas pelo sofrimento de uma criança, julgou que poderia interferir:

— Peço-lhe, Cecília, que me permita participar dessa conversa; sei que não tenho direito, mas o faço pelo grande amor que sinto por Marilda.

Cada vez que Cecília olhava para Francisco, a dor da separação crescia em seu peito.

— Claro, Francisco, dou-lhe esse direito, sei o quanto quer bem Marilda e Lucas; fique à vontade e fale o que achar conveniente.

— Obrigado, Cecília.

Ele pegou Marilda pelas mãos, sentou-a em seu colo e lhe disse:

— Marilda, sei que é uma criança e que não deveria estar passando por essa situação, mas quando os filhos de Deus, principalmente crianças, passam por grandes conflitos, nosso Pai, que está no céu, envia para o coração delas uma luz, por meio de outras pessoas que as amam, que lhes mostra que serão cuidadas, protegidas, e, no seu caso, eu fui o escolhido por você para estar ao seu lado. Não quero substituir seu pai, mas quero ser seu protetor enquanto seu pai está impossibilitado de fazê-lo. Acho que você não deve fugir dessa situação porque não poderá fugir a vida toda; vamos nós dois enfrentar o que possa vir e mostrar com coragem que ninguém pode atirar a primeira pedra, como tão bem ensinou Jesus. Seus amigos ainda não sabem disso, que tal mostrarmos esta verdade a eles?

Cecília pensava enquanto ouvia Francisco: "Como pude ser tola o suficiente para perdê-lo?".

Marilda parecia um bichinho acuado entre os braços de Francisco. Com voz fraquinha, disse:

– Mas você vai embora e eu só tenho a minha mãe!

– Marilda, quando disse que amo você e seu irmão, eu disse a verdade. E se o amor é verdadeiro ele nos faz presente em todas as ocasiões em que nossa presença se fizer necessária.

– Mas você não vai mais se casar com a minha mãe!

– Realmente não vou, não posso mentir para você, mas isso não vai impedir de estar sempre presente em sua vida e na de Lucas, e, em todas as circunstâncias que vocês precisarem, não necessito estar casado com sua mãe para amar vocês, entende? Vamos dizer que serei um pai substituto, pode ser? Isso se sua mãe permitir.

Marilda olhou ansiosa para Cecília e perguntou:

– Você permite, mãe?

Com o coração cada vez mais sofrido, Cecília respondeu:

– Claro, filha! Eu só tenho a agradecer ao Francisco, ele pode agir da maneira que achar melhor em relação a vocês, se for o que realmente ele deseja.

– É o que você deseja, Francisco? Quer me adotar, e ao Lucas, como filhos?

Francisco sentiu uma grande ternura por aquela criança que apenas queria ter um pai que a amasse; passou as mãos em seus cabelos e respondeu:

– Evidente que sim, Marilda. É o que mais quero, pode confiar em mim.

Marilda, com sua naturalidade de criança, enlaçou seu braços em Francisco e falou:

– Que bom, agora acho que vou ter um pai de verdade.

– Então, para comemorar, vamos à festinha do Dia dos Pais!

Com um sorriso em seu lindo rostinho, Marilda respondeu:

– Vamos. Como você falou, vou enfrentar minhas coleguinhas com coragem. Você vai me ajudar, *né?*

– Claro, assim é que se fala! – exclamou Francisco levando-a pelas mãos.

Cecília vendo-os sair não conseguiu evitar as lágrimas. Lembrando das palavras ditas por Júlia há um ano, disse a si mesma: "Júlia tinha razão, o orgulho é a pior maneira de demonstrar inteligência, hoje sei bem disso, mas sei também que agora é muito tarde para resgatar o meu tolo engano".

✳✳✳

Marilda chegou à escola toda orgulhosa, levada pelas mãos de Francisco. Assim que a viram, algumas coleguinhas se aproximaram e perguntaram sorrindo:

– Marilda, você arranjou outro pai?

Francisco logo respondeu:

– Não, ela não arranjou outro pai, ela sempre teve dois pais que a amam; eu sou o pai do coração.

– Eu nunca soube que podia ter dois pais! – respondeu a que parecia ser a líder.

– Só tem dois pais a criança que é meiga, que ama os outros, que não brinca com os sentimentos das colegas como vocês fazem; para ter dois pais é preciso merecer, e Marilda merece. E por essa razão é amada.

Sofrendo o impacto das palavras de Francisco, a coleguinha respondeu:

– Desculpe a gente, Marilda, nossos pais falaram que você não serve para ser nossa amiga porque é filha de um traficante; nós gostamos de você, mas achamos que tínhamos de obedecê-los.

– É verdade – concordaram as outras crianças.

Francisco percebeu os olhinhos de Marilda encherem de lágrimas. Apertou entre as suas as mãos daquela criança que sofria pela inconsequência de seu pai, e respondeu com carinho, tentando mostrar para aquelas crianças que nenhum de nós deve ser crucificado pelos desatinos dos nossos pais.

– A Marilda, assim como vocês, é filha de Deus em primeiro lugar, e este Pai que nos criou não nos julga pelos erros dos outros, mas sim pelos nossos próprios erros;

portanto, ela é inocente e não merece ser acusada de nada, porque nada fez para merecer castigo, e não é justo sofrer por algo que não fez. Vocês entendem o que quero lhes dizer?

A líder respondeu:

– Entendemos. A gente pode dizer isso para nossos pais?

– Claro, digam sim, mas sem criticá-los. Respeitando-os, apenas mostrem que Marilda é uma boa menina e que gostam dela. Por que não aproveitam o dia de hoje, um dia de festa, e apresentam Marilda para eles? É um bom momento.

As crianças olharam-se e tomaram a decisão:

– Venha conosco, Marilda, nós sempre gostamos de você, vamos apresentá-la aos nossos pais e depois vamos brincar até a hora da festa.

Marilda olhou para Francisco esperando que ele dissesse alguma coisa. Ele a incentivou:

– Vá sim, Marilda, são suas amigas, não tenha receio, tudo vai ficar bem.

Como Francisco previra, tudo aconteceu da melhor maneira. Os pais aceitaram a amizade de suas filhas e, no íntimo, sentiram-se envergonhados pela atitude preconceituosa que tiveram contra uma criança que, na verdade, nem conheciam; sentiram que não haviam sido bons exemplos.

Procuraram Francisco e se inteiraram da história de Marilda.

– Pedimos desculpas, julgamos uma criança sem ao menos conhecê-la, isso foi imperdoável, mas tenha a certeza de que vamos orientar nossas filhas sobre o preconceito que, imprudentemente, nós mesmos tivemos.

– Agora está tudo bem – disse Francisco. – Elas estão brincando felizes, e isso era tudo o que Marilda queria e precisava. Vou conversar com a diretora, deixar-lhe meu telefone e pedir que sempre entre em contato comigo para qualquer eventual situação que necessite da presença de seu pai para possível solução.

– O senhor é uma pessoa muito nobre – disse-lhe um dos pais –, admiro sua generosidade.

– Não se iludam a meu respeito, sou uma pessoa normal que apenas não esconde seus sentimentos e procura agir de acordo com eles; creio que os senhores teriam a mesma postura se estivessem envolvidos com essa situação.

– Não sei se faríamos, mas tudo isso serviu de exemplo para todos nós.

Marilda, feliz, viveu os momentos tão sonhados; exibia com alegria o seu "pai", reconquistara a amizade de suas colegas e sabia que a partir daquele dia estaria protegida por Francisco.

Ao chegar a casa, contou para a mãe tudo sobre a festa.

– Mãe – disse animada –, não tenho mais receio de ir à escola, sei que ninguém mais vai me excluir, e foi o Francisco quem ensinou isso para todo mundo.

– Cecília, não foi bem assim. Marilda é uma criança especial, e todo mundo percebe isso.

– Não, mãe, foi ele sim quem mostrou que ninguém deve ser responsabilizado pelos erros dos outros, mesmo que estes sejam nossos pais, não é isso, Francisco?

– É isso sim, Marilda. Aprendeu rápido, garota!

Cecília apenas observava a alegria e o entusiasmo de sua filha. Voltando-se para Francisco, perguntou:

— Você aceita uma café?

— Não, Cecília, obrigado. Preciso ir, fica para outra ocasião.

Abraçou Marilda e Lucas, que até então apenas observava, e, despedindo-se, finalizou:

— Podem contar sempre comigo, sempre terei tempo para vocês.

Cecília, levando-o até a porta, falou emocionada:

— Obrigada, Francisco, muito obrigada pelo carinho que tem pelos meus filhos; não sei como agradecer.

— Não precisa agradecer, Cecília, você sabe que gosto muito deles, faço com prazer; é só me chamar quando houver necessidade; afinal, fui elevado à condição de "pai".

Os dois sorriram. Cecília timidamente falou:

— E, na verdade, poderia ser, se eu não tivesse sido tão imatura e orgulhosa!

Delicadamente, Francisco respondeu:

— Prefiro não falar mais sobre esse assunto, Cecília. Vamos ser apenas bons amigos, sem mágoas nem rancores, permitindo que cada um siga em busca da felicidade que, tenho certeza, um dia encontraremos.

— Desculpe – disse Cecília –, eu não vou insistir.

Ao vê-lo partir, ela não pôde deixar de pensar: "Jamais vou me perdoar por ter agido tão imprudentemente! Perdi o amor da minha vida para sempre; talvez a última oportunidade de ser feliz como nunca fui".

Francisco também pensava: "Por que tudo teve de acabar dessa maneira? Existem coisas que não se apagam, mesmo que queiramos esquecer elas deixam rastros, marcas profundas. Minha decepção com Cecília foi grande demais, ela negou todas as minhas tentativas de volta, só posso crer que seu amor não era tão grande assim. Vou investir em um relacionamento com Júlia, ela conseguiu tocar meu coração e me fazer perceber que ainda posso amar novamente; sinto que, se ela me aceitar, será um relacionamento maduro, pleno, sem medos nem dúvidas. Ela é uma mulher especial, maravilhosa. Quanto às crianças, estarei sempre presente enquanto elas precisarem de mim. Tomarei o lugar de Joaquim enquanto ele estiver cego para o verdadeiro amor".

Agasalhando esses pensamentos, Francisco se animou a se declarar para Júlia.

"Preciso enfrentar e ir atrás do que desejo."

capítulo 16

Um amor sem barreiras

Desde sua conversa com Cecília, Júlia não conseguia parar de pensar em Francisco, nas coisas que a amiga lhe dissera, ao mesmo tempo que se entusiasmava pensando ser a pessoa que Francisco mencionara. Sentia receio de ter perdido toda a possibilidade de conquistá-lo.

"Não sei como fui me apaixonar", pensava. "Após tanto tempo convivendo com ele e Cecília, sem nunca imaginar uma possibilidade dessas, vejo-me como uma adolescente: insegura, apaixonada, sem ao menos saber o que ele pensa; afinal, ele nunca demonstrou qualquer outro sentimento que não fosse de amizade. Como pode nascer um amor assim, inesperado, pegando-me de surpresa, infiltrando-se em meu coração tão lentamente que não fui capaz de perceber a tempo e me proteger? Agora fico assim, sofrendo como uma menina e temendo não ser correspondida."

Seus pensamentos foram interrompidos pelo som do telefone.

– Francisco! – exclamou, surpresa. – Que alegria falar com você!

– Oi, Júlia. Desculpe ligar a esta hora, mas preciso falar urgente com você, podemos nos encontrar? – perguntou com ansiedade.

– Claro. Aconteceu alguma coisa, Francisco? Sinto-o ansioso.

– E estou mesmo. Preciso falar com você e quero muito que seja agora.

– Está bem. Não quer vir até minha casa?

Sem questionar, Francisco concordou.

– Estarei aí em meia hora. Tudo bem?

– Estou esperando-o.

O coração de Júlia disparou e ela pensou: "Meu Deus! O que pode ser tão urgente assim? Espero que não venha me contar a respeito da pessoa pela qual está interessado! Seria demais para mim, já sofri muito e não quero mais isso, estou ficando cansada de ser a eterna amiga, compreensiva, que alivia as dores de todo mundo sem que ninguém me veja como sou: uma pessoa sofrida, marcada, que tenta viver sem a sombra do seu passado e que sonha encontrar alguém que a ame de verdade e que não a veja simplesmente como a amiga de todas as horas".

Mergulhada em suas divagações, ela não percebeu o tempo passar e somente se deu conta quando ouviu o som da campainha.

– Francisco, fiquei preocupada, o que aconteceu para estar assim tão ansioso? – perguntou.

– Desculpe, Júlia, mas precisava falar com você com urgência, estou muito ansioso e não quero deixar para amanhã. A única maneira de aliviar minha tensão é lhe dizer que a amo. Mesmo que não me queira, preciso dizer que a amo, nunca pensei que pudesse amar alguém novamente, mas meu coração não pensou como eu e se entregou a você! Se não quiser nada comigo, além da nossa amizade, pode dizer sem constrangimento, vou entendê-la, apenas não podia mais guardar esse sentimento dentro de mim, fingir que nada estava acontecendo.

Júlia ficou atordoada; um misto de alegria e surpresa tomou conta de todo o seu ser. Não acreditava no que estava acontecendo, parecia-lhe impossível seu sonho se realizar assim.

– Francisco, fique calmo, você está muito ansioso, vamos conversar com tranquilidade.

– Já sei, você não sente nada mais por mim, além de amizade, é isso?

Júlia sorriu.

– Não, não é, se você ficar mais calmo, deixar-me falar, poderá ouvir que eu também o amo; tanto, que jamais pensei poder amar.

Francisco olhou-a nos olhos e disse:

– Repita!

Júlia segurou as mãos de Francisco e, olhando fixo em seus olhos, repetiu:

– Eu o amo muito... Muito!

Francisco segurou o rosto dela entre suas mãos e perguntou:

— Posso beijá-la?

— Deve! — exclamou Júlia, sentindo seu coração explodir de felicidade.

Por alguns instantes, os dois namorados se entregaram ao delírio do amor descoberto, pareciam adolescentes que experimentavam pela primeira vez a maravilhosa sensação de estarem juntos, misturando as emoções de se sentirem amados. Em certo momento, Júlia, parecendo acordar de um sonho, afastou-se, e Francisco, sem entender a reação da amada, questionou:

— O que aconteceu, Júlia, por que essa reação?

— Desculpe, Francisco, mas de repente lembrei-me de Cecília e me perguntei se é justo traí-la, fazê-la sofrer novamente pela mesma causa.

Francisco ficou surpreso.

— Júlia, não estamos traindo ninguém. Cecília e eu não temos mais nada um com o outro. Separamo-nos há mais de um ano, somos livres para ir em busca de um novo amor.

— Mas ela está sofrendo, Francisco, arrependeu-se da sua atitude do passado, hoje ela tem certeza da sua inocência, não sei se terei coragem de contar a ela sobre nós dois. Cecília disse-me que não suportaria saber que a pessoa que você ama sou eu. Como posso assumir nossa relação, dizer que estamos juntos?

— Querida — disse Francisco —, vamos esclarecer toda a questão. Eu a amo e isso é um fato que ninguém vai mudar. Cecília acreditou na minha inocência somente após a conversa que teve com Teodora, quer dizer, confiou mais na palavra dela do que na minha, recusou as minhas tentativas de reconciliação; enfim, hoje não existe a menor possibilidade de recomeçar qualquer relacionamento entre nós. Ela se tornou apenas uma amiga, a quem considero e tudo farei para ajudar se necessário for, apenas isso. Amo seus filhos e serei o pai adotivo para Marilda e Lucas enquanto o pai verdadeiro não descobrir o amor dentro dele e assumir os filhos como qualquer pai de verdade. Não agasalho nenhuma mágoa por ela, mas a verdade é que, aos poucos, fui me apaixonando por você, sem premeditação, mas aconteceu e não vou desistir desse amor que me traz felicidade. Você acredita nos meus sentimentos, não?

Júlia sorriu expressando a imensa felicidade que sentia.

– Claro que acredito, Francisco, sempre confiei na sua integridade, no seu caráter e agora no seu amor por mim, e quero que também confie na sinceridade do meu sentimento por você.

Novamente se abraçaram. Era o encontro de duas almas afins que se libertavam dos seus conflitos e se entregavam livremente na certeza de viver um amor sem barreiras, livre, sincero e pleno.

– Vou conversar com Cecília – disse Júlia –, devo isso a ela, somos amigas e confidentes há muitos anos.

– Você quer que eu vá com você?

– Não, Francisco, prefiro ir sozinha, assim evitaremos constrangimento para ela.

– Você tem razão, posteriormente nos encontraremos com ela e as crianças; confio que poderemos assumir uma amizade, se não afetiva da parte dela, pelo menos cordial.

– Tudo no seu tempo, meu amor.

Assim que Francisco foi embora, Júlia tentava coordenar seus pensamentos e suas emoções diante do que acontecera. Parecia-lhe um sonho do qual tinha medo de acordar. A lembrança do seu passado veio-lhe à mente trazendo-lhe inquietação e receio.

"Meu Deus, preciso contar ao Francisco todo o meu passado, agora não dá para esconder, não posso começar uma vida ao seu lado sem que ele saiba tudo sobre mim, o passado não se esconde, se enfrenta. Temos de anular seus efeitos com a certeza de que tudo depende de nós mesmos para prosseguirmos com equilíbrio. E isso só é possível a partir do instante que compreendemos a importância do aprendizado por meio da experiência vivida."

Ao lembrar-se do sofrimento do passado, ela temeu não ser entendida por Francisco e perder a oportunidade de ser realmente feliz depois de anos de solidão.

"Não vou adiar o que preciso fazer, em nosso próximo encontro vou lhe revelar tudo sobre mim, devo isso a ele", decidiu, "não quero que ele se sinta enganado em nenhum momento".

Contudo, considerou que a prioridade era ir ao encontro de Cecília e lhe contar tudo. Preservava sua lealdade para com a amiga de tantos anos, e não se sentia confortável em iniciar uma relação com seu antigo namorado, sem ao menos lhe dar satisfação, por menor que fosse.

Em pouco tempo, tocava a campainha da casa da amiga.

– Júlia – exclamou Cecília, surpresa –, não a esperava hoje, aconteceu alguma coisa com você?

– Aconteceu sim, Cecília, e embora seja uma questão muito delicada não posso deixar de falar com você, mesmo que isso possa vir a abalar nossa amizade.

– Júlia, você está me assustando, seja mais objetiva e fale logo, estou ficando nervosa.

– Tudo bem, Cecília. Você lembra quando me disse que Francisco estava gostando de outra pessoa?

– Sim, lembro, mas o que tem isso a ver com a nossa amizade, Júlia? Não estou entendendo.

Parou um instante, refletiu e voltou a dizer:

– A não ser que seja você a pessoa em questão... Não – afirmou em seguida –, isso não é possível, você não agiria com tanta deslealdade comigo. Continuo não entendendo, Júlia.

– Cecília, estou constrangida em lhe falar, gostaria que entendesse que nada foi proposital, mas a pessoa sou eu mesma. Descobrimos que estamos apaixonados um pelo outro.

– Vocês o quê? – gritou Cecília, descontrolada. – Repita o que disse porque não consigo acreditar no que ouvi.

Tentando se manter o mais calma possível, Júlia repetiu:

– Desculpe, Cecília, mas essa é a verdade, Francisco e eu nos apaixonamos. Esse sentimento nos pegou de surpresa, nada foi premeditado, como já lhe disse.

– Você é uma hipócrita, Júlia, enquanto me consolava estava de olho em Francisco! Como não desconfiei de nada? Acreditava em tudo o que me dizia sem saber que o seu interesse era outro.

– Cecília, se você tivesse acreditado nas coisas que lhe falei naquela ocasião estaria hoje com Francisco, sempre quis o seu bem, sempre fui sua amiga de verdade, mas você preferiu se fazer de vítima, escondeu-se em seu orgulho desmedido, acusou Francisco sem lhe dar chance de defesa. Agora pretende transferir sua culpa para mim ou para ele?

– Como posso continuar amiga de uma pessoa que na primeira ocasião roubou meu namorado? O homem que amo, você acha isso possível?

– Cecília, nós descobrimos que nos amamos somente agora que vocês estão separados! Como pode dizer que foi na primeira ocasião? Você está sendo intransigente demais. Se analisar friamente, com o coração livre de mágoas, sem rancor, verá que está sendo injusta tanto comigo quanto com ele. Nossos caminhos se cruzaram em um momento de fragilidade de Francisco, ele a amava demais, Cecília, mas o tempo foi amenizando a dor que o consumia até que seu coração foi se sentindo mais livre a ponto de se abrir para novos sentimentos. Ninguém está livre disso; nem você estará, se permitir a si mesma se abrir para o amor novamente.

Cecília foi se sentindo cada vez mais irritada.

– Chega, Júlia, não quero mais falar sobre isso, gostaria que fosse embora, preciso ficar sozinha, colocar minha cabeça no lugar, tudo isso mexeu muito comigo.

– Cecília, quero muito continuar usufruindo a sua amizade, mas não posso e não quero perder minha chance de ser feliz com Francisco. Sua oportunidade já passou e você a desprezou, não quis lutar pelo seu amor, e hoje não pode negar o quanto eu a aconselhei a dar uma chance, ouvir a versão de Francisco, mas nada a fez mudar sua postura;

você foi muito radical e agora nada tem a fazer, foi sua própria escolha.

Cecília, sentindo-se incomodada e sabendo que Júlia tinha razão, mas orgulhosa o suficiente para não admitir que falhara, que se enganara em seus conceitos, disse:

– Por favor, Júlia, depois a gente se fala.

Sem ter mais o que argumentar, Júlia despediu-se e saiu sentindo seu coração oprimido. Estava triste, não queria romper a amizade de tantos anos, mas respeitaria a decisão de Cecília. Sabia de antemão que não seria fácil para ela entender e aceitar seu relacionamento com Francisco, mas estava disposta a se entregar novamente ao amor. Desta vez sentia que seria diferente, seria um amor para sempre.

"Ela esqueceu tudo de bom e sincero que vivemos", pensava Júlia, "tudo deixou de ter valor para ela; como sempre, seu orgulho falou mais alto. Convivemos tanto tempo com as pessoas e na realidade não as conhecemos, Cecília sempre exige mais do que oferece, mas desta vez vou ser um pouco egoísta e pensar em minha felicidade. Tudo em nossa vida tem um significado, uma razão para que possamos aprender e crescer; até a dor que nos machuca é uma fonte propulsora de aperfeiçoamento quando entendemos o significado dela e lutamos para renascer do sofrimento com coragem e fé, tendo consciência de que nada é por acaso, e que em tudo existe a nossa participação, nesta ou em outra existência; portanto, nada devemos amaldiçoar porque a vida segue o seu curso inserido na lei divina de ação e reação. Todas as aflições vividas possuem o momento certo para começar e para terminar, é preciso aprender com os próprios enganos; na hora certa, elas acabam, e o sol, se permitirmos, volta a brilhar."

Júlia sentiu forte desejo de falar com Francisco. Ao ouvir a sua voz do outro lado do telefone, disse:

– Amor, peço-lhe desculpas por incomodá-lo, sei que está trabalhando, mas estou precisando muito falar com você, poderia vir à minha casa mais à noite?

Francisco sentiu que Júlia estava aflita.

– Sei que alguma coisa aconteceu para você estar assim ansiosa, pode me adiantar o que é?

– Prefiro falar pessoalmente.

– Vai dizer que desistiu de mim? – perguntou brincando.

– Claro que não, seu bobo, não seria louca de desistir de você justamente agora que o encontrei de verdade; se depender de mim vou prendê-lo para o resto de minha vida – falou.

– Que alívio, essa é a prisão que desejo para sempre! – exclamou Francisco, tentando aliviar a tensão de Júlia.

– Então posso esperá-lo?

– E você ainda tem dúvida? Evidente que estarei aí assim que sair do serviço... Ah... Faça um jantarzinho gostoso para comemorarmos.

Júlia sorriu e perguntou:

– Posso saber o que vamos comemorar?

– O amor que pairava no ar e nos envolveu. Não é um bom motivo?

– Ótimo motivo – respondeu Júlia. – Pode deixar, vou fazer algo bem gostoso para jantarmos à luz de velas, tudo bem?

– Tudo ótimo, amor, até mais tarde.

Desligando o telefone, Júlia, feliz, disse a si mesma: "Desculpe, Cecília, mas não vou abrir mão desse amor, você nem imagina o que já sofri, sei que chegou o meu momento de ser feliz".

Assim que abriu a porta para Francisco, ela se jogou em seus braços.

– Eu o amo, Francisco, e não vou desistir desse amor por nada nem ninguém.

Espantado, Francisco inquiriu:

– E por que iria desistir, o meu amor por você não conta?

Júlia ficou séria:

– Fui hoje falar com Cecília.

– E correu tudo bem?

– Francisco, não podia ser pior! Ela não entendeu, não aceitou e acusou-me de traição, de ter me aproveitado de uma situação; enfim, creio que nossa amizade terminou. Ela não aceitou nenhum dos meus argumentos e estou me sentindo muito mal com tudo.

– Querida, eu imaginava que seria um pouco complicado dizer tudo isso para Cecília, por esta razão queria ter ido com você.

– Teria sido pior, Francisco, pode acreditar. Para ela seria uma humilhação, jamais iria entender que estávamos usando de lealdade com ela.

– Pode ser, mas não me sinto na obrigação de lhe dar explicação dos meus sentimentos, Júlia. Foi ela mesma quem terminou tudo comigo dizendo com todas as letras que havia terminado nossa relação, mas vou procurá-la e ter uma conversa civilizada com ela, não quero deixar nenhum rastro de mágoa atrás do nosso amor, mesmo porque tenho um compromisso com Marilda e Lucas, não devo decepcioná-los. E se Cecília não permitir que eu cumpra minha palavra seria motivo de tristeza tanto para as crianças quanto para mim, por tudo isso quero deixar as coisas bem claras.

– Você tem razão, querido, faça isso. Pode ser que tenha mais sorte que eu, talvez ela tenha agido assim no primeiro momento. Vai acabar aceitando, é uma ótima pessoa, apenas nunca soube lidar direito com algumas situações, talvez por ter sofrido muito nas mãos de Joaquim. Nunca sabemos as razões que motivam as pessoas a agir com impulsividade, sem pensar nas consequências futuras, mas sabemos que quem age assim sofre mais do que quem foi o alvo. Eu só desejo que ela entenda e não sofra tanto, pois não vou desistir de você, não posso e não quero, já sofri demais, Francisco, e penso que chegou a minha hora de ser feliz de verdade.

Francisco notou a ansiedade com que Júlia falava.

– Foi bom você tocar neste assunto, querida. Sei que esconde alguma coisa em seu coração que a machuca demais, quero participar dessa sua aflição para ajudá-la a superá-la.

– Tem razão, Francisco, também acho que chegou a hora de você tomar conhecimento de todo o meu passado, preciso mesmo desabafar para tirar de vez este sentimento de mágoa do meu coração.

– Quando você quiser e achar que é a hora; não quero forçá-la a nada.

– Primeiro, vamos resolver o problema de Cecília, assim estaremos livres para viver nosso amor sem nenhuma culpa.

– Concordo com você, meu amor! – exclamou Francisco, beijando-a apaixonado.

***

Ao sair da casa de Júlia, Francisco considerou que o melhor a fazer seria ir à casa de Cecília sem avisá-la, pois desse modo ela não teria oportunidade de se preparar; e foi o que fez.

"Se tenho de resolver esse assunto que seja amanhã mesmo", pensou.

No dia seguinte, assim que Cecília abriu a porta de sua casa, espantou-se ao ver Francisco.

– Francisco, o que o traz aqui tão cedo? Veio ver as crianças?

– Apesar de me trazer muita alegria vê-las, vim para conversar com você.

"Aposto que Júlia foi falar para ele o que conversamos, só pode ser isso", pensou.

Tentando mostrar uma naturalidade que estava longe de sentir, disse:

– Que bom, Francisco, tenho muito prazer em falar com você; algum assunto em especial?

– Posso entrar? – perguntou.

– Claro, desculpe. Por favor, entre, você conhece a casa muito bem.

Acomodaram-se na sala e Francisco foi direto ao assunto.

– Cecília, o que me traz aqui, na verdade, não é um assunto muito agradável, mas espero que possamos nos entender, mesmo porque tenho muito afeto por você e não gostaria de macular a nossa amizade com sentimentos de mágoa.

"Eu sabia", pensou Cecília, "Júlia contou a ele toda a nossa conversa".

– Pode dizer, Francisco, seja franco, nada vai me machucar mais do que já estou.

Francisco respirou fundo a fim de se tranquilizar, não queria complicar mais a situação; ao contrário, seu propósito era deixar as coisas bem claras, retirar a mágoa do coração de Cecília para que ela aceitasse que as coisas mudam quando menos se espera. Com calma, disse:

– Cecília, sei da grande amizade que sempre uniu você e Júlia, e a recíproca também é verdadeira; Júlia a considera uma irmã e jamais agiria com deslealdade com você. O seu pensamento a respeito de minha relação com ela ser algo premeditado não procede, nunca tivemos a intenção de magoá-la, pois jamais imaginamos que isso pudesse acontecer, mas aconteceu. Nós nos apaixonamos, essa é a realidade; Júlia foi a única pessoa que me ouviu, aconselhou, foi minha amiga nos meus momentos mais difíceis, quando você rompeu comigo de maneira radical, sem me dar nenhuma chance de explicação, e isso sem nenhuma segunda intenção, pois sempre me incentivou a procurar você e o fiz por três vezes, mas nas três vezes você assumiu sua indignação, sua revolta, fazendo-me crer que seu amor não era assim tão forte como eu imaginava, pois nem sequer lutou para salvá-lo.

Cecília se controlava para não chorar, a cada palavra de Francisco percebia como havia sido intransigente e orgulhosa; sentia verdade em tudo o que ele dizia. Fora a única culpada, e agora se dava conta de ter perdido para sempre o único homem que amara de verdade.

Francisco, disposto a esclarecer tudo de uma vez por todas, continuou:

– Eu a amei muito, Cecília, sinceramente. Sonhei em construir uma história ao seu lado, mas, infelizmente, não foi o que aconteceu. Em meio ao meu sofrimento, meu coração se abriu novamente para o amor e sem que eu percebesse foi se entregando a Júlia, lentamente, mas com muita força. Hoje não posso negar que a amo de verdade e não pretendo desistir desse amor, mesmo porque sou correspondido.

– Francisco, eu não sei o que dizer, como explicar, mas novamente sinto-me traída mais por Júlia do que por você. Ela, como minha amiga, por conhecer meu sofrimento, não podia se entregar a você, para mim foi uma deslealdade.

– Cecília, quando descartamos alguém da nossa vida por vontade própria não temos mais o direito sobre sua vida. Também não podemos manipular o sentimento de outra pessoa, mesmo que seja nossa melhor amiga. O fato de amar aquele que foi por nós desprezado não anula o sentimento de amizade que essa pessoa possa sentir por nós. Júlia não a traiu, creia-me, ela está sofrendo por não querer se afastar de você nem das crianças, mas tudo novamente vai depender unicamente de você, e eu espero que não se engane outra vez, não perca uma amizade sincera como a que Júlia sente por você.

Cecília ficou pensativa. Por fim, disse:

— Eu também estou sofrendo, Francisco, sempre considerei Júlia uma verdadeira irmã para mim, mas preciso de um tempo para entender e aceitar tudo isso.

— Você considerar que necessita realmente de um tempo para aceitar já é um ótimo começo, Cecília, mostra que existe possibilidade de limpar seu coração dos miasmas do rancor. Quanto a mim, espero que possamos ter um convívio amigável, mesmo porque não quero me afastar das crianças, prometi para Marilda dar a ela e ao Lucas todo o suporte afetivo que precisam para serem felizes, pelo menos até que Joaquim saia da prisão, e pretendo cumprir minha promessa, isso se você permitir.

— Claro, Francisco. Jamais iria tirar dos meus filhos a oportunidade de ter um pai, mesmo que seja "adotivo", tão importante porque foi escolhido e não imposto.

— Então, o que devo dizer a Júlia?

— Por enquanto apenas aguarde, como lhe disse. Preciso de um tempo para organizar meus sentimentos, saber se realmente eles são sinceros; enfim, saber se não ficou nenhuma mágoa, somente assim a amizade vai valer a pena.

Francisco se alegrou:

— Tenho certeza, Cecília, que você vai entender e dentro desse entendimento aceitar as mudanças que acontecem em nossa vida sem que possamos fazer nada para anular. — Segurou com carinho as mãos de Cecília e continuou: — Sei que encontrará alguém que a fará feliz, e vibro muito para que isso aconteça em breve. Nossa história foi muito bonita, mas seu tempo acabou, porque para todos os propósitos existe o tempo certo; o importante é saber que sempre podemos recomeçar e não nos deixar perder nas sombras do passado. É preciso dar novas oportunidades a nós mesmos.

Em um impulso de ternura, Cecília abraçou Francisco dizendo:

– Obrigada, Francisco. Desculpe por tudo que lhe fiz sofrer, quero que sejam muito felizes, porque ambos merecem a felicidade que desprezei unicamente por orgulho. Você me fez entender que na verdade sofro apenas a consequência dos meus enganos.

Francisco respondeu com carinho:

– Cecília, seremos sempre seus amigos, conte conosco para o que precisar, e tenho certeza de que um dia encontrará a pessoa que Deus vai colocar em seu caminho para que juntos possam construir um lar de verdade para Marilda e Lucas. Confie e espere de coração aberto e livre para um novo amor, você também merece ser feliz; quanto a desculpá-la quero lhe dizer que não guardo nenhuma mágoa ou ressentimento, ao contrário, agradeço os momentos felizes que passamos juntos, eles estarão guardados para sempre em minha lembrança.

Com lágrimas nos olhos, ela respondeu:

– Você é muito especial, Francisco, é sem dúvida a melhor pessoa que conheci. Vou telefonar para Júlia e lhe dizer que desejo a felicidade de vocês, sinceramente, e que não quero perder a amizade dela, que também é uma pessoa especial.

Francisco sorriu.

— Faça isso, Cecília, é tolice alimentar mágoas, criar ranço dentro do coração, os conflitos resolvidos só nos trazem equilíbrio e paz.

Abraçaram-se como dois amigos que se respeitam e se querem bem. Cada um sentiu dentro do peito a alegria de novamente se reencontrar na amizade sincera.

Compreendendo a lei do amor que une todos os seres, encontraremos nela as suaves alegrias da alma, que são o prelúdio das alegrias celestes. A felicidade real é aquela que alcançamos pelo nosso esforço em compreender as pessoas, em aceitar as questões que não podemos mudar, em lutar com coragem dentro das leis divinas para alcançá-la, sem deixar rastros de sofrimento atrás de nós, porque felicidade é uma conquista da alma, um estado que somente nós podemos alcançar, cultivando valores morais, libertando as pessoas para fazerem as próprias escolhas, sem pressioná-las nem exigir que se prendam a nós, porque amor não se compra, nem se exige, apenas se doa.

Cecília, apesar de ainda sentir a dor apertando-lhe o peito, entendeu que as coisas podem mudar e tomar novos rumos se não cuidarmos delas, como uma planta que murcha se não for devidamente tratada. Percebeu que o orgulho é um grande mal para a alma, é um sentimento mesquinho que destrói qualquer possibilidade de felicidade, porque nos torna egoístas, prepotentes, fazendo-nos pensar que somos melhores que os demais e nos atirando ao sofrimento sem nos darmos conta.

"Hoje sei muito bem disso", pensava com tristeza; "mas aprendi a lição e não vou perder a amizade de Júlia e Francisco. Como ele disse, vou me preparar para receber um novo amor e quero estar pronta para reconhecê-lo assim que chegar. Vou falar com Júlia", decidiu, "mas vou pessoalmente, quero abraçá-la e dizer-lhe que nada vai mudar entre nós, que nossa amizade de anos continuará intacta".

***

Ao abrir a porta de sua casa, Júlia se surpreendeu ao ver Cecília. Sentiu um tremor percorrer-lhe o corpo imaginando que mais uma vez iria discutir com a amiga que tanto prezava. Cecília sentiu a indecisão de Júlia e lhe disse:

– Vim em paz, Júlia, quero conversar com você. Posso entrar?

– Claro! – exclamou Júlia. – Não precisa perguntar, Cecília, é uma alegria recebê-la.

No primeiro momento, o silêncio se fez.

– Aceita um refresco? – perguntou Júlia, querendo aliviar a tensão entre as duas.

– Não, obrigada, Júlia. Quero apenas conversar com você, pedir desculpas pela maneira como a tratei em minha casa.

Júlia cada vez mais se surpreendia.

– Pedir-me desculpas?

– Sim. Fui precipitada, deixei-me envolver pelo ciúme ao saber ser você a pessoa que Francisco amava, mais uma vez neguei-me a compreender, fechei os ouvidos e recusei seus argumentos, mas agora, após conversar com Francisco, consegui entender a situação e aceitar o que você me disse; não tenho o direito de exigir nada, pois fui eu mesma quem colocou um ponto-final no relacionamento com ele. Vocês têm o direito de viver o sentimento que sentem um pelo outro e não considero mais traição ou deslealdade de sua parte; portanto, vim me desculpar e lhe dizer que quero e preciso da sua amizade, isso se você conseguir me desculpar.

Júlia, sensibilizada, abraçou a amiga.

– Você pensou por um momento sequer que eu não iria desculpá-la, Cecília? Sempre foi para mim uma irmã e continuará sendo. Não vou abrir mão da nossa amizade.

– Verdade?

– Claro, Cecília, você ainda duvida? Gosto e sempre vou gostar de você; sofri muito ao pensar que iria perder sua amizade.

– Eu também, Júlia, acredite que não existe mais nenhuma mágoa em meu coração; quero que fiquem livres para se amar e ser felizes como merecem.

– Obrigada, Cecília! – exclamou Júlia com lágrimas nos olhos.

– Só tem um detalhe! – disse Cecília sorrindo.

– Qual, minha amiga?

– Que você não se oponha em Francisco ser um pai adotivo para Marilda e Lucas; eles o amam muito, sofrem por não ter presente o pai verdadeiro, e é difícil entenderem as razões dos adultos.

– Amiga, é claro que não! Jamais agiria assim; ao contrário, vou lhe dar a maior força, sabe o quanto gosto dos seus filhos, serei uma segunda... Terceira... Ou quarta mãe, pode ser?

– Claro, Júlia, você será a mãe substituta, está bem assim?

Sorrindo, as duas se abraçaram.

Após a saída de Cecília, Júlia sentiu seu coração aliviado. Experimentava a deliciosa sensação de paz percorrer seu corpo, vislumbrava para si o início de uma felicidade que, acreditava, duraria para sempre.

"Sinto que meus dias de solidão vão chegar ao fim", pensava. "Para que não exista nenhuma nuvem ameaçadora entre mim e Francisco, preciso o quanto antes contar a ele o meu passado, confio no seu entendimento, mas se não for possível me aceitar não poderei culpá-lo."

Cecília, assim como Júlia, sentia o coração mais leve, apesar da dor pela separação de Francisco. Conseguira entender a própria culpa e sabia que nada mais poderia fazer para resgatar o amor perdido. A saudade iria acompanhá-la ainda por muito tempo, pois nada mais era que o amor que ficara e sobre o qual não se dispusera a aprender, a exercitar a compreensão; fora vítima da própria teimosia, agora não tinha o direito de reclamar. Só lhe restava aceitar a situação e agir com mais prudência e sabedoria para evitar novos conflitos. Aprendera com seu sofrimento que a vida não lhe tirara o amor, como pensara, mas a libertara de sentimentos que não eram úteis para seu progresso espiritual, como o orgulho e a teimosia, afastando a influência nefasta que estes causavam ao coração de quem os abrigava. Quando almejamos a paz, esta deve começar em nós, dentro do nosso coração, porque não podemos exigir do semelhante sentimentos que não possuímos.

ALMAS EM CONFLITO 285

Ao abrir a porta de sua casa Cecília sentiu que a partir daquele instante tudo poderia ser diferente se ela mudasse, e era o que pretendia fazer. Tinha consciência de que as mudanças ocorrem devagar, aos poucos, e que as transformações só permanecem quando são fruto do esforço diário para vencer a si mesmo, pedindo ao Pai que nos proteja de nós mesmos. O aprendizado é longo e, muitas vezes, penoso, mas jamais impossível, essa era a luta pela evolução, o caminho seguro para a felicidade.

Cansada, sentou-se e, olhando distraidamente para um jornal deixado na poltrona, uma foto estampada na primeira página chamou-lhe a atenção.

– Meu Deus, é a foto de Joaquim! – exclamou. – O que terá acontecido desta vez?

Antes que começasse a ler para se inteirar do assunto, ouviu a voz chorosa de Marilda:

– Mãe, a senhora viu, essa é a foto do papai, até o jornal fala dele! Mãe, ele é tão mau assim?

– Filha, venha aqui perto da mamãe – disse abraçando-a.

– Deixe a mamãe ler primeiro a reportagem, depois conversaremos.

"Ele foi transferido para a penitenciária de segurança máxima por ser considerado de alta periculosidade. Comprovaram que realmente é o traficante que a polícia investigava havia algum tempo, chefe de uma grande quadrilha. Meu Deus", pensava angustiada. "Como pode ser? Como nunca percebi quem era na verdade? Sabia de sua grande vaidade, do seu egoísmo excessivo, tanto que na verdade nunca se importou com a própria família, mas traficante..."

Como não percebi isso antes se o conheço há anos? Estive cega esse tempo todo."

— Mãe, o que está acontecendo? Eu li que papai é perigoso, mas por que eles acham que papai é tão perigoso assim? Ele é mesmo muito mau?

"Meu Deus, o que vou falar para esse coração tão jovem que já sofre a desilusão de ver seu pai preso? Como explicar se eu mesma não consegui entender até agora esta realidade?"

— Fala, mãe! — repetiu Marilda com lágrimas nos olhos.

Cecília elevou seu pensamento até nosso Pai Maior e solicitou ajuda.

"Senhor, venha em meu socorro, o que falar para essa criança sem causar mais estrago em seu coração?"

Os pedidos sinceros e procedentes jamais ficam sem resposta; o auxílio se fez e Hortência aproximou-se de Cecília, inspirando-a. O registro da proximidade do querido espírito foi sentido por ela, que, mesmo inconsciente do que na verdade acontecia, sentiu-se segura e confiante para acalmar Marilda.

— Filha, não se desespere, mamãe vai explicar o que na verdade está acontecendo com seu pai. Marilda, você já aprendeu que precisamos prestar muita atenção na nossa vida, não devemos nos distrair a ponto de nos afastarmos do caminho seguro que nos leva a Jesus. Infelizmente, seu pai se distraiu e se enganou, não percebeu o quanto estava se afastando desse caminho, esqueceu-se dos valores que a mamãe sempre ensina para você e para o Lucas, e que os seus avós ensinaram para seu pai, e esse esquecimento o levou a cometer atos que são reprováveis por Deus e pelas pessoas de bem. Quando isso acontece, as consequências chegam, porque são infalíveis, tudo o que fazemos gera uma consequência. O seu pai não é mau, apenas se equivocou, fez coisas erradas e precisa prestar contas desse erro à sociedade, e é o que está acontecendo: ninguém pode fugir da sua responsabilidade.

— Ele deixou de nos amar?

— Não, filha, ele nunca vai deixar de amar você e o Lucas; esse sentimento ele guarda no coração e nunca vai acabar.

— Ele vai ficar muito tempo preso?

— Não sei quanto tempo, filha, mas o suficiente para quitar sua dívida com a sociedade e aprender a respeitar as leis divinas, sem causar sofrimento nos lares de famílias honestas.

— Se ele sabia que as famílias eram honestas por que fez isso com elas?

— Porque em algum momento ele se esqueceu disso, filha, e cometeu erros.

Marilda pensou por uns instantes e disse com a emoção própria das crianças:

— Eu entendi, mãe. Vou pedir a Jesus para protegê-lo e ajudar a não se enganar novamente para não fazer mais coisas erradas. Eu o amo! — exclamou.

— Isso, filha, deve continuar amando seu pai, querer sempre o bem dele. Tenho certeza de que um dia ele vai estar livre de novo e pronto para começar uma nova vida sem enganos.

Com sua ingenuidade, Marilda abraçou sua mãe e lhe disse:

— Ainda bem que Francisco aceitou ser nosso pai adotivo.

— É verdade, filha, ainda bem — concordou Cecília com um aperto em seu coração. — Ele vai ajudar a mamãe a cuidar muito bem de vocês.

Assim que a filha se afastou, Cecília não conseguiu evitar as lágrimas de arrependimento que molhavam seu rosto.

Todos podem experimentar a neve no inverno e as flores na primavera. Deus poderia viver em qualquer ponto do universo, mas escolheu o coração de suas criaturas, e Ele envia flores a cada primavera e um amanhecer a cada manhã para dizer ao homem que nenhum sofrimento dura pela eternidade. Os conflitos abandonam nossa alma quando passamos a entender o que na verdade é o amor.

capítulo 17

Uma prece sincera

Joaquim amargava a dor do confinamento. A cada dia que passava solitário, mais se dava conta do quanto fora inconsequente e leviano; tudo fizera com o único objetivo de enriquecer mais facilmente, e nesse engano empurrara para o abismo jovens desavisados que acreditavam encontrar soluções para seus conflitos no delírio das drogas.

No silêncio de sua cela ia, aos poucos, percebendo o quanto perdera por conta da ambição de poder. Ausentara-se dos filhos, manipulara Cecília impondo-lhe amargura e sofrimento; começava a questionar o saldo das suas atitudes cruéis e sabia que teria à sua frente longos anos para pensar e amargar a solidão.

Ninguém foge das consequências de seus atos; a cada ação, a reação vem a galope. Somos os únicos responsáveis pelas nossas ações e seremos os únicos herdeiros de nós mesmos. Joaquim recebia os frutos de sua imprudência; procurou a fortuna por meio da dor do semelhante e o que colheu foram os espinhos a cravar-lhe a alma.

Pedira a Cecília que não levasse Marilda e Lucas para visitá-lo, não se sentia com forças para enfrentar as perguntas, o medo e a insegurança de seus filhos, mas não sabia que as crianças também não queriam vê-lo. Acostumaram-se com a atenção de Francisco, que, ao lado de Júlia, tudo fazia para levar a elas a alegria de que necessitavam. Cecília, apesar de haver entendido e aceitado a relação de Júlia e Francisco com sinceridade, não deixava de se culpar por ter tirado dos filhos a harmonia e o equilíbrio de um lar de verdade que Francisco poderia lhes dar.

Júlia sentia que não poderia adiar por mais tempo a conversa que já deveria ter tido com Francisco e que sempre adiara, por receio de não ser entendida e seu sonho se desfazer. Decidida a acabar de uma vez com a angústia que a atormentava cada vez mais, queria resolver a questão. Pediu ao namorado que fosse à sua casa.

– Alguma data especial, querida? – perguntou Francisco.

– Talvez seja especial, não no sentido do que você possa imaginar, mas não deixa de ser especial, principalmente para mim; vai depender de você.

– Desculpe, Júlia, mas não estou entendendo nada. Algum problema com nossa relação?

– Não, amor, não se preocupe, pois vai entender, não está relacionado com você, mas sim comigo; tomara que aconteça da maneira que eu espero.

– Júlia, você está me assustando!

– Já lhe disse que não tem razão para se assustar.

– Você pode adiantar o assunto?

– Posso. Lembra que um tempo atrás você perguntou se eu queria falar sobre algo que aconteceu no meu passado?

– Claro que me lembro, você não quis comentar.

– Pois é, naquele momento julguei não haver necessidade de me expor, mas agora é diferente, penso que você tem o direito de saber tudo sobre mim. Estamos juntos e não quero que paire nenhum segredo sobre nós, é justo que saiba.

Francisco temeu o que poderia ser tão grave, e disse:

– Está bem, estou indo, pode me aguardar.

Desligou o telefone, e cada um deu margem aos seus pensamentos. Júlia, ansiosa, temia não ser compreendida e a partir daí não ser aceita pelo homem que amava; Francisco não podia imaginar o que seria tão grave que a fazia temer sua reação.

– Não adianta ficar fazendo conjecturas, o melhor é ir o mais rápido e acabar com essa expectativa. Meu Deus, que não seja nada que possa nos separar! – exclamou.

Ao abrir a porta de sua casa para Francisco, Júlia abraçou-o com muito amor.

– Que recepção calorosa – disse Francisco, correspondendo ao carinho da namorada.

– Não sei se será o último abraço que lhe dou – respondeu Júlia.

Angustiado, Francisco respondeu:

— Meu amor, você está adiantando uma situação que na verdade não sabe se acontecerá; para que eu me separe de você é preciso que seja algo extremamente grave, sem explicação, baseado em crueldade; e tenho certeza de que não é o caso, conhecendo você como conheço.

Júlia, emocionada, beijou-o com paixão.

— Eu o amo, Francisco, mais que a mim mesma!

— Eu também a amo, Júlia. Confie em mim; fique tranquila e vamos conversar, conte-me exatamente tudo o que a angustia.

Sentaram-se confortavelmente na sala e Júlia, encorajada pelo olhar carinhoso de Francisco, narrou sua história.

— Quando tinha apenas dezoito anos, conheci Alberto, um jovem que morava próximo à minha casa, na pequena cidade onde nasci. Ele era dez anos mais velho que eu e por conta disso meus pais eram contra o namoro, que surgiu logo que nos conhecemos. Enfeitiçada por seus encantos, passei a não enxergar nem ouvir nada que não viesse dele, fazia todas as suas vontades e, por mais que minha mãe tentasse interceder, não lhe dava ouvidos. Em pouco tempo me entreguei a esse amor acreditando ter encontrado meu príncipe encantado. No primeiro momento, senti-me no céu, estava realmente apaixonada e só tinha olhos para Alberto. Afastei-me de minha família porque ele dizia ter ciúmes e queria que eu fosse somente dele; ingenuamente concordei. Pouco tempo se passou e Alberto começou a se mostrar como era na verdade: ausentava-se sempre de casa, agia de maneira duvidosa e jamais me dava satisfação de suas atividades. Quando questionava suas intermináveis ausências, ele respondia com agressividade e, algumas vezes, chegou à agressão física. Perdi a conta das noites em que passei sozinha, entregue às lágrimas, lembrando das palavras sensatas e amorosas de meus pais, palavras essas às quais não dei ouvidos, tão cega que estava. Certa tarde ele chegou dizendo para eu me arrumar bem bonita, pois iria sair com ele. Fiquei superfeliz, acreditando que tudo poderia mudar. Ledo engano, a partir daí meu sofrimento aumentou.

Nesse ponto Júlia parou, sem controlar as lágrimas que molhavam seu rosto. Francisco percebia a profunda emoção que tomava todo o coração de sua amada e a abraçou.

– Querida, essas lembranças estão lhe fazendo mal, não quer parar? Tudo já passou, pertence ao passado, vamos começar nossa vida a partir do nosso encontro, do amor que sentimos um pelo outro; enfim, vamos viver o presente, que é o que na verdade importa. Todos já passamos por situações de conflitos, é preciso superar nossas dores.

Mais calma, Júlia respondeu:

– Sei que tem razão, Francisco. Acredito ter superado essa fase da minha vida, mas não posso deixar que você ignore o meu passado porque não acho justo esconder nada do homem que amo; portanto, deixe-me continuar. Quando trazemos para o presente o sofrimento do passado, é impossível não sentir a dor apertando nosso coração, mas sei que o meu desabafo vai destruir de vez a sombra dessa dor.

Francisco fez um carinho em Júlia e incentivou-a a continuar:

– Prossiga, meu amor, mas não esqueça que não estou aqui para julgar seja o que for, e sim para apoiá-la e fazê-la esquecer seus conflitos.

Júlia, emocionada, abraçou-o dizendo:

– Você é a melhor pessoa que conheci, Francisco, agradecerei todos os dias a felicidade de tê-lo em minha vida.

– Com mais segurança, voltou a dizer: – Chegamos a uma casa muito bonita, decorada com esmero e, à primeira vista, pensei tratar-se de alguma comemoração devido ao acúmulo de gente que transitava de maneira descontraída. Confiando em Alberto, senti-me feliz por estar com ele naquele ambiente refinado e, mais uma vez, enganei-me. Assim que entramos, um homem se aproximou de Alberto e perguntou: "Essa é a moça que me descreveu?" "Sim", confirmou Alberto. "O que acha?" O homem me olhou atentamente, analisando-me com olhos de cobiça. Naquele momento, senti uma angústia inexplicável e pedi a Alberto que voltássemos, porque não estava me sentindo bem, mas ele negou veementemente.

"Calma, Júlia, acabamos de chegar, não precisa ficar assustada, está entre amigos, você vai gostar, tenho certeza."

"Não sei, Alberto. Achei esse homem muito esquisito."

– O homem parecia se divertir comigo e, sorrindo, disse:

"Alberto, é a primeira vez dela. Você sabe que quero ser o primeiro."

"Cumpri a minha palavra", respondeu Alberto. E, aproximando-se mais, completou: "Com exceção de mim, é claro".

"Assim é melhor!"

– Ao ouvir a conversa dos dois, percebi do que realmente se tratava. Soltei a mão de Alberto e tentei sair apressada, mas ele, ágil, segurou-me e perguntou: "Onde você pensa que vai?" "Penso que vou embora, pois não vou ficar aqui para participar dessa sujeira." Com violência, ele me segurou dizendo: "Você vai ficar sim, vai com este senhor, e seja bem boazinha com ele, pois ele está pagando muito caro."

Júlia interrompeu a narrativa, as palavras morreram em sua boca e ela não conseguia prosseguir. Diante do choro convulsivo pelo qual foi tomada, Francisco, também atingido pela dor que sentia sua amada, abraçou-a fortemente. Procurava encontrar as palavras certas para dizer, mas ele também ficara indignado com a agressão que Júlia sofrera. Sem saber ao certo o que dizer, apenas a abraçou e reafirmou seu amor por ela. Entre lágrimas, Júlia respondeu:

– Se não me quiser mais, vou entender, mas quero que saiba que nunca mais entreguei meu coração a homem nenhum até conhecer você.

– Júlia, conte-me o que aconteceu depois, é melhor se livrar de tudo de uma vez.

– Chegamos em casa ao amanhecer. Alberto tentava explicar o ato tão vil ao qual me submetera dizendo que devia alta quantia para aquele homem e a única maneira de quitar a dívida fora oferecer o que ele pedira, ou seja, uma mulher bonita, que não fosse do meio, pois essa era sua fantasia. Quanto mais ele falava, mais a revolta tomava conta de mim, o ódio crescia em meu coração e, para evitar que cometesse uma tragédia, sem dizer nada nem responder às suas explicações, arrumei algumas poucas roupas e assim que ele entrou no banheiro para tomar banho saí de casa, fui até a rodoviária, comprei uma passagem e vim para esta cidade. Queria ficar longe de tudo o que pudesse me lembrar daquela noite, mas foi em vão, logo a consequência se fez presente, lembrando-me do terror vivido.

– O que quer dizer com isso?

– Quero dizer que descobri que ficara grávida, e por conta disso por pouco não tentei contra minha própria vida, tamanho foi o meu desespero. Só não consegui o meu intento porque a dona da pensão onde me hospedei me amparou e explicou-me que cometeria um assassinato contra um ser indefeso e que essa culpa levaria para sempre, pois agiria contra as leis de Deus; disse que o melhor seria doá-lo assim que ele nascesse. E foi o que fiz.

Cada vez mais, Francisco se surpreendia; jamais imaginara que Júlia, tão amiga, equilibrada e aparentemente feliz, carregava tanto conflito em seu coração.

– Meu amor – disse –, como deve ter sofrido! Admiro sua superação, sua força para se tornar essa pessoa maravilhosa que é; leal e sincera, mesmo após ter passado por tanto sofrimento!

– Isso se deve à senhora que me ajudou durante toda a gestação, acolheu-me como filha, mostrou-me um caminho até então desconhecido, ensinou-me que o sofrimento fica mais equilibrado e suportável quando acolhemos Jesus no coração. E foi o que fiz; seguindo sua orientação, conheci a Doutrina Espírita e por meio dessa doutrina de paz e amor consegui refazer minha vida. Consegui perdoar, embora, muitas vezes, sentisse a dor de ter renegado minha filha, que nenhuma culpa tinha em toda essa história.

– Querida, há quanto tempo tudo isso aconteceu?

– Há doze anos.

– Quer dizer que sua filha tem agora doze anos?

– Sim.

– E durante todo esse tempo nunca tentou encontrá-la?

– Sim. Depois de alguns anos, quando me senti segura e equilibrada emocionalmente, tentei encontrá-la; fui até o orfanato onde a havia deixado, mas soube que ela havia sido adotada e que morava no exterior. Vivia muito bem com uma família que a tratava como filha biológica. Insisti para que me dissessem o lugar, mas não obtive êxito. Há um mês tentei novamente, dizendo que iria me casar, mas novamente foi em vão. Disseram-me: "Ela está muito bem, não é justo procurá-la agora, depois de tanto tempo, mesmo porque tudo foi feito legalmente e não temos o direito de interferir na vida de uma família feliz, que a ama. A senhora acha justo levar conflito para o coração de uma criança que ama seus pais e acredita serem os pais biológicos?". "Não, não tenho esse direito, mas saber que ela está bem me conforta", respondi.

– Júlia, e seus pais?

– Meu pai não suportou a dor de ver o sofrimento de sua única filha, teve um colapso e desencarnou. Minha mãe suportou por um tempo a ausência de papai e, pouco tempo depois, partiu ao seu encontro.

Francisco estava impressionado com a história de Júlia. O seu silêncio fez com que ela o interrogasse:

— Meu amor, não vou exigir que me aceite depois de saber tudo sobre minha vida. Vou entender sua atitude seja qual for, quero que fique à vontade para decidir sobre o que realmente quer. Sei que não sou a mulher que sempre pensou que eu fosse, e talvez não seja a pessoa certa para lhe dar a felicidade que deseja e merece.

Francisco olhou-a com amor e disse:

— Realmente, você não é a mulher que eu pensei, é muito superior às minhas expectativas. Admiro sua coragem, sua fibra e sua superação, que a transformaram nessa pessoa maravilhosa, apesar do vendaval que arrastou sua ilusão de felicidade, mas prometo-lhe que será feliz ao meu lado porque a amo e tudo farei para que essas lembranças sejam varridas para sempre de seu coração. Quero que acredite no meu amor sincero e que será feliz, eu lhe prometo. Essas lembranças vão se apagar, não terão mais espaço em seu coração, pois ele estará preenchido com o meu amor por você.

Emocionada, Júlia respondeu:

— Meu amor, como posso lhe agradecer? Não sei o que dizer, não sei como expressar minha felicidade.

— É simples — respondeu Francisco —, apenas me ame!

Após se abraçarem com emoção, Francisco voltou a dizer:

— Quanto à sua filha, deixe-a ser feliz onde está; terá outros filhos assim que nos casarmos. Envie-lhe pensamentos de amor para que a felicidade se faça presente sempre em sua vida e deixe que os acontecimentos sigam a vontade de Deus, pois nosso Pai sabe o que é melhor para todas as suas criaturas, e, se estiver programado seu encontro com ela, um dia ele acontecerá.

Ao ouvir a palavra casamento, Júlia mal pôde acreditar.

– Você disse casamento?

– Claro! Ou você pensa que vou desistir da mulher que amo? Agradeço por ter me contado tudo sobre o seu passado, a sua sinceridade, agora você está livre e não precisa temer mais nada, porque nada vai nos separar. O que importa na verdade é o que restou em seu coração: a dignidade, o amor ao semelhante e a sua determinação em construir uma nova história. Sempre podemos recomeçar quando confiamos Naquele que nos Criou.

Júlia e Francisco se abraçaram, selando definitivamente uma relação de amor e companheirismo que os acompanharia para sempre.

As vicissitudes da vida são de duas ordens ou, se se quiser, têm duas origens bem diferentes e que convém distinguir: umas têm a causa na vida presente; outras fora desta vida.

A quem, pois, devem todas essas aflições, senão a si mesmos? Num grande número de casos, o homem é autor de seus próprios infortúnios. Mas, em vez de reconhecê-lo, acha mais simples, e menos humilhante para a sua vaidade, acusar a sorte, a Providência, a falta de oportunidade, sua má estrela, enquanto sua má estrela é a sua própria incúria.[10]

---

10 *O Evangelho Segundo o Espiritismo*. Cap. V – Item 4 – Causas Atuais das Aflições (NAE).

capítulo 18

O amor cresce

O tempo seguiu seu curso. Um ano se passou. Cecília sentia seu coração em paz, não pensava mais em Francisco como um amor perdido, mas sim como um amigo querido que não poupava esforços para levar aos seus filhos a alegria a que todas as crianças têm direito, sempre apoiado por Júlia, que cada dia se sentia mais apaixonada e esperava com ansiedade o dia do seu casamento que se aproximava.

Joaquim permanecia preso, pagando à sociedade o preço dos seus erros. Seu egoísmo e a excessiva vaidade, que sempre foram presentes em seu caráter, não lhe permitia aceitar o desfecho de suas ações inconsequentes, e cada vez mais forte agasalhava em sua mente o ímpeto de desertar da vida, acreditando colocar um fim em seu sofrimento, que pensava ser grande demais para um simples erro.

Em seu delírio leviano, não entendia o mal que havia espalhado, levando às famílias honestas a tristeza de ver seus filhos arrastados pela crueldade das drogas. Tudo para ele parecia fazer parte da própria vida, como se fosse natural a busca da verdade por meio de práticas nocivas, tanto para o corpo físico como para o espírito.

As lágrimas de dor daqueles que são atingidos por este vendaval de tristeza repercutem pelo universo e buscam o responsável pela degradação de seus entes queridos.

Os dias passavam sombrios para ele. Começara a recusar o banho de sol, alimentava-se pouco e, dia a dia, afundava na própria irresponsabilidade do passado, até que em certa manhã foi encontrado morto em sua cela. Acabara com a própria vida acreditando que colocaria um fim, de uma vez por todas, ao sofrimento de estar preso como um bicho enjaulado.

Mais uma vez se enganara. Saíra do sofrimento terrestre para mergulhar no lamaçal da dor no mundo espiritual, dor esta que fazia jus aos seus atos imprudentes e levianos com os quais sempre levara sua existência na Terra.

Enganam-se os que acreditam poder terminar com sua vida para se livrar da dor, pois esta os acompanhará na espiritualidade, levando-os para sofrimento maior. Somente o Criador conhece nossa história e sabe o que precisamos suportar para nos redimir dos erros do passado. É preciso ter força e coragem para passar pelos espinhos da vida e não machucar os pés, pois a fé e o reconhecimento dos nossos enganos nos ajudam a vencer essa batalha, protegendo-nos de nós mesmos.

O suicídio, em geral, é provocado pela ociosidade, falta de fé, descrença em Deus, orgulho ferido e revolta pelas provas vivenciadas; transgride as leis de Deus e acarreta desequilíbrios profundos nos tecidos perispirituais. O espírito Bezerra de Menezes, no livro *Dramas da obsessão*, explica: *O suicídio não é uma lei, não sendo por isso mesmo imposto a quem quer que seja pela harmoniosa legislação divina, como o seriam, por exemplo, o resgate e a reparação da prática de um ato mau ou a morte natural do corpo físico terreno; contrariamente, ele é um ato reprovável pela mesma legislação, de inteira responsabilidade de quem o pratica.*

A notícia da morte de Joaquim trouxe intenso sofrimento para Marilda e Lucas, que perceberam que jamais teriam ao seu lado o pai que tanto esperavam, acreditando que um dia ele os amaria de verdade. Cecília, respeitando a vontade dos filhos, não os levou para se despedir do pai; foi acompanhada de Francisco e Júlia, que, em nenhum instante, saíram de perto da amiga. A volta de Joaquim para a Pátria Espiritual foi solitária, pois, com exceção de Cecília, Francisco e Júlia, nenhum de seus antigos conhecidos se importara com sua despedida.

Durante os dias que sucederam a partida de Joaquim, o lar de Cecília agasalhou a tristeza de Marilda e Lucas, que ainda não tinham a total compreensão do que acontecera. Cada dia mais, eles exigiam a presença de Francisco, que em nenhum momento os abandonara, cumprindo com extremo carinho o que lhes prometera.

Mas, como sempre, o tempo segue seu curso e Joaquim passou a ser apenas uma lembrança no coração dos filhos.

***

Naquela manhã de primavera, Júlia acordou sentindo seu coração bater mais forte, mal suportando a imensa alegria que sentia. A grande emoção dominava-a por inteiro. Enfim, a felicidade maior que esperava havia tanto tempo fazia-se presente em sua vida.

"Meu casamento com o homem que amo!", exclamava para si mesma. "Meu Deus, como Lhe agradecer tamanha bênção? Como expressar meu agradecimento por tudo o que estou vivendo? Sei que a presença de minha filha estará apenas no meu coração, no arrependimento do ato que cometi, mas sei também que ela é feliz com os pais que a criaram e isso me conforta. Não devo nem posso exigir que seja diferente, pois tudo segue o curso que eu mesma tracei; portanto, sou agradecida pelo dia de hoje e por poder recomeçar uma vida de amor ao lado de Francisco."

Delicadamente, enxugou pequenas lágrimas que escorriam pelo seu rosto e, colocando sobre sua cama o vestido que usaria na cerimônia, admirou-o com felicidade.

"Não importa que eu entre sozinha na igreja", pensou, "o importante é quem está me esperando. Deus nunca me desamparou, e esta é a maior certeza que tenho".

Hortência, presente, disse a Tomás:

– Ela terá uma grande surpresa, Tomás. Recompensa por todos esses anos de superação, por não deixar que a tristeza a afastasse do convívio amigo com o seu próximo, por acreditar que tudo é possível quando se está próximo de Deus. Ela sabe que o sofrimento com Jesus é o sofrimento equilibrado e foi essa consciência que a manteve em harmonia com as leis divinas.

— Hortência — disse Tomás —, o fato de Júlia ter abandonado a filha não pesa em relação ao seu progresso espiritual?

— Tomás, Júlia não abandonou a criança, não a deixou à própria sorte, entregue às intempéries, aos riscos, e condenada a morrer sem nenhuma chance de vida. Júlia a entregou para adoção, dando a ela a oportunidade de ser feliz ao lado de outra família; não lhe tirou a chance de ter ao seu lado pais que a amassem de verdade; naquele momento de dor, não se deixou envolver pelo repúdio contra a criança, mas se preocupou em dar a ela o amparo a que tinha direito e que, naquele momento de sua vida, sentia-se impotente para amá-la como merecia, visto estar ainda mergulhada na dor. Durante todos esses anos guardou em sua lembrança o pequeno ser que chegou até ela por via desastrosa, anulando seu desejo de ser mãe. Passou a desejar tê-la ao seu lado e seu coração se abriu ao desejo de trazer para si o pequeno ser que entregara a outrem, o que no momento não era possível, pois tudo segue a direção que precisa. Em vez do aborto, do abandono, do ódio contra um ser indefeso, ela agiu com compaixão, não deixando que o sofrimento fechasse seu coração irremediavelmente. É isso, Tomás, o aborto é um crime estarrecedor, o espírito reencarnante não possui voz para suplicar piedade, não tem defesa, fica à mercê do delírio nefasto de quem o pratica. O abandono impiedoso, o ódio contra um ser que apenas aspira uma oportunidade para resgatar no plano físico seus débitos do pretérito constituem grave agressão; portanto, a adoção será sempre a melhor opção, porque proporciona ao espírito que chega esperançoso a oportunidade de ter ao seu lado pessoas que o amam de verdade.

Hortência pensou e completou:

– Observe o coração de Júlia, Tomás. Não existe nenhum resquício de ódio, e sim a lembrança de sua filha. Naquele momento de dor, acreditando não ter condição de lhe dar o que de fato ela tinha direito, concluiu que o melhor era lhe proporcionar a chance de uma vida digna, senão com a mãe de sangue, com a mãe do coração. Mesmo no sofrimento, ela agiu com dignidade cristã. Nos atos que fogem às leis divinas, tudo é medido e avaliado com muito cuidado, Tomás, no sentimento que existia no coração, na intenção real da mente; enfim, ninguém sofre injustamente, porque nosso Pai não permite que nenhuma de suas criaturas sofra.

– Tudo nas leis divinas é perfeito! – exclamou Tomás.

– Sim. Deus é a perfeição, o amor incondicional, a sabedoria que rege o universo. Deus é a luz, Tomás.

Júlia, alheia a tudo o que se passava à sua volta no âmbito espiritual, sentou-se para tomar seu desjejum. Como sempre fazia, orou ao Pai, agradecendo por aquele dia tão esperado.

Senhor, não sei o que dizer, apenas Lhe agradeço pelo dia de hoje e por todos os outros que ainda virão. Sou feliz e tudo farei para que essa felicidade perdure, fruto do meu esforço em viver dentro das Suas leis, espelhando-me no amor de Jesus. Que minha filha, onde estiver, seja também agraciada com Sua bênção, para que também seja feliz; que seu coração seja livre para amar aqueles que a criaram e que essa dor que me acompanha pelo que fiz no passado seja só minha.

Hortência e Tomás acompanharam a prece de Júlia; no fim emitiram energia salutar para aquela irmã que conseguira, por meio da sua superação e da confiança no Supremo, atrair a felicidade para si.

Afastaram-se e juntos seguiram rumo à Pátria Espiritual.

O telefone tocou, tirando Júlia do seu devaneio.

Ouviu a voz de Cecília, que exclamou excitada:

– Júlia, como está se sentindo nesta manhã em que o sol está aquecendo seu coração? Precisa que eu vá ajudá-la?

– Oi, Cecília! Que bom ouvir sua voz amiga, acho que preciso mesmo de alguém perto de mim. Estou me sentindo muito sozinha, gostaria de tê-la ao meu lado se não for lhe causar transtorno.

– Amiga, não causará transtorno algum, é uma alegria estar com você, ajudá-la nesse dia importante. Estarei aí em um instante.

Assim que desligou o telefone, Júlia pensou: "Que bom estar perto de Cecília novamente, nossa amizade superou os empecilhos que surgiram porque sempre foi verdadeira".

Com alegria, esperou a chegada da amiga.

Cecília e Júlia se abraçaram, comovidas. O sentimento sincero que as unia superara os conflitos que surgiram no decorrer do tempo.

O afeto, quando verdadeiro, não sucumbe diante das adversidades; quando o coração está pronto para aceitar as situações inesperadas da vida, reage com coragem, não permitindo que a mágoa, a melancolia e o desespero façam morada dentro de si mesmo, pois compreende que os conflitos sempre farão parte da nossa caminhada terrestre; e se faz necessário tirarmos nossas próprias conclusões e compreendermos que tudo faz parte da evolução, e não existe evolução sem aprendizado. Cecília, com esforço, aprendera que não se pode interferir no livre-arbítrio do próximo, é preciso respeitar as escolhas do outro e não exigir que ele pense e aja como gostaríamos.

Com a ajuda de Cecília, Júlia, no fim da tarde, estava pronta para a realização do que esperava com ansiedade.

– Você está linda, minha amiga! – exclamou Cecília.

Emocionada, Júlia a abraçou.

– Obrigada, Cecília, por tudo; sua compreensão e o carinho com o qual está me ajudando. Sou-lhe muito grata.

– Júlia – respondeu Cecília –, aproveito a oportunidade para reafirmar a você que não existe mágoa em meu coração; quero de verdade que você e Francisco sejam felizes porque merecem; só quero lhe pedir que não se afastem de mim, dos meus filhos, que amam vocês; enfim, reafirmo a você que somente penso em Francisco como um amigo querido, não existe mais outro sentimento que não o de amizade.

– Eu sei, amiga. Não alimento nenhuma desconfiança quanto a isso; seremos sempre amigas; eu e Francisco estaremos presentes em sua vida, dando-lhe apoio em todos os momentos que se fizer necessário. Amamos Marilda e Lucas e faremos de tudo para suprir a falta que sentem do pai.

– Obrigada, Júlia. Agora vamos, não fica bem a noiva chegar muito atrasada, deixando os convidados esperando.

– Cecília, e as crianças? Você não vai buscá-las?

– Jurema vai levá-los; encontraremo-nos na igreja.

– Então vamos – disse Júlia, mal podendo disfarçar a imensa felicidade que se instalara em seu coração.

A igreja, preparada para a cerimônia, exibia a beleza e o perfume das flores brancas cuidadosamente arrumadas para receber Júlia e Francisco nesse dia tão especial.

Francisco, ao ver a mulher amada entrando sozinha, segurando um pequeno buquê de orquídeas, sentiu o coração bater mais forte.

"Como está linda!", pensou, "nunca imaginei, meu Deus, voltar a amar com tanta intensidade! Não acreditava que a felicidade poderia fazer parte novamente da minha vida; entretanto, hoje realizo meu sonho de voltar a ter uma família, ter os filhos que não consegui ter com minha primeira esposa nem com Cecília; enfim, sou-Lhe muito grato, Senhor, por ter permitido que a felicidade batesse novamente à minha porta".

Recebendo Júlia no altar, disse:

– Você está linda, e eu a amo!

Com seu belo sorriso, Júlia respondeu:

– Eu também o amo, Francisco, e amarei para sempre.

A cerimônia, celebrada com brandura e ressaltando as leis de Deus que unem aqueles que se amam de verdade, fez com que o amor pairasse no ar comovendo os convidados. Júlia e Francisco não escaparam de pequenas lágrimas que, furtivamente, brilhavam em seus olhos. Era o amor vencendo os conflitos, transformando o coração daqueles que o sentem e acreditam que tudo se torna possível a partir do instante em que confiamos em Deus, na vida e em nós mesmos. Não podemos escolher a maneira como vamos morrer, pois isso pertence ao Criador, mas podemos escolher o modo como vamos viver, porque essa é uma escolha nossa. Cristo, ao ser crucificado, poderia ter dito palavras mágicas que o libertassem da cruz, mas Ele não disse, suportou a dor dos pregos e sentiu o calor do seu sangue escorrendo por seu rosto! Isso é amor, o maior e mais verdadeiro amor que já existiu na Terra.

A humanidade ainda está longe desse sentimento, mas amar com sinceridade aquele que dizemos amar, sem subterfúgio, cobranças ou interesses, já é um bom começo.

A suave música, tocada por violinos, deu por encerrada a cerimônia.

De mãos dadas, Júlia e Francisco caminhavam para a saída. Ao chegarem à porta, Júlia foi surpreendida por uma adolescente que, aproximando-se mais dela, disse:

– Felicidades, mãe!

Essas palavras soaram como um tiro certeiro no coração de Júlia, que precisou se segurar em Francisco para não cair.

"Por que essa menina está brincando comigo?", pensou.

Com a voz trêmula, perguntou:

– O que está dizendo? Por que essa brincadeira?

Mais emocionada ainda, a garota respondeu:

– Não estou brincando, sou mesmo sua filha!

Antes que ela dissesse uma palavra, um casal com sotaque europeu aproximou-se da menina e falou:

– Ela está falando a verdade, é realmente sua filha biológica, é aquela criança que, em um momento de desespero, você deixou no orfanato para adoção, e nós somos seus pais adotivos.

Júlia não suportou tanta emoção e desfaleceu nos braços de Francisco.

A confusão se instalou. Francisco, reanimando a noiva, levou-a para a sacristia acompanhado de Cecília e seus parentes. Com a licença do pároco sentaram-se todos para ouvir a explicação do fato ocorrido. Júlia parecia estar ausente, não podia acreditar no que estava acontecendo; como o passado podia voltar assim, por si só, trazendo a filha abandonada, alvo de todos os seus conflitos? Mas logo percebeu que não se tratava de uma ilusão, realmente ela estava ali, com ela, sem ódio, sem mágoa, com o coração ansioso para chamá-la de mãe, com tanto afeto que era capaz de dividir o amor que sentia pelos pais adotivos.

"Senhor, tenha piedade de mim", clamou, "chegou a hora de desnudar meu passado, isso prova que nada se esconde para sempre, nada se apaga; no momento certo a verdade aparece para resgatar seu lugar na história de cada um."

Francisco, com delicadeza, perguntou:

– Você está bem, meu amor?

– Sim. Estou mais calma, apesar de não entender esta situação.

– Nós vamos lhe explicar tudo – disse Mary, a mãe adotiva –, mas não temos pressa. Recomponha-se primeiro, temos todo o tempo do mundo. – Depois de certo tempo, continuou: – Anos atrás estivemos aqui no Brasil porque tínhamos a intenção de adotar uma criança brasileira. Fomos orientados a ir a um orfanato, pois disseram ser o melhor lugar para realizar nosso intuito. Ao chegarmos ao estabelecimento, a diretora mostrou-nos com muita atenção toda a

ALMAS EM CONFLITO 311

entidade, assim como as crianças que esperavam uma família. Ao ver o rostinho de Kate, com apenas quatro meses, sentimos na hora que ela seria nossa filha querida. A partir daí, foi só formalizar nossa intenção no órgão competente, o que não foi fácil, visto sermos estrangeiros. Contudo, decididos, ficamos no país o tempo necessário para conseguir a adoção, o que, graças a Deus, concretizou-se. Não preciso dizer a angústia que sentimos no tempo de espera, mas para ter aquela criança como nossa filha tudo valia a pena. Ao chegarmos à nossa casa em Londres, decidimos que contaríamos para ela a sua história; acreditávamos que evitaríamos sofrimento mais tarde e achávamos que ela tinha o direito de saber que tinha uma mãe brasileira. Como nos foi relatada a sua história, não escondemos nada para Kate, e tudo o que dissemos foi a seu favor, o seu amor, o sofrimento; enfim, que ela não tinha sido abandonada por desprezo, mas sim por imperiosa necessidade. Ela cresceu agasalhando o sonho de conhecê-la e prometemos que assim que completasse quinze anos voltaríamos ao Brasil para procurar sua mãe biológica, mas, como soubemos do seu casamento, resolvemos antecipar nossa vinda e proporcionar a ela a alegria de conhecer a mãe, que ela ama mesmo sem nunca ter visto.

Júlia não continha as lágrimas, assim como todos os presentes, que, surpresos com a história de Júlia, envolveram-se na mesma emoção. A noiva, receosa, perguntou:

— Ela sabe realmente de tudo?

— Sabe o que deveria saber — respondeu Mary, olhando-a nos olhos e tentando dizer que não se preocupasse, pois jamais contaria à menina como a mãe ficara grávida.

– Eu não sei o que dizer ou fazer! – exclamou Júlia. – Acho que devo pedir-lhe perdão.

– Não, mãe – disse Kate –, a senhora não precisa me pedir perdão. Meus pais me explicaram tudo e eu queria apenas conhecê-la; não a culpo de nada, ao contrário, minha mãe adotiva me ensinou a não julgar as atitudes das pessoas porque não sabemos de verdade o que as motivou a fazer o que fizeram. Pena que meu pai já morreu, minha mãe me disse que era um homem muito bom.

Júlia olhou para Mary, agradecendo com o olhar sua generosidade.

Todos ficaram impressionados com as palavras daquela garota que não passava de uma adolescente. Francisco, visivelmente emocionado, perguntou à senhora:

– O que a fez agir dessa maneira? Vir ao Brasil para apresentar a Kate sua mãe biológica? E como soube que hoje era o dia do seu casamento?

Com muita serenidade, Mary respondeu:

– Primeiro, porque pensamos, eu e meu marido, que quando amamos as pessoas de verdade queremos a felicidade delas. Foi o que fizemos, sabemos que colocamos em risco nossa relação com Kate, mas não achamos justo tirar-lhe a oportunidade de saber a sua história e quem na verdade a colocou no mundo. Soubemos do casamento porque esses anos todos sempre mantivemos contato com a diretora do orfanato e sabíamos que Júlia vivia dignamente, inclusive que havia ido pedir orientação de como localizar a filha, pois iria se casar e gostaria de tentar pelo menos ter o respeito dela e de alguma forma fazer parte de sua vida,

ALMAS EM CONFLITO 313

mesmo que ela não soubesse quem Júlia era na verdade. A diretora sabia que havíamos contado para Kate a verdade sobre a adoção, mas achou que não poderia interferir, pois a decisão teria de ser nossa. Diante desse fato, resolvemos antecipar nossa vinda ao Brasil. Sabemos do risco que estamos correndo, como já lhes disse, mas não podemos impedir que Kate conheça Júlia e tome a decisão que achar melhor. Ela sabe o quanto a amamos e que jamais deixaríamos de amá-la.

– Estou impressionado – disse Francisco –; é uma demonstração de um amor altruísta!

– Eu diria de um amor verdadeiro – completou Mary.

Kate, que tudo ouvia em silêncio, aproximou-se de Mary e disse:

– Mãe, jamais vou me separar da senhora e de papai; são meus pais de verdade, criaram-me, ensinaram-me a ser uma pessoa digna, mostraram-me valores, e eu os amo.

Voltou-se para Júlia e disse:

– Tenho respeito pela senhora e queria muito conhecê-la, pois me deu a vida, mas não posso e não quero separar-me de meus pais. Entretanto, quero de alguma forma estar em contato com a senhora, estarmos juntas e nos conhecermos melhor, como duas pessoas que se gostam.

Júlia a abraçou com lágrimas nos olhos.

– Sonhei muito em conhecê-la, e entendo que não tenho o direito de entrar nessa união familiar que vocês construíram ao longo do tempo! Gostaria sim de tê-la comigo algumas vezes e, se seus pais permitirem, seria uma felicidade muito grande se isso acontecesse.

– O amor, quanto mais se divide, mais cresce – disse Mary –, porque o amor verdadeiro é elástico, suficiente para se expandir e ir ao encontro de outras pessoas, sem se deixar enfraquecer. Sugiro que Kate venha vê-la nas férias escolares, assim poderão se encontrar uma vez por ano.

– Você faria isso por mim? – perguntou Júlia, mal acreditando no que estava acontecendo no dia mais feliz da sua vida.

– Não é o que vocês querem? Pois então, é isso que vai acontecer.

Em um impulso, Júlia abraçou-a e o casal, que demonstrava amor e respeito pelas pessoas. Completamente emocionada, só conseguiu dizer:

– Obrigada, agradeço a Deus por ter colocado pessoas tão dignas na vida da minha filha.

– Bem, tudo devidamente esclarecido – disse Francisco –, vamos até o salão da igreja participar de uma pequena recepção. Hoje é um dia mais que especial, porque o amor paira no ar. Vamos deixar que ele nos envolva e vá ao encontro dos nossos amigos que nos esperam.

Júlia, de mãos dadas com Francisco, acompanhou-o ainda sem acreditar em tudo o que acontecera. Kate agia com naturalidade, circulando entre os presentes e se apresentando como filha de Júlia, o que causava em alguns, principalmente em Cecília, uma enorme surpresa.

Após ser servido o bolo, Francisco e Júlia se despediram dos presentes. Ela abraçou demoradamente a filha, que prometeu visitá-la nas próximas férias, abraçou o casal, agradecendo por tudo o que haviam feito por ela e pela compreensão e generosidade em trazer Kate para conhecê-la. Depois, partiu com Francisco para sua viagem de núpcias.

– Feliz, meu amor?

– Dizer que estou feliz é pouco, meu amor. Estou vivendo a felicidade suprema! Agradeço a Deus por esses momentos que vivi e sei que ainda viverei ao seu lado. Que eu faça por merecer esta dádiva divina.

Beijaram-se, selando para sempre o amor que os unia, sabendo que este sentimento é o único que transforma o homem.

Quando teimamos ou relutamos em perdoar outras pessoas, é sinal de que estamos ainda perdidos no orgulho ferido, na vaidade de nos julgarmos melhores ou superiores àqueles que nos magoaram, e isso é sinal de que o amor não entrou ainda em nosso coração.[11]

---

11 Sônia Tozzi (NM).

capítulo 19

É necessário mudar

Alguns meses se passaram.

Cecília, apesar de estar sempre presente na vida de Francisco e Júlia, sentia-se sozinha; sonhava em encontrar alguém que, assim como Júlia, a fizesse feliz e a quem também pudesse se dedicar, constituindo uma família equilibrada e feliz. Lembrava-se de quantas vezes Júlia lhe dissera: *Se nós não mudamos, Cecília, nada vai mudar em nossa vida, se queremos que as coisas deem certo lá na frente, é preciso prestar atenção e construir o agora.*

Cecília analisava o quanto Júlia estava certa. Tivera em suas mãos a oportunidade de ser feliz e a desprezara por orgulho. Nada mais sentia por Francisco, mas lamentava ter sido tão intransigente. Deixara a oportunidade passar, esquecera-se de que o tempo que realmente temos é o presente, que é ele que nos dá a chance de nos melhorarmos como pessoa. Ao darmos mais atenção às atitudes que nos magoaram, deixamos de viver as que poderiam nos levar à felicidade.

Sentindo-se deprimida, ela decidiu sair um pouco.

"Preciso arejar minha cabeça", disse a si mesma. "Vou fazer compras para a casa, levar algumas guloseimas para as crianças."

Arrumou-se rapidamente e em um instante entrava em um supermercado. Empurrava com displicência o carrinho quando ouviu uma voz dizendo:

— Desculpe, senhora, mas poderia lhe fazer uma pergunta com o maior respeito?

Um pouco desconfiada, Cecília respondeu:

— Claro, o que deseja?

— Você não se chama Cecília?

— Sim. Conheço-o de algum lugar?

— Você não deve se lembrar de mim, mas nos conhecemos há alguns meses atrás no casamento de meu primo Francisco.

Cecília levou um susto.

— Desculpe, mas não me recordo de tê-lo visto — respondeu, e pensou: "Claro que me recordo, ele me impressionou muito".

— Não consegui esquecer seus lindos olhos.

Sentindo-se corar, Cecília respondeu:

— Não são tão lindos assim!

— Mas o suficiente para que eu não os esquecesse.

Cecília sorriu, sentindo-se envaidecida. Encorajado, Felipe perguntou:

— Podemos ir a algum lugar para conversarmos um pouco?

Sentindo a indecisão de Cecília, voltou a dizer:

– Não tenha receio, será apenas para conversarmos um pouco; afinal, conhecemos Francisco e Júlia e isso nos dá certa ligação, não acha?

Por fim, Cecília concordou:

– Tudo bem, podemos conversar.

Saíram e se dirigiram a um café.

– Então, Cecília, posso chamá-la assim, não?

– Claro, mas ainda não me disse seu nome.

– Felipe. Sou primo do Francisco, estou na casa dos trinta anos, sou solteiro e tenho muito prazer por tê-la encontrado. Para ser sincero e sem querer impressioná-la, o prazer é maior do que realmente eu gostaria de sentir.

Sem entender, Cecília perguntou:

– Por quê?

– Porque receio não causar em você a mesma impressão que causa em mim.

– Não sei o que você causa em mim, mal o conheço!

– Isso não é problema, eu já me apresentei. Com relação a você posso dizer que sei o suficiente a seu respeito para desejar conhecê-la melhor. Questionei Francisco sobre sua vida, peço desculpas pela invasão, mas sinceramente desde o casamento dele que anseio encontrá-la. E hoje o destino trabalhou a meu favor.

– Estou impressionada e, para ser sincera, envaidecida.

– É um bom começo – disse Felipe sorrindo. – Quer dizer que tenho chance de conhecê-la melhor, estou certo?

Fazendo um pouco de charme, Cecília respondeu:

– Sim, acho que está certo.

– Ótimo, agora que já nos conhecemos, vamos tomar um café?

– Claro! – exclamou Cecília, sentindo seu coração se agitar.

"Se ele é primo de Francisco deve ser uma pessoa confiável, senão Francisco não iria expor minha vida", pensou.

A conversa entre os dois fluiu sem nenhum esforço de ambas as partes. Perceberam que tinham muita coisa em comum; as horas passaram sem que notassem, até que Cecília se deu conta de que já era tarde.

– Meu Deus, não vi a hora passar, preciso ir!

– Calma, Cecília, por que tanta pressa?

– Meus filhos já devem ter chegado do colégio. Desculpe, mas preciso mesmo ir para casa.

– Marilda e Lucas já estão crescidinhos – disse Felipe –, podem esperar um pouco.

Admirada, Cecília questionou:

– Como sabe o nome deles?

– Não disse que sei muita coisa a seu respeito?

– Percebo que Francisco me entregou de verdade! – exclamou sorrindo.

– Claro, preciso conhecer melhor a mulher que está mexendo com meus sentimentos.

– Você é galanteador!

– Não, sou apenas sincero – respondeu Felipe, exibindo largo sorriso.

– Bem, mas agora preciso mesmo ir – disse Cecília levantando-se para se despedir.

– Quando posso vê-la novamente?

– Qualquer dia desses – Cecília respondeu, querendo muito se encontrar com ele novamente.

– Qualquer dia desses é muito vago. Quero um dia definido, por exemplo, amanhã.

Cecília pensou um pouco, querendo parecer indecisa, e, por fim, respondeu:

– Está bem, amanhã.

– Neste mesmo lugar?

– Pode ser.

– Às dezoito horas, está bom para você?

– Está ótimo.

Despediram-se.

Cada um seguiu seu caminho levando no coração a certeza de que a partir daquele dia um grande amor tomaria conta dos seus melhores sentimentos.

"Sinto que ela é a mulher da minha vida", pensou Felipe.

"Não imaginava que algum dia iria me interessar por outra pessoa, e justamente pelo primo de Francisco! Ele realmente mexeu com meu coração", Cecília disse a si mesma.

Ao entrar em casa, recebeu o abraço de Marilda e Lucas, que de imediato perguntaram à mãe:

– Onde a senhora estava, mãe? Sempre está em casa quando chegamos da escola!

– Desculpe a mamãe, filha. Encontrei um amigo, ficamos conversando, nem percebi a hora passar.

– Um namorado, mãe? – perguntou Marilda, que sempre estimulava a mãe a encontrar alguém que a fizesse feliz novamente.

Sorrindo, Cecília respondeu:

– Calma, Marilda, é apenas um amigo que conheci hoje; aliás, ele é primo de Francisco.

– Mãe, que legal! Então deve ser bom que nem o tio Francisco.

– É, parece ser muito legal!

– Por que então a senhora não o namora?

– Porque ainda é muito cedo para pensar em namoro, filha. Você só pensa em arranjar um namorado para mim, já percebeu?

– Mas pode acontecer, não pode?

Fazendo um carinho no rosto da filha, Cecília respondeu sorrindo:

– Sim, acho que pode!

– Que bom, mãe, sempre quis ter um pai dentro de casa.

– É melhor ir com calma, Marilda. Eu disse que pode acontecer, não que vai acontecer!

– Sei que vai acontecer – respondeu Marilda, perguntando para o irmão: – Você não acha, Lucas?

– Acho!

O diálogo foi interrompido pelo som do telefone:

– Cecília – ouviu a voz de Júlia –, tudo bem com vocês?

– Oi, Júlia! Sim, estamos todos bem, e vocês?

– Feliz, amiga, muito feliz!

– Que bom, Júlia; que a felicidade de vocês dure para sempre.

– Cecília, estou ligando porque Francisco quer dar uma palavrinha com você.

– Claro, Júlia, tenho prazer em falar com ele.

– Oi, Cecília, quero lhe dizer que Felipe me ligou contando a novidade.

Espantada, Cecília perguntou:

– Novidade, que novidade?

– Ora, que novidade? Que vocês se encontraram e marcaram outro encontro para amanhã.

– Nossa! Ele não perde tempo, hein? Foi apenas um encontro casual.

– Pode ser! Aliás, sei que foi casual, mas quero lhe dizer, Cecília, que Felipe é uma ótima pessoa, sincero e honesto; para dizer a verdade está muito a fim de você. Desde o nosso casamento ele insiste em que os apresente, mas não quis forçar nada, sempre disse a ele que, se tivesse de acontecer alguma coisa entre vocês, iria acontecer naturalmente, e vejo que tinha razão.

– Obrigada, Francisco. Foi melhor assim, sem pressão ou armação, desse jeito as coisas fluem com naturalidade.

– Imaginava que pensasse assim, mas não fique tão na defensiva como você costuma fazer, Cecília. Dê oportunidade a si mesma de encontrar alguém que a faça feliz o quanto merece.

– Mais uma vez obrigada, Francisco. Vou me policiar, não quero cometer os mesmo erros do passado, paguei muito caro por eles.

Ao se despedir de Francisco, Cecília sentiu uma sensação de alívio e pensou: "Francisco tem razão, vou investir nessa amizade, já é tempo de mudar minha conduta se eu quiser que tudo dê certo. E eu quero muito ter ao meu lado alguém sincero, que me ame, para formar a família que Marilda e Lucas tanto sonham".

Decidida e feliz pelas palavras de Francisco, ela esperou com ansiedade o dia seguinte para novamente encontrar Felipe. A esperança voltara inesperadamente a seu coração. Sabia que era ainda muito precoce qualquer expectativa de sua parte, mas não podia deixar de sonhar que sua vida poderia se transformar a partir do seu encontro com Felipe.

No dia seguinte, ele ligou para ela.

– Bom dia, Cecília! Espero que não tenha se esquecido de mim! – exclamou bem-humorado.

O coração dela se agitou:

– Claro que não, Felipe. Mesmo porque você não deixaria – disse brincando.

– E o fato de eu não deixar a incomoda?

– De maneira nenhuma, pelo contrário, muito me alegra.

– Não esperava ouvir essas palavras, mas confesso que me deixaram feliz e esperançoso; afinal, sinto que tenho alguma chance.

– Não seja bobo, não sou tão difícil assim!

– Não diria difícil, mas excessivamente prudente em relação ao coração.

– Isso o incomoda?

– De modo algum; sei que você vai se soltar quando me conhecer melhor e sentir que meu interesse por você é verdadeiro.

– Tudo bem, mas você me ligou para...

– Para confirmar nosso encontro, tive receio que se esquecesse.

Cecília sorriu e respondeu:

– Não, não esqueci. Está confirmado, não disse que iria?

– Disse, mas não me custava lembrá-la!

Despediram-se.

– Mãe, eu ouvi a senhora falando com o rapaz que a senhora conheceu. O nome dele é Felipe, não?

– Sim, filha, ele se chama Felipe e, como lhe disse, é primo de Francisco.

– Eu sei. A senhora vai namorá-lo?

– Marilda, já conversamos sobre isso. Não sei ainda o que pode acontecer, mas confesso que estou querendo que surja um relacionamento entre nós dois, se isso não incomodar você e o Lucas.

– Não nos incomoda, mãe. Eu e o Lucas sempre sonhamos em ver a senhora feliz com outra pessoa, como era com Francisco.

Cecília se emocionou com a simplicidade das palavras da filha. Sentia que Marilda era uma criança especial, com um entendimento superior ao da sua idade. Abraçou a menina dizendo:

– Filha, a mamãe ama muito você e o Lucas, vocês são meu tesouro e a minha razão de viver. O que importa realmente para mim é a felicidade de vocês.

– Nós sabemos, mãe, e queremos também que a senhora seja muito feliz. O papai não soube dar à senhora o que queria e merece, mas a senhora vai encontrar alguém que a faça muito feliz.

Cecília cada vez mais se emocionava com a filha.

– Querida, o papai me deu a maior alegria da minha vida que são vocês, ele me deu o que naquele momento ele julgava ser o certo, não devemos julgá-lo, mas orar por ele, enviar energia de amor para que possa encontrar a paz no amor de Deus.

Marilda abraçou a mãe com força e disse:

— Mãe, eu amo muito a senhora e não quero perdê-la nunca!

— Filha, você só vai se separar de mim quando nosso Deus decidir; assim, será por vontade Dele, e não minha.

— E se a senhora for embora como o papai?

— Não deve pensar nisso, Marilda! Como disse, esse dia chegará quando Papai do Céu decidir e nesse dia nada poderemos fazer para evitar, mas devemos colocar nossa atenção na vida e viver sempre de acordo com as leis de Deus, isso nos faz estar preparados para quando Ele nos chamar. Esse é o propósito de estarmos aqui, filha: aprendermos a ser verdadeiras criaturas de Deus.

— Eu quero viver assim, mãe.

— Que bom, filha, sei que conseguirá e sei também que tanto você quanto o Lucas serão felizes porque conseguem entender a importância de se praticar o bem e amar o semelhante. Este é o caminho, minha filha, nunca se esqueça disso.

— Não vou esquecer, mãe. — Calou-se por um instante e voltou a perguntar: — Mãe, se eu esquecer a senhora me lembra?

Diante da ingenuidade da filha, Cecília abraçou-a sorrindo.

— Lembro, filha, não vou deixar vocês esquecerem isso.

*Quem se prepara para esta vida, mas não para a vida eterna,
é sábio por um momento, mas tolo para sempre.*[12]

---

12 Sônia Tozzi (NM).

capítulo 20

Tudo tem um porquê

Os dias se sucederam e os encontros entre Cecília e Felipe cada vez mais se fortaleciam em um sentimento mais forte. Viviam o amor como duas crianças alegres e esperançosas. Cecília, pela primeira vez em sua vida, entregava-se sem reserva, acreditando que somente com sua mudança de atitude poderia realmente construir uma união sólida fundamentada na confiança. Assim como acontecera com Francisco, seus filhos se afeiçoaram a Felipe e faziam planos para finalmente terem uma família completa. Ao lado de Francisco e Júlia, Cecília sentia-se segura e certa de que finalmente alcançaria a felicidade que sonhava. Seis meses se passaram de plena harmonia.

Certa tarde, ela recebeu um telefonema de Francisco e percebeu a preocupação que o atingia.

— Francisco, o que aconteceu para ligar tão cedo? Alguma coisa com Júlia?

Um pouco receoso, Francisco respondeu:

– Não aconteceu nada com Júlia, Cecília, mas sim com Felipe.

Cecília sentiu lhe faltar o chão. Nervosa, perguntou:

– Pelo amor de Deus o que aconteceu?

– Infelizmente ele sofreu um acidente e está internado.

Cecília não conseguiu segurar as lágrimas que tomaram conta de seu rosto. Insegura, perguntou:

– Ele está vivo?

– Sim – respondeu Francisco –, mas o médico nos disse que seu estado é grave.

– Quero vê-lo, em qual hospital ele está?

– Hospital Central, mas receio que não possa vê-lo, ele está na UTI. Não se desespere, ele está em boas mãos, se Deus quiser tudo vai se resolver bem.

– Mesmo assim, estou indo; você está no hospital?

– Sim, eu e Júlia estamos aqui.

– Esperem-me, por favor, estou indo.

Ao desligar o telefone, Francisco disse para Júlia:

– Será que Cecília não consegue se livrar dos conflitos, da dor, da incerteza que sempre a acompanharam?

– Francisco, os conflitos duram o tempo necessário para que se aprenda a conhecer a si mesmo e por meio desse conhecimento se transformar em uma criatura melhor promovendo a reforma interior.

– Mas Cecília é uma pessoa boa, generosa; enfim, não demonstra nada que poderia atrair os conflitos que a atingem.

– Meu amor – disse-lhe Júlia –, todos nós carregamos uma bagagem quando nascemos no mundo físico; trazemos erros e enganos, mas também as ações boas que praticamos no pretérito, e essas ações, esse crédito, nos fortalecem para suportarmos as consequências das atitudes menos generosas e levianas do passado, dando-nos coragem para quitar uma a uma, com fé e sabedoria, aceitando que tudo segue a lei natural do amor; portanto, Cecília não passa por essas turbulências em sua vida sem causa justa, pois nenhuma criatura sofre injustiça nas leis divinas. O que é preciso é não se deixar abater, ao contrário, superar as dificuldades sem perder a fé em Deus, acreditando que a vida sempre vale a pena em qualquer circunstância.

Francisco olhou com amor para Júlia e afirmou:

– Querida, você é um exemplo dessa superação!

– Tentei reconstruir minha vida porque sempre acreditei que um dia a felicidade viria e ajudaria a apagar os acontecimentos que me causaram tanta dor! E não me enganei – disse, olhando para o marido com amor –, hoje meu sonho se realizou e a felicidade se fez.

– E nunca mais vai acabar, Júlia, pelo menos no que diz respeito ao meu sentimento por você; se tivermos de sofrer outras aflições estaremos unidos o bastante para passar por elas com dignidade e confiança Naquele que nos criou.

A conversa foi interrompida pela chegada de Cecília, que, alterada pela ansiedade, disse:

– Pelo amor de Deus, o que aconteceu com Felipe?

– Ele sofreu um acidente de carro, o estado é grave, mas precisamos manter a fé, acreditar em Deus e confiar na Providência Divina. Os médicos disseram que existe sim a chance de ele se salvar, ele pode reagir aos ferimentos;

portanto, tente se acalmar e aguardar orando a Deus, pensando de maneira positiva, para que ele receba a energia do seu amor.

– É verdade, minha amiga, enquanto há vida, existe esperança; estaremos ao seu lado o tempo que precisar, sabe que não a deixaremos sozinha neste momento.

Cecília olhou para Júlia com lágrimas nos olhos e respondeu:

– Sei que posso contar com vocês, mas sinto que não vou suportar passar por tanto sofrimento outra vez! – exclamou com tristeza. – Penso que não tenho direito ao amor, nada dá certo para mim, nada é duradouro!

– Não fale assim – retrucou Francisco –, creia que tudo vai dar certo, é importante não perder a fé; sei que ainda vai viver a felicidade que deseja.

Inspirada por Hortência, Júlia falou:

– Cecília, o sofrimento é pano de fundo para que o bem seja notado; nada podemos amaldiçoar porque não sabemos a importância de cada dor em nosso progresso espiritual. Quando quitamos nossos débitos por meio do bem praticado, do amor exercitado e da consciência adquirida de que não somos vítimas, o sol volta a brilhar em nossa vida, aquecendo nosso coração no amor de Deus.

Cecília, tocada em seu íntimo pelas palavras da amiga, abraçou Júlia e disse:

– Minha amiga, você, como sempre acontece, possui o dom de me acalmar! Obrigada, vou acreditar que tudo ainda pode dar certo, a única coisa que posso fazer por Felipe é orar pedindo auxílio ao Pai. Vou até a capela.

– Faça isso, Cecília. Ficaremos aguardando o boletim médico.

Ao verem Cecília se afastar com a cabeça baixa, tomada pelo sofrimento, Francisco disse:

– Que Deus ouça suas preces; tanto Felipe quanto Cecília merecem ser felizes, sem falar nas crianças, que sempre sonharam com uma família de verdade, com pai e mãe.

– Você tem razão, Francisco. Peço a Deus que permita que isso aconteça na vida de minha amiga.

Cecília, a passos lentos, entrou na capela do hospital e com sinceridade suplicou:

– Senhor, sei que em tudo está a Sua vontade e eu me submeto a ela, mas por misericórdia eu suplico: salve o meu amor, traga-o de volta para mim. Em meu pedido não existe revolta aos seus desígnios, mas esperança de que nada está definitivamente perdido; portanto, Senhor, se algum merecimento eu tiver, conceda-me esta graça.

Levantou-se lentamente e foi ao encontro de Francisco e Júlia.

– O médico veio falar com vocês; alguma novidade?

– Sim, Cecília, o médico veio conversar conosco. Disse que o estado dele está estável, continua sedado por causa das dores. É preciso esperar por setenta e duas horas para saber a reação do seu organismo, foi só o que ele disse, que precisamos aguardar.

– Não podemos vê-lo?

– Não, Cecília, por enquanto não. Acho melhor irmos para casa descansar um pouco, nada podemos fazer por ele a não ser orar.

— Prefiro ficar e esperar por notícias.

— Cecília, não adianta ficar aqui, o médico nos disse que somente às vinte horas vai soltar outro boletim médico. Francisco tem razão, é melhor você ir para casa e descansar; os pais dele já foram avisados e logo estarão aqui.

Cecília, apesar do sofrimento, entendeu que eles tinham razão, nada poderia fazer naquele momento, realmente era melhor voltar para casa.

— Então volto à noite para ouvir o que o médico vai dizer.

— Assim é melhor — concordou Francisco.

— Cecília, você não prefere ir para nossa casa? — perguntou Júlia.

— Obrigada, amiga, mas deixei as crianças com Jurema, e, como não posso ficar aqui, prefiro ficar com elas.

— Está certo, você tem razão.

Despediram-se.

Cecília chegou a sua casa muito abalada emocionalmente, e a tristeza aumentou quando Marilda perguntou:

— Mãe, nós vamos perder de novo outro pai?

A princípio, Cecília deixou-se envolver pelo choro; suas lágrimas tocavam fundo o coração de Marilda, que, abraçando-a, disse:

— Não chore, mãe, eu e o Lucas vamos pedir a Deus que não leve o Felipe embora, vamos dizer a Ele que a senhora precisa muito dele e nós também; acho que Ele vai nos atender.

Diante da inocência da filha, Cecília respondeu:

— Faça isso, filha, mas aceite o que o Papai do Céu resolver; temos o direito de pedir, mas é preciso acreditar que tudo segue a vontade de Deus, porque Ele conhece a história de cada um e tudo é feito para nossa evolução; mamãe já explicou isso para você, lembra?

— Lembro, mãe, sei disso, mas vou pedir para Ele, posso?

— Pode, filha, a mamãe também vai pedir para Deus permitir que Felipe fique ainda conosco por muito tempo.

A menina chamou o irmão e foi para o quarto pedir pela vida do homem que queriam em sua vida.

Cecília, ao mesmo tempo, dirigiu-se ao seu quarto e, sentindo-se cansada, jogou-se em sua cama. Em poucos segundos adormeceu. Seu espírito parcialmente liberto do corpo físico clamou por ajuda. Instantaneamente, Hortência se aproximou.

— Vim para ajudá-la, Cecília.

— Suplico-lhe pela vida de Felipe, não suportaria perder outra vez a pessoa que amo; não consigo compreender a razão de tanto desencontro no que diz respeito à minha vida afetiva. Por que não consigo ser feliz de verdade? Por que tenho tantos conflitos? Às vezes penso que sou injustiçada.

— Cecília, não existe um ser na Terra que sofra injustiça, tudo segue o curso natural da reparação, e você não foge da Lei de Ação e Reação.

— Como assim?

— Quer mesmo saber a origem de suas aflições?

— Se for permitido, quero sim.

Hortência levou-a, em espírito, até o Departamento da Reencarnação. Lá chegando, apresentou-a ao Espírito Daniel, responsável pelo setor.

– Irmão, Cecília gostaria de tomar conhecimento do que ocasiona tantos conflitos em sua vida terrena.

– Tem permissão para esse procedimento? – perguntou Daniel para Hortência.

– Sim, irmão. Jacob autorizou, mesmo porque Cecília de nada vai se lembrar quando acordar no mundo físico, somente sentirá força para enfrentar seus conflitos sem se entregar ao abatimento, à melancolia e sem se achar vítima de injustiça.

– Vamos então – respondeu Daniel.

Acomodaram o espírito de Cecília em uma poltrona, diante de uma grande tela, e, em fração de minutos, toda a sua vida pregressa surgiu diante dos seus olhos, como em um filme.

***

Século passado.

Uma jovem faceira e volúvel contava às suas amigas suas aventuras. Atraía os jovens com sua beleza, seduzia-os e, quando percebia que estavam apaixonados, descartava-os como um brinquedo quebrado, deixando-os na amargura. De repente, apareceram na tela as figuras de três homens que Cecília de imediato reconheceu. Joaquim, Francisco e Felipe, todos alvo de sua inconsequência e leviandade. Tocada profundamente, ela se lembrou de como tudo acontecera, o mal que fizera a eles. Os três a amavam, mas sua vaidade os levara ao sofrimento. Hortência, percebendo sua inquietação, pediu a Daniel que suspendesse a apresentação.

ALMAS EM CONFLITO 335

– Penso que é o bastante, Daniel, devemos evitar que sofra emoções muito fortes, pois poderia lhe causar sérios distúrbios em sua consciência, prejudicando a existência atual. Melhor lhe explicar do que lhe mostrar as ações que, com certeza, ela não possui ainda estrutura para suportar.

– Cecília – disse Hortência –, cada um deles reagiu diferente às dores que você lhes infligiu. O resgate de seus débitos se fez presente nessa sua encarnação atual; Joaquim não a perdoou e quis se vingar, fazendo-a sofrer na mesma proporção que ele sofrera; optou para a cobrança cruel e inconsequente, sem perceber que o maior sofredor seria ele mesmo. Francisco voltou a amá-la, perdoando-a, mas novamente sua vaidade e orgulho tiraram-no de sua vida; você foi a própria causadora de seu conflito atual, mas o perdão de Francisco era consistente e verdadeiro, por esse motivo ele se tornou seu amigo sincero e ajudou-a em sua renovação, procurando outro caminho para a felicidade e libertando-a de sua dívida.

– E Felipe? – perguntou Cecília quando Hortência se calou.

– Felipe, assim como Francisco, é um espírito evoluído; perdoou-a e pediu para estar ao seu lado mais uma vez; queria ajudá-la na sua superação e volta ao equilíbrio inerente às suas virtudes, mas isso não anula seu aprendizado, Cecília, é preciso que sofra novamente a perda para valorizar o amor verdadeiro, entender que o orgulho, a vaidade e o egoísmo não se afinam com o sentimento sincero e pleno.

Cecília caiu de joelhos e suplicou:

– Deus, Senhor da vida, suplico-Lhe misericórdia, deixe Felipe ao meu lado amparando-me para não recair nos mesmos erros do passado. Sou um espírito frágil e Lhe peço ajuda para controlar minhas fragilidades, minhas imperfeições. Quero promover meu progresso espiritual, mas ainda não tenho forças para caminhar sozinha sem me entregar à melancolia; por isso Lhe suplico, Senhor, não o leve, não o separe de mim nem de meus filhos, o Senhor me conhece bem e pode ver minha sinceridade. Sinto-me sozinha, e abro meu coração marcado pelo sofrimento e pela angústia implorando Sua misericórdia. Não quero me perder novamente entregando-me mais uma vez à inconsequência dos sentimentos menores. Eu O amo, Senhor, e Lhe suplico: deixe-me aprender a viver ao lado de Felipe, que é o amor que desprezei no passado, mas que hoje enche meu coração de felicidade.

Hortência e Daniel se comoveram com a súplica de Cecília, e Hortência delicadamente tocou-a:

– Cecília, o Criador, nosso Pai, avalia todas as súplicas com justiça e dentro do merecimento de cada um; portanto, confie e aguarde, está amparada pela própria vontade de renovação. É hora de voltar!

– Vou me lembrar deste encontro?

– Não! Mas vai sentir a coragem própria dos que amam e confiam na Providência Divina e não se deixam abater porque se sustentam na esperança e na fé. – Dizendo isso, acompanhou-a no retorno ao corpo físico.

Cecília abriu os olhos e pensou: "Meu Deus, entreguei-me ao sono e perdi a hora, já deve ser muito tarde, preciso ver as crianças".

Levantou-se e, ao olhar o relógio, percebeu que não dormira mais que alguns minutos; estranhou.

"Como pode ser isso? Tenho a impressão de que dormi uma tarde inteira, acho que foi mesmo meu cansaço emocional. Santo Deus, permita que Felipe esteja melhor!", exclamou. *Confio em Ti, Senhor, sei que ele está amparado, sofro muito, mas submeto-me à Sua vontade, porque sei que tudo segue o caminho de Suas leis.* Estranho, inexplicavelmente sinto uma força dentro de mim que traz ao meu coração a esperança; não imaginei que tivesse uma fé tão forte!"

– Mãe – ouviu a voz de Marilda –, Lucas e eu estamos com fome!

– Já vou, filha – respondeu, animada pelo sono reparador.

À noite, Cecília encontrou-se com Francisco e Júlia e todos foram ao hospital em busca de notícias.

Ao avistarem o médico, Cecília perguntou com ansiedade:

– Ele vai ficar bom, doutor?

– Ele teve uma melhora, mas ainda é cedo para afirmar, precisamos aguardar.

– Mas o senhor acha que ele ficará bom? – voltou a perguntar.

Francisco interferiu, respondendo:

– Como o médico acabou de dizer, Cecília, é preciso esperar, as primeiras horas são importantes. Isso já é uma esperança, não é, doutor?

– Sim, é isso. É preciso aguardar que seu organismo reaja aos medicamentos. Devemos sempre esperar pelo melhor, senhora; enquanto há vida há esperança.

– Doutor, posso vê-lo?

– Somente por meio do vidro da UTI. Acompanhe-me.

Os três seguiram o médico. Cecília, ao ver o homem que amava naquela situação, sentiu a angústia dominar seu coração e dizia em pensamento: "Meu amor, reaja, volte para mim, não posso mais viver sem você, meu coração o espera para amá-lo e fazê-lo feliz como merece, sei que já errei muito na minha vida, mas meu sentimento é sincero, por essa razão suplico: reaja e volte para mim".

As lágrimas desciam sobre suas faces traduzindo a dor que lhe ia na alma.

– Vamos, Cecília – disse Júlia –, nós já o vimos, sabemos que houve melhora em seu estado, mesmo que seja pequena, mas já é uma melhora e isso nos dá esperanças.

Cecília acompanhou-os e assim que chegou ao saguão do hospital viu um casal abraçado demonstrando uma dor profunda.

– São os pais de Felipe, Cecília – disse Francisco, que, aproximando-se, abraçou os tios.

– Ele vai ficar bom, tio, é preciso não perder a fé.

– É nosso único filho, Francisco – disse-lhe a mãe de Felipe –, não consigo pensar em perdê-lo.

Cecília, seguindo um impulso, cercou-se deles e disse:

– Senhora, não podemos perder a fé nem a esperança. Devemos lhe enviar nosso pensamento de amor, acreditando Naquele que nos criou. Não podemos pensar que tudo está chegando ao fim, porque não está. Enquanto Felipe respirar existe vida, e enquanto existir vida existirá a esperança de renovação.

Francisco e Júlia entreolharam-se, surpresos com suas palavras.

– Nós a conhecemos? – perguntou Cida, olhando com admiração para a moça que estampava o sofrimento em seu rosto.

Antes que ela respondesse, Francisco se adiantou:

– Tia, esta é Cecília, namorada de Felipe.

Cida abraçou-a, dizendo, emocionada:

– Tenho muito prazer em conhecê-la, Cecília, Felipe já havia falado de você, disse que estava apaixonado e tinha a intenção de se casar, o que nos deixou muito contentes; afinal, ele já está passando da idade e não acho bom um homem ficar solteiro.

João confirmou as palavras da esposa.

– Temos muito prazer em conhecê-la e rogamos a Deus que permita que nosso filho possa realizar o seu sonho de felicidade ao seu lado.

Diante de tanta emoção, Cecília, não suportando a dor, abraçou Cida e chorou como uma criança desamparada.

– Desculpe, mas amo muito seu filho e não posso pensar na hipótese de perdê-lo!

– Filha – disse João –, como você mesma nos disse, enquanto há vida há esperança; vamos aguardar e confiar na Providência Divina.

Durante os dias seguintes todos compareceram ao hospital ansiando por saber notícias de Felipe. Cecília, todos os dias ao se deitar, orava a Deus suplicando auxílio. Em um desses momentos em que estava entregue às orações, Hortência se aproximou e disse:

– Cecília, nenhum sofrimento dura para sempre, confie e aguarde, está chegando o momento do término de sua aflição, seu coração está sofrendo a dor que infligiu a Felipe no passado, provocada por conta de sua inconsequência e leviandade. Por meio dela, você vai aprender o que é um sentimento verdadeiro, aprenderá a não brincar com os sentimentos dos outros. Sua sinceridade ao clamar por auxílio está sendo levada em conta por nosso Pai, e nada acontece sem causa justa, ninguém fica desamparado ao enfrentar o caminho da aflição.

Sempre que Hortência se aproximava, Cecília sentia-se mais calma e confiante; fortalecia-se em seu coração a esperança de novamente ter ao seu lado o homem que amava. Todas as manhãs, ela ia ao hospital com a expectativa de ouvir uma boa notícia. Francisco e Júlia, sempre presentes, também aguardavam com ansiedade o momento em que ouviriam do médico que Felipe conseguira reagir; e, em uma dessas visitas, a boa notícia chegou.

— Senhora — disse o médico —, hoje, felizmente, posso tranquilizá-la, nosso paciente teve uma melhora significativa e já podemos transferi-lo para o quarto.

Cecília sentia como se as palavras não saíssem de sua boca, tal a emoção que a acometera. Conseguiu apenas dizer, emocionada:

— Senhor, eu Te agradeço!

— Quando ele será transferido? — perguntou Cida.

— Hoje mesmo — respondeu o médico.

— Podemos então aguardá-lo?

— Sim. Vai demorar um pouco, pois é preciso prepará-lo, mas podem esperá-lo na sala em frente da UTI.

Os minutos pareciam não passar para aqueles corações ansiosos. Assim que a porta se abriu, dando passagem para a maca que transportava Felipe, Cecília, passando à frente de todos, aproximou-se e disse:

— Eu o amo!

Felipe, ainda fragilizado pela situação que vivia, apenas olhou-a e sorriu.

O médico, assim que ele foi acomodado no quarto, passou as recomendações sobre sua recuperação.

— É importante deixá-lo descansar bastante, não cansá-lo com perguntas ou barulho. A recuperação será lenta, mas o importante é que tudo vai se resolver; ele foi valente, suportou com coragem a situação.

Cecília revezava com os pais de Felipe e ia todos os dias ao hospital. Após vinte dias, Felipe recebeu alta.

— Posso visitá-lo em sua casa? — perguntou para Cida.

— Claro, minha filha, creio ser você a pessoa que Felipe mais deseja ter perto dele.

— Obrigada, dona Cida. Sou-lhe muito grata e ao sr. João por permitirem minha presença em sua casa.

Cida abraçou-a dizendo:

— Cecília, percebemos o grande sentimento que a une ao nosso filho, somos agradecidos pela sua atenção, pelo carinho que dedicou a ele nesses dias de internação; portanto, só temos a agradecer e dizer que a consideramos uma filha. Nossa casa estará sempre pronta para recebê-la.

Cecília, emocionada, abraçou aquela mãe que sofria e agradeceu suas palavras.

— Tenha certeza, dona Cida, que meu amor pelo seu filho é o mais puro e verdadeiro sentimento; dedicarei minha vida para fazê-lo feliz. Não sei explicar a razão, mas sinto, em meu coração, que devo isso a ele.

Deus concede a reencarnação com o fim de levar o espírito à perfeição, e para chegar à perfeição deve sofrer todas as vicissitudes da existência corpórea – nisso consiste a expiação; mas também existe outra finalidade: pôr o espírito em condições de enfrentar a sua parte na obra da criação. Aquele que não for invejoso, nem ciumento, nem avarento ou ambicioso, não passará pelos tormentos que se originam desses defeitos.

***

O tempo passou e Felipe, recuperado, pediu Cecília em casamento, o que foi prontamente aceito por ela, que ansiava pelo pedido. Todos se sentiam felizes, principalmente Marilda e Lucas, que finalmente conseguiriam o que sempre haviam sonhado: uma família de verdade.

Os ajustes do passado iam se resolvendo e permitindo o equilíbrio entre os envolvidos. Mas o mesmo não acontecia com Joaquim, que, seguindo a Lei de Atração e Afinidade, sofria nas zonas menos felizes da espiritualidade. Contudo, o arrependimento lentamente ia tomando conta de seu espírito e ele começava a perceber o quanto fora inconsequente, o quanto desprezara a bênção da encarnação no orbe terrestre; não optara pelo caminho do bem, conservara latente em seu espírito o desejo de vingança contra Cecília, ansiava por fazê-la sofrer, o que conseguira, mas, ao contrário do que esperava, não adquirira a paz que imaginara; pro-

ALMAS EM CONFLITO   343

jetara-se no abismo da dor e do sofrimento, não soubera perdoar e começava a entender que perdera a oportunidade de se reconciliar com aquela que um dia o fizera sofrer, acreditando que a vingança seria o melhor caminho. Em um momento de extremo arrependimento, clamou com sinceridade por misericórdia.

E, como os pedidos sinceros e verdadeiros não ficam sem resposta, em segundos uma luz azulada o envolveu e a figura de Hortência se fez presente, acompanhada do responsável pela equipe socorrista e de mais dois assistentes capacitados para o transporte. Joaquim foi acolhido em alvo lençol. Hortência o envolveu com energia salutar, adormecendo-o. Em instantes, ele dava entrada em um hospital de refazimento espiritual. Devidamente limpo, foi colocado em uma cama aconchegante e perfumada onde permaneceu em sono profundo e reparador.

Os conflitos da vida são frequentemente consequência da imperfeição do espírito; quanto menos imperfeito for, menos tormento sofrerá. Viver sem Deus é viver sem sonho, é ter o coração vazio de esperança, é não perceber as flores que nascem ao seu redor perfumando o caminho.

Duas vezes por dia Joaquim era alvo de energia salutar por meio dos passes espirituais que recebia. Os responsáveis pelo setor hospitalar esperavam pacientemente que ele acordasse do sono profundo; sabiam que ele acordaria no momento adequado, fortalecido e em condições de lucidez.

Após vinte dias, ele abriu seus olhos e tomou consciência de seu estado. Revigorado, reparou no ambiente limpo e aconchegante, sentiu a maciez dos lençóis perfumados que o envolviam com delicadeza e, olhando ao redor, seus olhos se detiveram em um quadro que retratava o rosto de Jesus. "Que lugar será esse?", perguntou a si mesmo. "Lembro--me de um lugar feio, sombrio e malcheiroso, recordo-me das aflições e dos sofrimentos que me atormentavam sem cessar! Minha última lembrança é de ter pedido socorro, clamando ao Senhor, não me recordo de nada mais; quem poderá me explicar o que está acontecendo?"

Nesse momento, Tomás apareceu, carregando um sorriso no rosto sereno e amigo.

– Que Jesus o abençoe, meu irmão! Bem-vindo ao hospital de refazimento. Aqui você encontrará os cuidados de que necessita, receberá amor e orientação! – exclamou aproximando-se de Joaquim, que entendia cada vez menos a situação.

Diante da surpresa de Joaquim, que não conseguia se conscientizar da real situação, Tomás disse:

– Meu irmão, agradeça a Jesus pelo seu resgate, mantenha-se em harmonia com o Divino Amigo e conquistará a paz que almeja.

– Eu não consigo entender o que está acontecendo! Como vim parar aqui neste hospital se não conheço o caminho?

– Você chegou com a equipe socorrista. Jesus atendeu seu pedido sincero de misericórdia e permitiu que fosse resgatado e trazido para cá a fim de ser tratado e encaminhado para o aprendizado.

– Lembro-me de ter estado em um lugar muito, muito feio. Como é possível existir um lugar de paz e harmonia como este?

ALMAS EM CONFLITO   345

— Joaquim, do mesmo modo que existe o lugar sombrio, existe o lugar de paz. Cada ser, ao desencarnar, dirige-se ao lugar que sua afinidade o leva por conta de seus atos bons ou maus praticados na vida terrestre. Os homens cometem desatinos por ambicionar posição elevada no mundo físico, mas se esquecem de que nem todos podem ser ilustres, mas todos podem, sim, ser bons e se elevar entre os homens por meio da sua bondade e dignidade cristã.

Ao ouvir a explicação de Tomás, Joaquim reviu em fração de segundo todas as suas atitudes imprudentes e levianas do passado; o rosto de Cecília e de seus filhos apareceram em sua mente e, diante da consciência dos seus erros, ele se desequilibrou, entrando em demência. Tomás, experiente, chamou em pensamento o Irmão Amarildo, que o atendeu de imediato.

— Irmão — disse Tomás —, ele não aguentou a lembrança dos seus atos infelizes praticados em sua encarnação na Terra.

Com experiência, Amarildo respondeu:

— Isso é normal, Tomás, acontece geralmente quando o espírito toma consciência de seus erros, sente-se acuado e envergonhado; acredita que perderá o benefício recebido por meio do socorro; sente medo e volta à inconsciência, tentando fugir de si mesmo.

— O que podemos fazer?

— Aplicar-lhe passes espirituais, solicitar auxílio do Mais Alto e chamá-lo com serenidade e amor, transmitindo-lhe a confiança no amparo divino que se fez pelo merecimento de sua sinceridade ao clamar por misericórdia.

Assim fizeram. Aos poucos, Joaquim voltou à consciência. Ofereceram-lhe água fluidificada com a finalidade de fortalecer seu espírito, o que, lentamente, aconteceu.

– Vamos orar ao Senhor – disse Amarildo, convidando Tomás a acompanhá-lo.

Por meio da prece sincera e comovente dos espíritos amigos que se propunham a ajudá-lo, Joaquim foi se equilibrando novamente. Ao terminar a oração, Amarildo orientou Joaquim:

– Meu irmão, ainda é muito cedo para querer apagar sua lembrança; necessário se faz o fortalecimento para posteriormente entender suas falhas e, por meio desse entendimento, promover seu progresso espiritual; agora o momento é de repouso, mantenha seu pensamento voltado para o Divino Amigo e confie na Providência Divina, que não abandona os que de verdade querem alçar voo em direção ao Criador e se tornam receptivos aos benefícios enviados; o único ser que pode promover nosso progresso espiritual somos nós mesmos, mas nossa alegria é saber que podemos contar com o auxílio dos trabalhadores de Jesus, que são incansáveis nesse mister.

Joaquim, sentindo-se mais tranquilo, recostou-se no travesseiro macio e voltou a adormecer.

Que sensação experimenta a alma no momento em que se vê no Mundo dos Espíritos?

Depende. Se faz o mal com o desejo de o fazer, no primeiro momento sente-se envergonhada de o haver feito. Para o justo é bem diferente, porque não teme nenhum olhar perscrutador.[13]

---

13 *O Livro dos Espíritos.* Parte 2 – Cap. III – Item 2, questão 159 (NAE).

A morte não é o fim de tudo; ao contrário, é apenas o retorno à vida espiritual na nossa pátria de origem. Ela termina com um ciclo para que outro recomece, e é por meio dessa mudança que o espírito vai promovendo sua evolução.

capítulo 21

A vida cobra atitudes

O tempo, alheio aos conflitos que assolam o espírito dos encarnados e dos desencarnados, seguiu seu curso. Joaquim, mais fortalecido e com melhores condições de entender a mágica da vida em todos os sentidos, conseguira autorização de frequentar as palestras de madre Teresa, o que fazia com interesse pleno de evoluir. Conscientizara-se da importância do perdão sincero, aprendera que cada um deve agir conforme o seu entendimento e que o bem e o perdão estão relacionados à benevolência que se deve ter para com os erros alheios. Agir por vingança, por querer que o outro sofra a mesma dor que infligiu a si, é se posicionar em uma atitude pior do que aquele que, muitas vezes, age por ignorância do bem; a vida se encarrega de cobrar as atitudes imprudentes praticadas em nome de uma falsa justiça, a hora das respostas e de quitar os débitos chega para todos, é preciso compreender que a justiça divina é imparcial, embora a dos homens nem sempre; mas a vida não foge à Lei de Ação e Reação.

Joaquim conheceu, por meio da meditação, a harmonia e a serenidade que envolvem o espírito pela prece sincera e conexão com o Plano Maior.

Aos poucos, começara a sentir o desejo de retornar ao mundo físico para novamente estar ao lado daquela que tanto prejudicara e que tivera força para superar os conflitos adquiridos por conta da sua leviandade do pretérito. Muitas vezes, conseguira autorização para ir à Terra acompanhando os espíritos em suas tarefas no orbe.

Visitara o lar de Cecília e Felipe, vira a felicidade de seus filhos, que recebiam o amor e a proteção que ele não conseguira dar.

Cecília e Felipe, casados, construíam uma união sólida, baseada no amor e respeito mútuo, realizando o sonho de Marilda e Lucas de viverem em uma família de verdade.

Por conta dessas visitas, Joaquim alimentava cada vez mais forte o desejo de retornar ao lado das pessoas às quais não dera nenhum valor.

Solicitou uma nova oportunidade de retorno, mas não conseguiu, pois ainda era cedo.

– É preciso se fortalecer mais no seu aprendizado, Joaquim – disse o responsável pela reencarnação. – Não está pronto e poderá recair nos mesmos erros e voltar novamente devedor nas mesmas questões. É preciso aguardar o momento propício. Confie em Jesus e espere. Enquanto isso, prepare-se por meio do estudo, assista às palestras edificantes e sinta em seu espírito o que é o amor verdadeiro.

– Mas algum dia terei a oportunidade de me encontrar novamente com aqueles que tanto magoei?

– Como disse, confie em Jesus! – exclamou o orientador.

– Mas faça seu tempo ser produtivo, seja útil aos irmãos necessitados e, principalmente, fortaleça-se para se proteger de si mesmo.

Dez anos se passaram desde o casamento de Cecília e Felipe.

Marilda tornara-se uma jovem feliz; possuía a beleza da mãe e conservara a naturalidade e a bondade. Namorava Osório, rapaz digno e educado, filho adotivo de Francisco e Júlia, que se sentiam felizes em ver o amor sincero que os unia, assim como o de Cecília e Felipe.

Lucas tornara-se um jovem tímido e mais calado que a irmã, mas não menos amado por todos por conta de sua generosidade, que a todos encantava.

Todos conseguiram de alguma forma superar os conflitos e construir uma vida equilibrada baseada no amor verdadeiro.

Cecília, com a atenção voltada para seus afazeres, assustou-se com chegada de Marilda que, eufórica, gritou:

– Mãe!

– O que é isso, Marilda, por que tanta agitação?

Abraçando a mãe, e rodopiando com ela pela sala, respondeu:

– Mãe, onde está o pai?

– Filha, ele ainda não chegou do trabalho; esqueceu que ele trabalha? – perguntou Cecília brincando. – Mas por que a pergunta, o que está acontecendo, Marilda?

– Por enquanto nada, mãe, mas vai acontecer a melhor coisa do mundo!

– Posso saber do que se trata?

– Ainda não, quero que nosso pai esteja presente; é muito importante para mim e quero falar para as duas pessoas que mais amo pessoalmente e ao mesmo tempo.

– Quanto mistério! – exclamou Cecília. – Vou respeitar sua vontade.

Marilda correu para o quarto e, com carinho por aquele que a trouxera ao mundo e do qual nunca havia esquecido, elevou o pensamento a ele e orou:

Pai, sei que de alguma forma meu pensamento e minhas palavras vão chegar até o senhor. Quero compartilhar minha felicidade com aquele que com minha mãe foi responsável pela minha vinda ao mundo; nunca o esqueci, nunca o recriminei porque sei que para cada um os propósitos de vida diferem. O senhor se enganou, mas acredito que todo esse tempo que vive na espiritualidade lhe propiciou a compreensão dos valores reais que nos aproximam de Deus. O arrependimento deve ter acontecido de uma maneira sincera; portanto, pai, quero que viva comigo o momento mais feliz da minha vida, momento esse que vai definir o meu futuro com o homem que amo. Que Jesus abençoe o senhor na sua caminhada espiritual.

A simplicidade da prece de Marilda foi direcionada até Joaquim, que, emocionado, sentiu bater forte em seu espírito o desejo do retorno ao lado daqueles que não soubera amar.

Procurou Amarildo e solicitou que intercedesse por ele com os responsáveis pela reencarnação.

– Preciso voltar – disse ele –, tenho de recomeçar e construir o que não dei importância por estar perdido na minha própria vaidade e no desejo inconsciente de vingança. Quero me aproximar de Cecília e de meus filhos para amá-los de verdade; portanto, peço-lhe, irmão, que interceda por mim.

Amarildo sentiu sinceridade nas palavras de Joaquim, no seu desejo de se redimir com os que fizeram parte da sua última encarnação e que, por não ter sabido perdoar e ter se perdido no egoísmo de si mesmo, não valorizara a sagrada oportunidade. Disse para Joaquim:

– Meu irmão, farei o que me pede com muito gosto, mas penso que ainda é muito cedo para o seu retorno.

– Por quê? – perguntou Joaquim, angustiado.

– Porque o aprendizado é longo e mal começou para você, mas quem decide não sou eu, e sim o responsável pelo Departamento Reencarnatório, que segue as orientações de nosso Mestre. Mesmo assim, atenderei à sua solicitação.

– Obrigado, irmão, esperarei ansioso pela resposta ao meu pedido.

Assim que Felipe chegou, todos se reuniram para o jantar; Marilda, eufórica, disse-lhes que gostaria de fazer uma comunicação. Cecília imediatamente disse ao marido:

– Felipe, Marilda chegou hoje toda misteriosa dizendo ser o dia mais feliz de sua vida, mas não quis me adiantar nada dizendo que queria falar para nós dois ao mesmo tempo.

– Então diga, filha – falou Felipe, interessado.

– Pai e mãe, eu e Osório nos amamos de verdade e hoje ele me perguntou se eu gostaria de me casar com ele para ficarmos juntos para sempre. Eu respondi que sim, mas antes de qualquer definição quero muito saber a opinião de vocês.

Cecília e Felipe se emocionaram com as palavras de Marilda. Olharam-se com cumplicidade, e Felipe respondeu:

– Filha, tanto eu quanto sua mãe fazemos muito gosto nessa união, pois já tínhamos observado que vocês se amam de verdade. Osório é um ótimo rapaz, filho de nossos melhores amigos e criado dentro dos padrões da moral cristã; portanto, tem nossa aprovação, desejamos que saibam construir o lar de vocês com equilíbrio, harmonia e muito afeto, assim como eu e sua mãe construímos o nosso, sem permitir a entrada dos sentimentos menores que aniquilam o respeito e a dignidade trazendo o desequilíbrio e o sofrimento.

Cecília olhou para Felipe e pensou: "Como eu o amo, Felipe! Por meio de você, tanto eu quanto meus filhos encontramos o caminho da verdadeira felicidade e serei eternamente grata por todo o amor que dedica a eles, porque sei que os considera também como seus filhos".

Felipe, sentindo o olhar de Cecília, voltou-se e, por meio de seus olhos amorosos, transmitiu à esposa todo o seu amor sincero.

Após quinze dias, todos se reuniram para comemorar o noivado de Osório e Marilda. A felicidade reinava soberana no coração daqueles que souberam trabalhar seus conflitos permitindo que a harmonia retornasse à vida por meio da fé no Criador e da certeza de que podemos vencer nossos fantasmas quando acreditamos que tudo é possível ao aceitarmos Jesus no coração.

O querido Chico Xavier dizia: *O mal não precisa ser resgatado pelo mal, se o bem chega primeiro.* Cada um a seu modo, e obedecendo ao próprio tempo, foi resgatando seus débitos, dissipando conflitos, consertando os enganos do passado, percebendo lentamente que todos agem conforme sua natureza. Agir com equilíbrio e sensatez, colocando o bem sempre à frente de suas atitudes, é um aprendizado diário. Evolução se constrói pelo esforço individual, pela conscientização de que somente o amor transforma o homem; somente o bem abre o caminho do progresso espiritual e ninguém chega ao nosso Pai se não for por ele. Educação, seja no campo físico como no espiritual, é o conjunto de bons hábitos adquiridos, como já explicou Allan Kardec.

Joaquim ansiava pelo retorno à esfera terrestre; esperava com ansiedade a resposta de Amarildo, que iria interceder com o responsável pelo Departamento Reencarnatório para que Joaquim novamente se aliasse à família que não soubera em momento algum valorizar em sua mais recente encarnação. Sentia-se fortalecido e capaz de vencer os obstáculos que, sabia, surgiriam em sua nova experiência carnal, obstáculos esses que se originaram em sua desencarnação por meio do suicídio. Lesara seu perispírito e levaria o efeito dessa lesão no novo corpo físico.

Certa tarde, após a prece que se realizava todos os dias às dezoito horas no salão do Educandário, Joaquim encontrou-se com Amarildo.

— Vim lhe dar a resposta que tanto espera, Joaquim! — exclamou.

Joaquim sentiu a ansiedade tomar conta de seu espírito. Sem conseguir contê-la, perguntou:

ALMAS EM CONFLITO · 355

– Por favor, diga-me se consegui permissão para reencarnar no mesmo seio familiar! – pediu, apreensivo.

Sorrindo, Amarildo respondeu:

– Sim, Joaquim, foi concedida a permissão, mas primeiro deverá tomar conhecimento da prova pela qual deverá passar por conta de sua imprudência em tirar a própria vida, dando testemunho de sua falta de fé no Criador e o desrespeito ao Senhor da Vida, pois somente Ele possui a chave que liberta o espírito do corpo físico. Desobedecê-Lo é contrariar as leis divinas, é não ter força para suportar as consequências dos próprios atos imprudentes cometidos no pretérito ou no presente, é não possuir humildade para se conscientizar dos erros e superá-los.

Joaquim sabia que isso aconteceria, aprendera muito sobre a Lei de Ação e Reação. Nas palestras que frequentava com assiduidade, madre Teresa explicava muito bem que todas as ações provocavam uma reação, boa ou má, dependendo da ação praticada. Ele sabia que fora imprudente o suficiente para não se dar conta do quanto estava se afundando na própria armadilha da inconsequência, não tivera olhos de ver, nem ouvidos para escutar em sua consciência o som de tanta imprudência; fora suficientemente distraído para não perceber que se perdia nas armadilhas que o mal coloca nos passos dos imprudentes.

Com humildade, Joaquim disse a Amarildo:

– Estou ciente disso, Amarildo, e afirmo que ainda muito me envergonho por ter sido tão leviano a ponto de não perceber que o mal que pratiquei contra as pessoas que me amavam e contra as famílias que sofreram por conta dos filhos que eu atirei na sarjeta, na realidade pratiquei contra mim mesmo, e agora chegou a hora do acerto. Estou pronto para enfrentar os conflitos que criei e sofrer as dores que provoquei, pois hoje sei que somos na verdade herdeiros de nós mesmos, como diz nossa querida madre Teresa. Quando poderei partir?

– Calma, Joaquim, é preciso se preparar, mesmo porque sua futura mãe ainda não se casou; ela também será questionada se o aceita como filho.

– Como será feito isso?

– Ela será trazida quando estiver parcialmente desligada pelo sono físico, no momento propício e após a sua união com aquele que dividirá com ela a responsabilidade de construir uma família cristã. Aqui ficará ciente da proposta, mas terá o direito de usar do livre-arbítrio para aceitá-la ou não.

Joaquim sentiu-se amedrontado.

– E se ela não aceitar? – perguntou, angustiado.

– Ela aceitará, Joaquim, nutre um grande amor por você e não se recusará em ajudá-lo.

Sentindo-se aliviado, Joaquim exclamou:

– Sabia que Cecília não se recusaria em me receber!

Amarildo olhou admirado para Joaquim e disse:

– Joaquim, Cecília não será sua mãe terrena, não tem mais idade para gerar um filho.

– Não?

– Não, meu irmão, o tempo também passou para ela, seu corpo já está em outra função, não a de gerar um filho.

– Mas... Como vou poder retornar ao seu lado; quem será minha mãe?

– Quem nunca o esqueceu, aquela que conserva um grande amor por você e nunca alimentou mágoa ou ressentimento; um espírito forte e consciente que se apoia em valores dignos; este espírito vai ajudá-lo a se reerguer.

– Mas quem é?

– Sua querida filha Marilda!

– Marilda! – exclamou Joaquim, surpreso. – Ela é apenas uma criança!

– Não tão criança que não possa se casar e gerar um filho. Você será o neto de Cecília, que o amará e o sustentará em sua prova de resgate.

Diante do silêncio de Joaquim, Amarildo perguntou:

– Essa revelação não o deixa feliz, irmão?

– Claro – confirmou Joaquim –, fico muito feliz, apenas estranhei ser filho de minha filha, isso poderá me intimidar!

Amarildo sorriu ante a colocação de Joaquim e, percebendo a completa ignorância a respeito da reencarnação, elucidou:

– Joaquim, não se esqueça que vestirá outra roupagem física, não vai se lembrar que um dia foi seu pai, vai amá-la como sua mãe carinhosa.

– Mas, se vou me esquecer de tudo, como poderei agir de maneira contrária à qual levianamente me entreguei na minha última existência terrena? Fico receoso de falhar novamente!

Com toda a paciência e generosidade, Amarildo convidou-o para acompanhá-lo até as margens do rio Azul, aonde os espíritos costumam ir para meditar, fortalecer-se e enviar as preces ao Plano Maior.

Diante da aceitação de Joaquim, os dois seguiram até o local indicado por Amarildo.

– Ainda não estive aqui – disse Joaquim, extasiado com a beleza do lugar.

– Realmente é um lugar muito bonito, Joaquim. A tranquilidade e harmonia reinante neste lugar é proveniente do imenso amor que nosso Divino Amigo envia a todos nós, espíritos em aprendizado.

Joaquim se emocionou. Com simplicidade, disse a Amarildo:

– Não me acho digno de usufruir desse encanto, mas não posso negar que tudo isso me causa uma alegria imensa e a certeza de que poderei, sim, tornar-me um ser melhor.

– Claro, meu irmão, tudo depende de nós, da nossa aceitação dos ensinamentos que recebemos; da compreensão das leis que regem o Universo, pois são leis imutáveis, posto serem Leis Divinas.

Sentaram e se entregaram ao som dos cantos dos pássaros e à brisa suave e fresca que embalavam seu espírito. Após alguns instantes, Joaquim disse ao amigo:

– Amarildo, gostaria de saber mais sobre a reencarnação, entender por que não nos lembramos das coisas que aprendemos aqui na espiritualidade. Se não lembramos, como poderemos seguir novo caminho sem cometer os mesmos erros? Isso me aflige.

– Vou tentar fazê-lo entender a mágica da nossa volta ao corpo físico – disse Amarildo.

– O que é a reencarnação?

– É a volta do espírito ao mundo físico para uma nova existência com a finalidade de se depurar, consertar seus erros, redimir-se diante da Lei de Deus; enfim, é o melhoramento progressivo da humanidade; a sagrada oportunidade do recomeço.

– Mas se não nos lembramos de nada do passado como podemos melhorar? – perguntou Joaquim interessado.

– O homem não deve saber tudo, Joaquim; pela lembrança do passado ficaria ofuscado; pelo esquecimento, aprenderia que o bem se faz unicamente pelo bem e não para receber recompensas. O arrependimento, a vergonha do mal cometido, a imprudência e a leviandade com as quais direcionou sua existência na Terra o levariam ao desânimo; pela bênção do esquecimento ele poderá distinguir o bem do mal, viver com mais inteligência e assim adquirir méritos por conta dos conhecimentos e da compreensão das Leis Divinas. O espírito, ao reencarnar, solicita ao Plano Superior provas semelhantes pelas quais passou e que são apropriadas ao seu adiantamento. Os espíritos se fortalecem aqui na erraticidade por meio do conhecimento da luz e, se esse conhecimento entrou de verdade em sua essência, eles terão forças para prosseguir em afinidade com o amor.

– Mas como saber disso se não nos lembramos de nada?

– Por meio da intuição, meu irmão, de uma grande amiga chamada consciência, que, se permitirmos, sempre vai nos direcionar para o bem. O que na verdade acontece é que sufocamos essa voz no caso de ela não corresponder ao que desejamos, assim, a inconsequência e não raro o mal se infiltram em nosso ser, anulando a possibilidade recebida de nos tornarmos seres melhores.

Joaquim pensou e disse:

– Assim como eu, que pedi para retornar próximo a Cecília e aos meus filhos, é isso?

– Sim. A sua intenção é dar a eles o amor negado, mas o fará pelo seu entendimento, por sua intenção em reparar seus erros com os que dividiam com você o caminho terrestre.

Joaquim, dando-se por satisfeito, agradeceu Amarildo pelas explicações recebidas.

– Meu irmão, sou-lhe grato, quero me preparar para não cair nos mesmos erros que trouxeram tanto sofrimento a mim e às pessoas que estavam ao meu lado.

– Esse é o melhor propósito, Joaquim, que vai se realizar somente se você realmente aspirar por isso.

– Quero que minha nova encarnação dê certo, Amarildo! Quero retornar de alma limpa e escrever uma nova história.

Amarildo se emocionou diante da afirmação de Joaquim.

– Você conseguirá, Joaquim, ainda tem um tempo razoável para se preparar.

– Minha volta está prevista para daqui a quanto tempo?

– Marilda vai se casar dentro de pouco tempo e seu retorno está previsto para daqui a dois anos, tempo necessário para que ambos se preparem para essa tarefa.

Se não temos durante a vida corpórea uma lembrança precisa daquilo que fomos e do que fizemos de bem ou de mal em nossas existências anteriores, temos, entretanto, a sua intuição. E as nossas tendências intuitivas são uma reminiscência do nosso passado, às quais a nossa consciência, que representa o desejo por nós concebido de não mais cometer as mesmas faltas, adverte que devemos resistir.[14]

---

14 *O Livro dos Espíritos* (NAE).

capítulo 22

A Lei da Afinidade

Os conflitos estarão presentes na vida da criatura enquanto o homem não compreender a razão pela qual voltamos ao orbe terrestre beneficiados pela bênção da encarnação.

É necessário se conscientizar de que tudo passa: as mágoas, as culpas, os conflitos, se assim permitirmos; tudo na vida passa em algum momento, somente Deus não passa, Ele é suficiente para que tenhamos uma existência de equilíbrio e harmonia, mas essa sabedoria poucos possuem, visto estarem mais preocupados em satisfazer seus desejos nem sempre altruístas. A covardia é surda, somente escuta o que lhe convém; é preciso sair da cegueira espiritual e aspirar para si uma existência feliz; prestar mais atenção na vida para conseguir perceber os sinais de perigo que constantemente nos ameaçam. Aprender a viver melhor é uma tarefa individual, intransferível, e só podemos realizá-la se aspirarmos a uma vida de equilíbrio conquistando a felicidade ambicionada.

Os homens andam muito distraídos, tanto que não conseguem perceber a possibilidade de renovação que, muitas vezes, está à sua frente, indicando o caminho! Essa alienação os leva a cometer atos levianos que, mais tarde, seguindo a Lei de Ação e Reação, vão atingi-los com os conflitos.

Podemos virar o jogo recusando o brilho que o egoísmo, o orgulho e a vaidade nos apresentam; aceitando que todos somos criaturas de Deus e em sendo criaturas de Deus todos temos o direito à grande casa do nosso Pai; o trabalho dignifica o homem, portanto, não se deve trabalhar apenas para ficar rico, mas sim esforçar-se pela felicidade que se tem quando se ama o semelhante, quando por meio do trabalho edificante podemos repartir com os menos favorecidos o fruto do suor do nosso rosto.

Necessário se faz que o bem entre primeiro em nosso coração, somente assim o mal será expulso e a luz se fará.

É preciso se esforçar para entender que a fome é intensa para alguns; o frio é tão grande que a luta pela sobrevivência para muitos se torna o carrasco que mata a ilusão; esquecemos que dentro do corpo maltrapilho, dos olhos opacos e das mãos trêmulas também bate um coração.

Alguns questionam por que devem se importar com a sorte dessas pessoas. Vagabundos, bandidos, vivem o que merecem, pois escolheram esse destino.

Eu digo, meus irmãos, que essa é a forma mais fácil de justificar o desamor pelo próximo, pois não se podem analisar as pessoas somente pela aparência. Jesus foi o mais simples entre os simples, entretanto, o mais justo, o mais nobre entre todos. Quantas casas luxuosas abrigam corações perversos que se camuflam com adereços requintados; palavras vãs, atitudes duvidosas e não raro cruéis? Quantos iludem as pessoas com promessas vãs em nome de Deus, colocando Jesus à frente dos próprios interesses?

Enganam-se os que julgam o coração por meio das vestes exibidas. Os sentimentos que engrandecem a alma humana não são visíveis aos olhos físicos, porém são sentidos quando o coração pertence a Deus. Portanto, meus irmãos, sejam pacíficos e caridosos; limpem a alma retirando o ódio, a vingança e o malquerer que aniquilam qualquer possibilidade de elevação.

Joaquim, após a conversa que tivera com Amarildo, sentiu-se mais fortalecido e confiante. Aguardava o momento de seu retorno ao mundo físico preparando-se com as palestras de madre Teresa, os colóquios com Amarildo e a meditação.

Tinha conhecimento de que sua encarnação seria difícil, sofreria a consequência do seu suicídio, prática essa que demonstra a total falta de confiança Naquele que nos criou; mas sabia também que teria em Marilda e Cecília o porto seguro onde poderia descansar de suas dores recebendo o carinho e o amor necessários para se fortalecer e enfrentar sua prova sem desanimar.

A misericórdia de Deus se faz presente sempre, e é essa bondade do Criador que possibilita a todas as criaturas se renovar, tornando-se seres melhores, pois nenhuma criatura será má para sempre, porque assim Deus o quer.

Em algum momento da existência do ser o bem se projetará e a luz se fará em seu caminho, essa é a nossa alegria: saber que existe em nós a centelha do bem e, por mais que demore, um dia ela crescerá e se tornará luz.

Marilda se dedicava aos preparativos de seu casamento com Osório.

– Quero tudo muito bonito, mãe, nada pode dar errado! – exclamava sempre.

Cecília e Júlia sorriam ante o entusiasmo de Marilda.

– Quando poderíamos imaginar, Cecília – disse Júlia –, que um dia nos tornaríamos praticamente da mesma família? Você sogra de meu filho e eu de sua filha!

– Tem razão, Júlia – concordou Cecília, feliz com a situação.

Aproveitando o momento de paz que desfrutava com a amiga de sempre, Cecília disse:

– Júlia, às vezes fico pensando no meu passado, em todas as aflições que passei e não me canso de agradecer a Deus por ter permitido que eu encontrasse a felicidade quando acreditava ser impossível.

– Acontece o mesmo comigo, Cecília. Vivia sentindo-me culpada em relação à minha filha. Sofri muito, e hoje tenho a felicidade de tê-la perto, receber seu carinho, sua compreensão; nunca imaginei que isso pudesse acontecer um dia.

– Sabe, Júlia, somos amigas há tantos anos e desde o princípio jamais pude sonhar que você vivia um conflito como esse; sempre tão solícita comigo, com as crianças, ajudou-me em todos os meus momentos de aflição; enfim, por que nunca me contou, por que carregou sozinha tanta angústia?

– Muitas vezes senti vontade de dividir com você minhas aflições, mas não achava justo, você já sofria com os seus problemas e não tive coragem de envolvê-la nos meus.

– Fui egoísta, não é mesmo, Júlia? Pensei somente em mim, no que sofria! Na verdade, coloquei-me na posição de vítima e achava que todos deveriam me ajudar; lembro-me de quantas vezes você me alertou! – exclamou Cecília.

– Não se culpe, minha amiga, aquele era para você um momento de fragilidade, estava envolvida pela decepção, pelo medo, sofria e agia da maneira que acreditava que devia agir, apenas isso; portanto, não se culpe, viva com intensidade o momento atual porque Deus permite que seja assim.

– Repito, Júlia, você é muito generosa, merece toda a felicidade desse mundo.

– Não exagere! – exclamou Júlia sorrindo. – Não sou tudo isso que você diz.

– Realmente não é, na verdade é muito mais!

Abraçaram-se e com alegria voltaram a fazer planos para o casamento de Marilda e Osório, que estava próximo e deixava todos muito felizes.

***

– Feliz? – perguntou Osório para Marilda.

– Meu amor, tão feliz que sinto até um pouco de medo de que tudo isso seja apenas um sonho e que a qualquer momento vou acordar – respondeu Marilda fazendo um carinho no noivo.

– Não é sonho, meu amor, estamos juntos, amamo-nos e vamos construir uma vida equilibrada e feliz, tenha certeza disso.

Percebendo uma sombra de melancolia no rosto de Marilda, ele perguntou:

– O que foi, meu bem, percebo que ficou triste, está com algum problema?

– Não, Osório, nenhum problema. É que de repente pensei em meu pai, como gostaria que ele estivesse comigo neste momento tão feliz para mim.

– Não lhe tiro a razão, Marilda. Mas não se esqueça de Felipe, ele a ama como um pai verdadeiro ou, desculpe, talvez até mais!

– Sei que não está enganado, também sinto por ele um amor de filha, Osório. Também o amo como meu pai de verdade, e sei que o sentimento dele por mim e pelo Lucas sempre foi maior do que o que recebemos de nosso pai, mas mesmo assim não posso me esquecer daquele que me deu a vida. Tenho consciência de todos os seus erros, não o julgo, ele se enganou, naquele momento foi em busca do que acreditava ser mais importante para ele. Errou sim, repito, mas quem de nós não errou em algum momento?

Osório olhou com amor para sua noiva e pensou em quanto ela era nobre.

– Cada vez mais a admiro, Marilda. Sua generosidade, seus sentimentos nobres, não me canso de agradecer a Deus por tê-la ao meu lado para sempre.

– Eu também agradeço por tê-lo, meu amor; quero construir ao seu lado uma família feliz, com muitos filhos correndo pela casa!

– É, vou precisar trabalhar muito para sustentar tantos filhos – respondeu Osório com alegria.

– Quero ter quatro filhos, o primeiro será homem e vou dar a ele o nome de Joaquim, em homenagem ao meu pai, e sei que será um homem digno e amoroso, fazendo-nos muito felizes. Você se importa?

– Claro que não, amor, o que me importa nesta vida é vê-la feliz e realizada nos seus sonhos; mas... e se vier uma menina?

Como uma criança, Marilda respondeu:

– Vou amá-la e esperar os outros três, o primeiro homem será Joaquim!

– Então está combinado – respondeu Osório abraçando-a.

Um mês se passou.

Faltavam poucos dias para o momento tão sonhado por todos: o casamento de Marilda e Osório. Os preparativos seguiam-se acelerados, cada um sendo responsável por um detalhe; queriam que tudo estivesse perfeito para que aquele casal tão amado realizasse seu sonho de felicidade.

Certa manhã, Marilda acordou sentindo-se melancólica. A preocupação tomou conta de todos, que imediatamente chamaram o médico. Após examiná-la com cuidado, o doutor chamou seus pais e disse.

– Não se preocupem, nada encontrei que justifique esse mal-estar. Parece-me uma reação emocional devido à proximidade do casamento, isso é muito comum, a ansiedade, o sonho prestes a se tornar realidade; enfim, acredito que com repouso, um sono reparador e o carinho das pessoas que ela ama vai se recuperar; em todo caso, se persistir até amanhã comuniquem-se comigo e faremos alguns exames para investigar.

Mais aliviados, Cecília e Felipe, despedindo-se do médico, retornaram ao quarto de Marilda.

— O que você tem, filha? — perguntou Cecília apreensiva.

— Não sei, mãe! De repente senti uma angústia, um mal-estar, uma sensação estranha, não sei explicar.

— O médico tem razão, filha — disse Felipe —, deve ser a expectativa pelo casamento.

— Pode ser, pai, pode ser sim; vou ficar mais um pouco na cama e tentar dormir, quem sabe não levanto melhor?

— Faça isso, Marilda. Confie em nós, estaremos aqui o tempo todo, se precisar é só nos chamar.

— Obrigada, mãe.

Assim que saíram, Marilda se ajeitou embaixo das cobertas e orou:

Meu Deus, que sensação é essa que estou sentindo? É como se alguém estivesse ao meu lado tentando me dizer alguma coisa! Sei que isso é impossível, mas sinto que alguma coisa diferente está acontecendo. Venha em meu auxílio, Senhor!

Enquanto Marilda orava, Hortência e Amarildo se aproximaram de Joaquim e, com paciência, disseram:

— Joaquim, o que está fazendo? Por que veio sem permissão à sua antiga casa terrestre?

— Vim dizer para Marilda que vou ser seu filho! — exclamou.

Amarildo sentiu compaixão daquele espírito que, apesar de estar havia tempo se preparando para o reencarne, ainda não compreendia a mágica dessa bênção.

— Você não vai conseguir seu intento, meu irmão – disse Amarildo –; a única coisa que vai provocar é o desequilíbrio de Marilda, prejudicando-a em seu momento de maior felicidade.

— Mas eu sei que ela me ama! – exclamou Joaquim.

— E é a mais pura verdade – concordou Amarildo –, mas nem por isso você pode envolvê-la dessa maneira. É preciso respeitar a distância que os separa, são dois mundos distintos apesar de pertencerem ao mesmo universo de Deus e se interligarem. O intercâmbio é possível, sim, mas deve ser feito com prudência, com uma finalidade útil, e não para satisfazer vontade e curiosidade, tanto de um como de outro lado. Nada devemos fazer de maneira irresponsável, Joaquim. A prudência deve ser constante em nossas atitudes, principalmente quando outras pessoas estão envolvidas.

Hortência, pedindo licença a Amarildo, disse:

— Joaquim, você obteve um grande benefício, ou seja, permissão para retornar ao mesmo núcleo familiar em um tempo mais ou menos curto; portanto, não aja de maneira irresponsável para não perder essa oportunidade que nosso Pai está lhe dando. Marilda já o aceitou como filho, agora é só aguardar o momento certo. Tudo vai acontecer de acordo com o previsto.

— Nossa irmã tem razão, Joaquim. Enquanto aguarda, procure aprender cada vez mais, sabe que terá uma prova difícil; portanto, não perca tempo querendo influenciar aquela que será sua mãe terrena e o aceitou pelo grande amor que sente por você desde outras encarnações. Precisamos deixar os encarnados livres para fazer as próprias escolhas, podemos e devemos inspirá-los sempre para o bem, mas precisamos respeitar o livre-arbítrio de cada um.

Agora é o momento de Marilda viver a realização de seu sonho de felicidade, ela tem esse direito e você não deve se impor, deve sim aguardar o instante programado para se unir a ela, aperfeiçoando-se e adquirindo forças para fazer sua nova encarnação dar certo.

Joaquim sentiu-se envergonhado.

Afastou-se de Marilda e, olhando-a adormecida, pediu perdão, saindo acompanhado por Amarildo e Hortência, que, antes de partirem, envolveram Marilda com energia salutar. Assim, os três rumaram em direção à colônia espiritual.

***

Cecília, entrando no quarto da filha, percebeu que esta dormia tranquila. Olhou-a com imenso carinho e agradeceu ao Senhor por tê-la ao seu lado.

– Graças a Deus ela está mais calma! Dorme como um anjo. Obrigada, Senhor. – Saiu fechando a porta com cuidado para não acordá-la.

– Com ela está? – perguntou Felipe assim que a viu sair.

– Acredito que muito bem, Felipe, dorme tranquila.

– O médico tinha razão, deve ser a ansiedade pela proximidade do casamento. Ela o ama muito, é normal que fique um pouco agitada, tudo está acontecendo da maneira como sonhou.

– Acredito que sim, Felipe. Marilda está mesmo muito ansiosa; só peço a Deus que eles sejam realmente felizes, porque os dois merecem! – exclamou Cecília.

– Também torço para que seja assim – concordou Felipe.

Os encarnados sofrem mais a influência dos espíritos do que podem imaginar. A lei da afinidade se faz sempre presente colocando à nossa volta os seres que se afinam com nosso pensamento e nossas ações. A proteção se faz por meio das vibrações de paz e amor e da conduta digna e cristã dos sentimentos nobres que se abrigam no coração e não de práticas bizarras.

O suicídio não apaga a falta. Ao contrário, em vez de uma, haverá duas. Quando se teve a coragem de praticar o mal, é preciso ter-se a de lhe sofrer as consequências. Deus, que julga, pode, conforme a causa, abrandar os rigores de Sua justiça.

Aquele que tira a própria vida para fugir à vergonha de uma má ação, prova que tem mais em conta a estima dos homens que a de Deus, porque vai entrar na vida espiritual carregado de suas iniquidades, tendo-se privado dos meios de repará-las durante a vida. Deus é, muitas vezes, menos inexorável que os homens: perdoa o arrependimento sincero e leva em conta o nosso esforço de reparação; mas o suicídio nada repara.[15]

---

15 *O Livro dos Espíritos.* Parte 4 – Cap. 1 – Item 6, questões 948 e 949 (NAE).

capítulo 23

O grande dia

Finalmente, o dia tão esperado chegou! Marilda acordou bem cedo, abriu a janela de seu quarto e, olhando para o céu, elevou seu pensamento e seu coração ao Pai Maior. Orou em voz alta:

Senhor, sinto-me a pessoa mais feliz do mundo e agradeço por essa felicidade. Não quero me perder no caminho, peço-Lhe que me auxilie para que siga esta nova etapa da minha vida com dignidade cristã, que o amor seja constante em meu coração, para dedicar--me ao homem que vai dividir comigo esta caminhada, aos meus pais e familiares e ao meu próximo. Que no momento propício nosso lar seja preenchido com a presença dos nossos filhos que vão alegrar nosso coração, e que tanto eu quanto Osório saibamos ensiná-los a serem pessoas de bem. Obrigada, Senhor!

***

Nossa vida na Terra é na realidade um imenso jardim em que nós, os jardineiros, deveríamos com precisão e paciência cuidar das flores que brotam e o enfeitam com suas cores e perfumes, retirando com sabedoria os espinhos, as ervas daninhas, os insetos que se infiltram entre essa explosão de amor divino, tentando apagar a luz radiosa dessa primavera constante que é a vida.

Mas se por motivos que, muitas vezes, desconhecemos o inverno destruir nosso jardim, não devemos nos desesperar nem nos entregar às lamentações e desânimos intermináveis, mas sim nos lembrarmos de que a vida é como as estações do ano; o inverno, por mais rigoroso que seja, nunca impediu a primavera de voltar e novamente alegrar nossos olhos com a beleza das flores e nossa essência com seu perfume. Sentir o perfume que acompanha o coração generoso e amigo e espalhá-lo por entre os que choram é positivamente avançar em direção ao Criador.

É necessário viver e ser feliz! Ofertar ao próximo o bem que gostaríamos de receber é se aconchegar no coração de Deus, é se aquietar e permitir que o Grande Pai surja em nós com a força maior do amor, impulsionando-nos à prática da fraternidade e do amor universal.

***

A sensibilidade de Marilda fez com que pequenas lágrimas descessem por suas faces. De repente, ela viu Cecília parada, segurando um ramalhete de flores e olhando-a com carinho e admiração.

– Mãe! Não a vi entrar!

– Admirava-a, minha filha.

– Por quê?

– Porque mesmo no dia mais feliz de sua vida, como você diz, não se esqueceu Daquele que permitiu que esse dia acontecesse, ao contrário de tantos outros que somente se lembram de Deus em seus momentos de dor. Tenho muito orgulho de você, filha, é uma pessoa forte e nobre, que sempre exemplificou como é bom agir com generosidade.

Marilda, sorrindo, abraçou-a.

– Mas quando era criança nem sempre fui assim, mãe.

– Foi sim, Marilda, quando criança agia como criança, reivindicava o que julgava importante, apenas exigia o afeto paterno que não tinha, mas foi desenvolvendo as virtudes que estavam latentes em você e que vieram à tona lentamente de acordo com seu amadurecimento.

Marilda deu um abraço forte em Cecília dizendo:

– Obrigada, mãe, eu a amo muito e agradeço a Deus por ser sua filha!

Emocionada, Cecília apenas correspondeu ao abraço de Marilda, que perguntou, alegre:

– Mas para quem são essas flores?

– Adivinha para quem são e quem as enviou?

O coração de Marilda bateu mais forte.

– São para mim e... Quem mandou foi o homem que amo. Acertei?

– Acertou – respondeu Cecília, entregando-lhe o ramalhete. – Tem um envelope, deve ser uma declaração de amor – completou, brincando com a filha.

Com mãos trêmulas, Marilda abriu o envelope e leu o bilhete em voz alta para Cecília ouvir.

Eu a amo! Você é e será para sempre a única mulher da minha vida! Osório, o homem mais feliz do mundo.

Como uma criança, Marilda beijou várias vezes o cartão.

Felipe, entrando, perguntou sorrindo:

— O que está havendo aqui? Posso participar dessa alegria?

— Claro, pai, o senhor sempre fará parte de minha vida. — Entregou-lhe o cartão, dizendo: — Leia, pai, veja a razão da minha alegria.

Felipe leu e disse para a filha:

— Você ainda tinha dúvidas quanto a isso?

— Na verdade não, pai, mas é tão bom saber de novo, reforça o sentimento.

Com alegria abraçaram-se sorrindo.

— Bem, agora, Marilda, é hora de pensar nos preparativos desse grande dia. Vamos começar tomando nosso desjejum juntos, Lucas nos espera.

— Vamos, mãe. Estou mesmo morrendo de fome!

Seguiram para a cozinha e Marilda teve uma grande surpresa. Ao entrar deparou com Lucas, Francisco e Júlia, que a esperavam ansiosos.

— O que é isso, meu Deus? Acho que não vou aguentar tanta alegria!

— Não podíamos deixar de vir vê-la logo cedo, Marilda, e trazer um presentinho para você dizendo o quanto estamos felizes em tê-la como nossa nora — disse Francisco.

Júlia completou:

— É verdade, só não deixamos Osório vir porque dizem que não é bom o noivo ver a noiva antes do casamento — disse brincando.

— É — disse Marilda —, é bom não arriscar! Mas vocês já nos deram o presente de casamento!

— Mas este é especial — disse Francisco, entregando-lhe uma pequena caixinha de veludo.

Ao abrir, Marilda não conteve uma exclamação de surpresa.

— Nossa! São lindos — disse, segurando nas mãos um par de brincos.

— Esses brincos pertenceram à minha avó e posteriormente à minha mãe, estão na família há muitos anos. É uma joia que, além do valor comercial, possui o mais importante, o valor sentimental — disse Francisco.

— Mas eles deveriam ser entregues a Júlia, e não a mim!

— Realmente, foram entregues a mim por ocasião do nosso casamento, Marilda. Mas nós achamos que estariam melhor em suas mãos. Você, a partir de agora, é a herdeira legítima, pois será como uma neta para meus sogros, que, onde estiverem, com certeza, estão abençoando você e Osório.

Marilda não aguentou tanta emoção e abraçou Francisco e Júlia sem conseguir segurar as lágrimas que desciam com força por seu rosto.

— Obrigada — dizia sem parar —, vou usá-los hoje com muita honra e agradecimento.

Lucas, que até então se mantivera em silêncio, aproximou-se da irmã e, beijando-lhe, disse:

– Querida irmã, obrigada por todos esses anos que me ajudou. Eu a amo. Não tenho condições de dar-lhe um presente como este, mas quero que aceite o que posso lhe dar. É simples, mas leva o grande amor que sinto por você, irmã querida.

Entregou-lhe um pequeno botão de rosa branca que Marilda beijou, dizendo:

– Lucas, seu gesto ficará para sempre em meu coração, o que na verdade importa é o sentimento.

– Bem, agora vamos nos sentar e saborear o desjejum que Cecília preparou para esta ocasião – disse Felipe, querendo quebrar a emoção que tomava conta de todos –; o momento agora é de intensa alegria.

Acomodaram-se e tudo virou uma grande festa.

A tarde passou rápido.

Às dezoito horas, Marilda entrava na igreja. Linda, ostentava em seu rosto o sentimento que lhe ia à alma. As flores cuidadosamente colocadas entre os bancos exalavam suave perfume. No altar, Osório a esperava com emoção.

Tudo acontecia da maneira como Marilda sonhara. Ao entrar de braço dado com Felipe, não pôde deixar de pensar em Joaquim.

"Que Jesus o abençoe, pai! Gostaria que estivesse aqui vivendo conosco este momento tão lindo, mas saber que está no reino de Deus já me traz conforto."

Joaquim, acompanhado de Hortência, Amarildo e Tomás, assistia com emoção ao casamento da filha que no passado não soubera amar.

— Meu Deus, como pude não perceber a felicidade que tinha ao meu alcance? – disse aos espíritos amigos que o acompanhavam. – Como fui tolo e como me arrependo!

— Agora não é o momento para lamentações, Joaquim. É hora de aproveitar a bênção recebida para poder estar aqui e participar da união dos seus futuros pais.

— Nossa tarefa é enviar a eles a energia salutar que vai fortalecê-los – completou Hortência.

— Desculpe – disse Joaquim. – Parece que não consigo mesmo deixar de reclamar!

— É preciso, Joaquim, focar toda a sua atenção na preparação de sua nova encarnação, fortalecer-se ao máximo para cumprir sua prova, que, como já sabe, não será fácil, mas vai lhe dar todos os elementos para saldar seus débitos do passado. Contudo, para que isso aconteça, é necessário estar em acordo com as leis divinas, respeitando-as.

— Mas nem sempre é fácil, Amarildo, elas são muito rígidas!

— Não são, Joaquim, são coerentes e justas. Deus não regulou as Leis da Natureza pela vaidade dos homens, mas as fez para salvá-los de si mesmos, pois tolo é aquele que não entende isso e vive na teimosia do próprio orgulho.

— Tem razão, irmão, que Deus me proteja!

Após a cerimônia, os espíritos retornaram à colônia espiritual, deixando os encarnados usufruindo da recepção tão bem preparada para os convidados.

— Marilda está tão feliz! – exclamou Cecília. – Conseguimos, Felipe, dar a ela e ao Lucas um lar de verdade, tirando-lhes os medos e a insegurança. Devo isso unicamente a você, meu amor.

Felipe abraçou-a e respondeu:

– Isso só foi possível, meu bem, porque você permitiu que eu a amasse, aceitando-me em sua vida.

– Da maneira como eu o amo não podia ser diferente!

Beijaram-se, selando mais uma vez o grande sentimento que os unia.

– Mãe, pai – ouviram a voz de Marilda –, viemos nos despedir.

– Façam uma boa viagem, meus filhos – respondeu Felipe. Virando-se para Osório, completou: – Sejam felizes, só almejamos a felicidade de vocês!

– Seremos, sr. Felipe! Nosso amor sustentará nossa união.

***

Dois anos se passaram.

Marilda, prestes a dar à luz seu primeiro filho, descansava ao lado de Cecília.

– Cansada, minha filha? – perguntou Cecília com carinho.

– Um pouco, mãe. Sinto-me um pouco sonolenta.

– Vamos dar um jeito nisso – disse Cecília levantando-se e ajeitando as almofadas onde Marilda se apoiava, cobrindo-a com leve manta. – Filha, a hora está próxima e é bom mesmo que descanse. Durma um pouco, estarei aqui cuidando de você.

– Onde está Osório?

– Foi até a empresa com seu pai e não deve demorar. Fique tranquila e descanse.

Seguindo o conselho da mãe, Marilda se acomodou e logo dormiu serenamente.

Hortência, Amarildo e Tomás se aproximaram e a chamaram. Em espírito, ela os atendeu com alegria.

– Irmã! – disse Hortência. – Em vinte e quatro horas terá seu filhinho nos braços. Lembre-se de que você o aceitou como filho, sabe dos graves problemas de saúde que ele terá e das preocupações que viverá. Não perca a fé, cumpra sua missão com valentia, terá ao seu lado pessoas que como você vão amá-lo e ajudá-la a suportar as aflições. Por meio dessa volta de Joaquim, os laços de amor vão se estreitar e anular os resquícios de mágoa, culpa e desamor que ainda possam existir. Você foi a escolhida para ser a medianeira entre sua mãe e Joaquim por conta do amor que sempre sentiu por ele e por sua nobreza de alma. Aceitou a tarefa! Não perca a fé que sempre a norteou, estará amparada pela espiritualidade e, como todas as criaturas, será alvo do amor de Deus.

Amarildo completou:

– Não desista de trazer ao mundo outros espíritos que aguardam o momento de tê-la como mãe amorosa.

– Não vou desistir do meu desejo de ter quatro filhos – respondeu Marilda –, nem reclamar pela sorte de meu pai, pois sei que tudo acontece para o engrandecimento da nossa alma e que ninguém caminha sozinho no imenso universo de Deus.

– Você é um espírito nobre, Marilda. Já venceu outras tarefas em encarnações passadas e vencerá esta também.

– Obrigada, cuidem de mim para que em momento algum eu reclame ou me desespere. Que eu saiba ajudar o espírito de meu pai a evoluir por meio do aprendizado do amor.

— Estaremos atentos — respondeu Amarildo.

— Agora volte, Marilda, seu companheiro está chegando.

Assim que o espírito de Marilda retornou ao corpo físico, os três espíritos olharam-na com carinho, e Tomás, que até então nada dissera, exclamou:

— É um espírito nobre!

— Sim, Tomás, é um espírito nobre — repetiu Hortência.

— Acorde, sua preguiçosa — Marilda ouviu a voz querida de Osório.

Abriu os olhos e, num ímpeto, abraçou-o fortemente.

— Tudo isso é saudade? — perguntou Osório, feliz.

— Tudo isso é amor! — respondeu Marilda.

Cecília e Felipe, presenciando esse momento de aconchego entre os dois, olharam-se felizes.

— Descansou, filha? Estava tão sonolenta!

— Mãe, descansei sim. Tive um sonho que me deixou tranquila, apesar de um pouco apreensiva.

— Não estou entendendo.

— Sonhei que estava amparada, amada por muitas pessoas, mas voltei com uma impressão de que meu filhinho não virá com a saúde muito boa.

Cecília reagiu:

— Filha, não diga bobagem, claro que ele virá saudável, todos os exames comprovam isso! O que você está sentindo é natural, todas nós sentimos isso quando se aproxima a data do nascimento. Temos medo de que alguma coisa dê errado.

– Pode ser, mãe, mas, seja o que for, eu vou amá-lo do mesmo jeito. Será sempre meu filhinho querido. Vocês vão amá-lo também?

– Marilda – disse Osório –, penso como sua mãe, ele virá saudável, mas, se acontecer o contrário, é claro que o amaremos, independente do que for.

– Obrigada, meu amor!

– Nós também, filha – disse Cecília, tendo a confirmação de Felipe.

Marilda apenas sorriu.

O espírito está constantemente em atividade. Recobra, durante o sono, um pouco da sua liberdade e se corresponde com os que lhe são caros, quer neste mundo, quer em outros. Como, porém, o corpo é uma matéria pesada e grosseira, dificilmente conserva as impressões recebidas pelo espírito, porque este não as percebeu pelos órgãos do corpo.

Frequentemente, ao despertardes resta-vos uma intuição, a qual não raro é a origem de certas ideias que vos parecem surgir espontaneamente, mas sem que as possais explicá-las: essas ideias são as que obtendes naqueles colóquios.[16]

Marilda acordou sentindo algo diferente. Percebeu que alguma coisa havia acontecido e notou que a bolsa havia se rompido.

– Osório, acho que chegou a hora!

Osório deu um pulo na cama, assustado.

---

16 *O Livro dos Espíritos*. Parte 2 – Cap. VI – Itens 1 e 2 – questões 403 e 415 (NAE).

– Meu Deus, preciso chamar seus pais!

– Calma, amor, eles estão dormindo no quarto ao lado – disse Marilda sorrindo, tentando administrar o próprio nervosismo.

Osório foi bater no quarto de Cecília e Felipe.

– Dona Cecília, desculpe acordá-la, mas Marilda acha que chegou a hora.

Cecília deu um pulo na cama, acompanhada de Felipe.

– Santo Deus! – exclamou, assim que examinou a filha, constatando que realmente havia o rompimento da bolsa. – Vamos levá-la para a maternidade, a hora deve estar próxima.

Cecília, Felipe e Osório aguardavam notícias de Marilda com ansiedade. Após quatro horas de espera, finalmente ouviram a voz do médico que, aproximando-se, deu-lhes a boa notícia:

– Parabéns ao papai e aos avós, é um lindo menino!

Júlia e Francisco, que acabavam de chegar, abraçaram Osório com carinho e emoção.

– Filho, que esta criança seja a alegria de todos nós!

– Que Deus abençoe vocês! – completou Francisco.

Cecília, abraçando a amiga, disse com lágrimas nos olhos:

– Júlia, somos avós do mesmo neto!

– É verdade, Cecília, estamos mais unidas do que nunca!

Felipe e Francisco observavam as duas amigas.

– Sabe, Francisco, admiro a amizade de Cecília e Júlia, parecem irmãs!

– Eu também admiro, Felipe. Quando conheci Cecília, as duas já eram amigas inseparáveis; a vida deu voltas, Júlia e eu mudamos de posição e nos apaixonamos. A princípio pareceu-nos que tudo iria se acabar, mas, no fim, a amizade sincera falou mais alto, fortaleceu-se, e a relação entre nós retomou sua posição no coração de todos nós. A vida seguiu o propósito traçado por Deus e trouxe você para Cecília, despertando em seu coração o amor altruísta, o amor que perdoa, que compreende e que se entrega, livre de reservas ou desconfianças, mas de maneira plena. Assim, a felicidade se fez em nossa vida.

– Concordo com você, Francisco. A nossa bem-aventurança se completa hoje com o nascimento do nosso querido neto, que será para nós a alegria da nossa casa.

Assim, em meio ao carinho daqueles que de uma forma ou de outra estariam envolvidos em sua história de vida, Joaquim chegou ao mundo físico trazendo em sua bagagem o peso de sua inconsequência, que estaria implícita na enfermidade que o faria sofrer. Contudo, trazia a esperança de conseguir resgatar seus débitos e retornar como vencedor quando novamente chegasse a hora do retorno.

capítulo 24

A reforma íntima

Esta é a lei da vida, irmãos meus. Deus nos criou seres circulares, vamos e voltamos quantas vezes for necessário, para que, por meio das experiências e do aprendizado, possamos nos tornar criaturas melhores promovendo nossa reforma íntima e o progresso espiritual.

Os conflitos são gerados pelo descaso com o qual levamos, não raro, nossa existência; os homens andam muito distraídos em relação às questões espirituais, mas atentos ao que lhes interessa no âmbito material. É preciso dar atenção à vida, entender que o passado sempre fará parte dela e se fará presente quando menos esperamos, pois somente assim conseguimos perceber os sinais de alerta para as imprudências que constantemente nos ameaçam, fazendo-nos cair em grandes enganos. Todos erramos, visto sermos seres imperfeitos. Algumas vezes inconscientes, mas em muitas outras conscientes. A verdade é que aquele que está disposto a estudar e aprender conseguirá mais facilmente encontrar o caminho do equilíbrio e da sensatez, pois, quando ocupamos nossa mente e nossas mãos com o trabalho, não temos tempo de ficar tristes e fugimos da ociosidade perniciosa para nossa evolução.

O retorno ao plano físico é a nova oportunidade recebida do Criador para que as criaturas possam, reavaliando seus enganos, repensar e agir com maior prudência, desenvolvendo os sentimentos que transformam o homem de simples criaturas em verdadeiras criaturas de Deus.

O que somos hoje e o que seremos amanhã depende de nosso esforço, de nossos pensamentos e do que realmente queremos para nós.

O homem somente se torna nobre quando compreende a importância do bem e do amor ao próximo; quando entende a necessidade de dominar seus sentimentos menores, expulsar de seu coração o orgulho, o egoísmo e tantos outros sentimentos que corroem a alma humana, estraçalhando o coração de quem os sente.

Os conflitos não nascem sozinhos, são gerados por nós mesmos, pois são filhos das atitudes imprudentes praticadas levianamente em nome, muitas vezes, do próprio Deus, da vaidade excessiva e do desejo de ser feliz a qualquer preço, mesmo que seja ao preço do sofrimento alheio. Esse tipo de felicidade não é válido, porque foi conseguido à custa da dor do semelhante, e a felicidade está ligada à paz que se sente na alma gerada pelo bem que se pratica.

A vida, meus irmãos, sempre valerá a pena em qualquer circunstância. Abreviar a existência é dar testemunho da falta de fé Naquele que nos criou, é dar mais importância à palavra do homem que à palavra de Deus.

A Terra passa por transformações e, do mesmo modo que trabalhamos nossa inteligência, é preciso trabalhar nossos sentimentos, pois são eles que norteiam a criatura para a direção que a leva ao Criador. Procura-se tanto descobrir a essência da verdade, que não se consegue perceber que ela está inserida no amor universal e na caridade plena, sem artifícios para impressionar as pessoas e conseguir louros.

Querem chegar até o Criador, mas não sabem que entre Deus e o homem existem os sofredores, os excluídos, os caídos, os perdidos em si mesmos. É preciso ampará-los como Deus ampara cada um de nós, pois esse é o caminho que nos leva ao Pai, a prática da caridade.

Necessário se faz amparar os desvalidos se quisermos construir um mundo melhor por meio do melhoramento do próprio homem, oferecendo a eles o mínimo necessário para uma vida digna, e não tirando do próximo o que lhes pertence por direito. É preciso não ambicionar tanto, mas valorizar e agradecer por tudo o que se possui, permitindo que o semelhante também possa ter pelo menos o necessário, já que tantos se afundam no supérfluo dentro de uma lei que os próprios homens criaram para beneficiarem a si mesmos.

Entender a verdade divina, meus irmãos, é entender o amor, e quem entende o amor se alia à caridade, porque compreende que todos têm o mesmo direito à grande casa de Deus.

Viver em acordo com as Leis Divinas significa antes de tudo saber amar, saber fazer suas escolhas; esse é o caminho.

Envio a vocês, irmãos em Cristo, um relato verdadeiro com intenção de acordá-los de alguma forma e auxiliá-los a transformarem sua existência na fonte do próprio progresso espiritual, pois esse é o desejo de Deus, que espera com paciência, pois sabe que ninguém, nenhuma de suas criaturas, ficará mau para sempre.

Joaquim vive hoje no plano físico com a filha que um dia não soube amar, e que no presente o ajuda a suportar sua expiação com coragem e fé, mostrando-lhe que tudo segue a Lei da Ação e Reação e que não se pode fugir das consequências de nossos atos, pois toda ação gera uma reação, e os débitos precisam ser resgatados para nos afinarmos novamente às Leis Divinas.

Rogo ao Criador que a paz envolva a Terra, e que a harmonia seja gerada no coração do próprio homem.

Até mais ver!

Irmão Ivo

Fim

Obras de Irmão Ivo: leituras imperdíveis para seu crescimento espiritual
Psicografia da médium Sônia Tozzi

O PREÇO DA AMBIÇÃO
Três casais ricos desfrutam de um cruzeiro pela costa brasileira. Tudo é requinte e luxo. Até que um deles, chamado pela própria consciência, resolve questionar os verdadeiros valores da vida e a importância do dinheiro.

A VIDA DEPOIS DE AMANHÃ
Cássia viveu o trauma da separação de Léo, seu marido. Mas tudo passa e um novo caminho de amor sempre surge ao lado de outro companheiro.

A ESSÊNCIA DA ALMA
Ensinamentos e mensagens de Irmão Ivo que orientam a Reforma Íntima e auxiliam no processo de autoconhecimento.

QUANDO CHEGAM AS RESPOSTAS
Jacira e Josué viveram um casamento tumultuado. Agora, na espiritualidade, Jacira quer respostas para entender o porquê de seu sofrimento.

SOMOS TODOS APRENDIZES
Bernadete, uma estudante de Direito, está quase terminando seu curso. Arrogante, lógica e racional, vive em conflito com familiares e amigos de faculdade por causa de seu comportamento rígido.

O AMOR ENXUGA AS LÁGRIMAS
Paulo e Marília, um típico casal classe média brasileiro, levam uma vida tranquila e feliz com os três filhos. Quando tudo parece caminhar em segurança, começam as provações daquela família após a doença do filho Fábio.

O PASSADO AINDA VIVE
Constância pede para reencarnar e viver as mesmas experiências de outra vida. Mas será que ela conseguirá vencer os próprios erros?

NO LIMITE DA ILUSÃO
Marília queria ser modelo. Jovem, bonita e atraente, ela conseguiu subir. Mas a vida cobra seu preço.

RENASCENDO DA DOR
Raul e Solange são namorados. Ele, médico, sensível e humano. Ela, frívola, egoísta e preconceituosa. Assim, eles acabam por se separar. Solange inicia um romance com Murilo e, tempos depois, descobre ser portadora do vírus HIV. Começa, assim, uma nova fase em sua vida, e ela, amparada por amigos espirituais, desperta para os ensinamentos superiores e aprende que só o verdadeiro amor é o caminho para a felicidade.

Livros da médium Eliane Macarini
Romances do espírito Vinícius (Pedro de Camargo)

Resgate na Cidade das Sombras

Virginia é casada com Samuel e tem três filhos: Sara, Sophia e Júnior. O cenário tem tudo para ser o de uma família feliz, não fossem o temperamento e as oscilações de humor de Virginia, uma mulher egoísta que desconhece sentimentos como harmonia, bondade e amor, e que provoca conflitos e mais conflitos dentro de sua própria casa.

Obsessão e Perdão

Não há mal que dure para sempre. E tudo fica mais fácil quando esquecemos as ofensas e exercitamos o perdão.

Aldeia da Escuridão

Ele era o chefe da Aldeia da Escuridão. Mas o verdadeiro amor vence qualquer desejo de vingança do mais duro coração.

Comunidade Educacional das Trevas

Nunca se viu antes uma degradação tão grande do setor da Educação no Brasil. A situação deprimente é reflexo da atuação de espíritos inferiores escravizados e treinados na Comunidade Educacional das Trevas, região especializada em criar perturbações na área escolar, visando sobretudo desvirtuar jovens ainda sem a devida força interior para rechaçar o mal.

Amazonas da Noite

Uma família é alvo de um grande processo obsessivo das Amazonas da Noite, uma falange de espíritos comandada pela líder Pentesileia. Elas habitam uma cidadela nas zonas inferiores e têm como inspiração as amazonas guerreiras de tempos remotos na Grécia.

Leia estes envolventes romances do espírito Margarida da Cunha
Psicografia de Sulamita Santos

Doce Entardecer

Paulo e Renato eram como irmãos. O primeiro, pobre, um matuto trabalhador em seu pequeno sítio. O segundo, filho do coronel Donato, rico, era um doutor formado na capital que, mais tarde, assumiria os negócios do pai na fazenda. Amigos sinceros e verdadeiros, desde jovens trocavam muitas confidências. Foi Renato o responsável por levar Paulo a seu primeiro baile, na casa do doutor Silveira. Lá, o matuto iria conhecer Elvira, bela jovem que pertencia à alta sociedade da época. A moça corresponderia aos sentimentos de Paulo, dando início a um romance quase impossível, não fosse a ajuda do arguto amigo, Renato.

À Procura de um Culpado

Uma mansão, uma festa à beira da piscina, convidados, glamour e, de madrugada, um tiro. O empresário João Albuquerque de Lima estava morto. Quem o teria matado? Os espíritos vão ajudar a desvendar o mistério.

Desejo de Vingança

Numa pacata cidade perto de Sorocaba, no interior de São Paulo, o jovem Manoel apaixonou-se por Isabel, uma das meninas mais bonitas do município. Completamente cego de amor, Manoel, depois de muito insistir, consegue seu objetivo: casar-se com Isabel mesmo sabendo que ela não o amava. O que Manoel não sabia é que Isabel era uma mulher ardilosa, interesseira e orgulhosa. Ela já havia tentado destruir o segundo casamento do próprio pai com Naná, uma bondosa mulher, e, mais tarde, iria se envolver em um terrível caso de traição conjugal com desdobramentos inimagináveis para Manoel e os dois filhos, João Felipe e Janaína.

Laços que não se Rompem

Em idos de 1800, Jacob herda a fazenda de seu pai. Já casado com Eleonora, sonha em ter um herdeiro que possa dar continuidade a seus negócios e aos seus ideais. Margarida nasce e, já adolescente, conhece Rosalina, filha de escravos, e ambas passam a nutrir grande amizade, sem saber que são almas irmanadas pelo espírito. O amor fraternal que sentem, e que nem a morte é capaz de separar, é visível por todos. Um dia, a moça se apaixona por José, um escravo. E aí, começam suas maiores aflições.